포스트 코로나 시대
지금 당장 팀워크를 재설계하라!

이 저서는 2017년 정부(교육부)의 재원으로 한국연구재단의 지원을 받아
수행된 연구임(NRF-2017S1A6A4A01020758).

포스트 코로나 시대

지금 당장 팀워크를 재설계하라!

박준기 지음

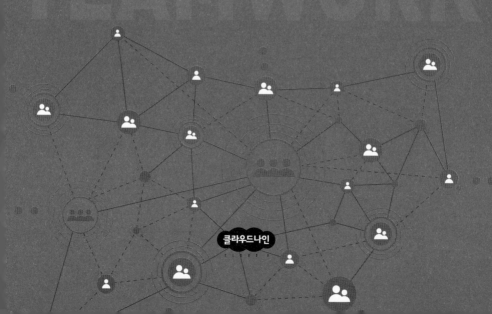

클라우드나인

인공지능이 팀 리더가 되는 세상을 준비하자!

2019년 12월에 배달의민족이 독일 기업 딜리버리히어로로 매각됐다. 배달 앱 하나가 기업가치로 40억 달러(약 4조 7,500억 원)라는 평가를 받았다. 김봉진 대표는 보유한 지분을 딜리버리히어로로 주식으로 전환하고 아시아 지역 사업을 총괄하기로 했다. 배달의민족의 성공 요인은 기존 틀을 깨는 서비스 모델, 뛰어난 광고 전략, 분명한 아이덴티티 등 여러 가지를 들 수 있다. 하지만 나는 그중에서도 김봉진 대표의 '팀 중심 사고'가 성공으로 이끈 핵심이라고 믿는다.

배달의민족의 문화를 아는 사람들은 몇 가지 독특한 기업 문화 때문에 놀란다. 그중 하나가 개인 평가가 없다는 점이다. 개인 평가는 근본적으로 팀 평가와 양립하기 어려운 한계가 존재한다. 팀으로 일하면 그 안에 다양한 개인들이 존재하게 되고 그 다양성이 팀의 성과를 만들어낸다. 다양성이 높을수록 창의적이고 성과도 높다. 성과 좋은 사람만 모아서 팀을 만들면 오히려 성과는 더 떨어진다. 누군가는 팀에서 B, C의 역할을 해줘야 하는데 누구나 A 역할만 하려고 하다 보니 그렇게 된다. 그렇다고 A에게만 개인 평가를 몰아준다면 똑똑한 사람들이 그 팀에 있을 이유가 없다.

대부분 조직에서는 팀을 단순히 조직체계의 하나로 여긴다. 그러다 보니 팀은 실제 무용지물에 불과하다. 팀워크Teamwork라는 단어에 대한 사람들의 반응은 다양하다. 함께 성과를 내고 긍정적으로 일했던 경험이 많은 사람일수록 팀으로 일할 때 성취할 수 있는 놀라운 성과를 다시 경험해보고 싶어 한다. 하지만 그런 경험이 부족한 사람일수록 팀으로 일하는 걸 어려워한다. 혼자서 일하려 하고 성과를 내기 위해 단기적 처방을 갖는 것을 중요시한다. 그런데 팀의 미래를 생각한다면 서로를 존중하면서 일을 스스로 만들어내는 문화가 있어야 한다. 팀 중심 문화를 구축한다는 것은 일하는 방식을 완전히 바꾼다는 것이다.

코로나바이러스의 등장 이후 팀이 일하는 방식은 급격하게 변화하고 있다. 같은 공간에서 서로 얼굴을 보면서 일하던 사람들이 단 몇 주 만에 반강제적으로 재택근무를 하고 있다. 원격근무 툴인 줌Zoom이나 웹엑스Webex가 서버를 증설하고도 제대로 서비스하기 힘들 정도로 전 세계 수많은 팀들이 갑자기 가상환경에서 일하고 있다.

팀이 물리적인 형태에서 가상의 형태로 진화하면서 팀워크 또한 진화해야 한다. 물리적인 팀이라면 모두 모여 으쌰으쌰 구호를 외치며 헹가래 치는 모습을 상상할 수 있다. 하지만 가상의 팀이라면 이모티콘으로 "파이팅!" 정도만 생각할 수 있는 상황이다. 가상의 팀이 빠르게 진행될수록 인공지능과 일할 시기도 더 빠르게 다가오고 있다. 인공지능이 팀 리더가 되는 세상이 곧 올 수도 있다.

10명 중 3명은 다른 팀으로 전출되고 그 3명의 자리를 인공지능 프로그램의 일종인 로봇 프로세스 자동화RPA, Robotic Process Automation가 대신하고 있다. 남은 7명도 점차 가상화돼 외부 사람으로 대체될 수도 있다. 일부는 인공지능 알렉사가 대신할 수 있다. 도대체 인공지능이 사람을 대체하면 팀워크를 어떻게 유지해야 할까? 팀워크라는 단어를 계속 사용할 수 있을까? 오히려 기술에 의해서 팀이 전혀 필요 없어지는 건 아닐까? 이제 진짜 일을 어떻게 해야 할까?

그 답을 찾아야 한다. 기술 변화에 따른 팀과 팀워크의 미래를 정리할 필요가 있었다. 그래서 이 책을 통해 가까운 미래에 맞이할 팀 변화를 예상해보고 팀 리더와 팀원들이 '이 정도는 꼭 알아야 할 것'들을 다루었다. 지난 수년간의 연구결과들과 관련 연구자들의 지혜들을 모아 구성했다.

1장은 일과 팀워크의 관계에 관한 이야기다. 인간에게 일이 가지는 의미를 생각해본다. 일은 단순히 돈을 벌기 위한 수단이 아니라 개인의 정체성을 드러내는 과정이다. 지금은 혼자서도 일하는 것이 가능하다고 생각하지만 가까운 미래에는 누구도 혼자서 일하지 않을 것이다. 가상환경이 물리적인 일상에 깊게 자리 잡게 됨에 따라 그 속에서 일하는 방법을 새롭게 배워가야 한다.

2장은 기술 발전에 관한 이야기다. 특히 가상화되는 현실 세계의 변화를 설명하고 있다. 인간이 기술을 발명했다고 하지만 시간이 흐를수록 기술은 인간의 모든 행동과 사고방식을 변화시키고 있다. 최근의 네트워크화와 가상화는 일하는 방식을 완전히 바꾸는 기술적 현상이 되고 있다.

3장은 인간과 기술의 만남에 관한 이야기다. 팀이 로봇과 일하게 되는 환경에서 창의성이 어떻게 구현될 것인지를 다루었다. 가까운 미래에 로봇은 팀원으로서 함께 일하며 대다수 데이터 분석을 담당할 것이다. 이제 팀 성과를 확보하기 위해서는 비슷한 사고와 배경을 가진 팀원들이 아니라 전혀 다른 성격의 팀원들이 함께하는 것이 중요하다.

4장은 팀워크의 구성과 4가지 운영 요소에 관한 이야기다. 높은 신뢰는 사회적 비용을 절감하고 그 결과 내부 거래비용을 최소화할 수 있다. 좋은 팀워크를 형성할수록 커뮤니케이션, 협업, 조율, 응집성은 더 효과적으로 나타난다. 각각의 운영 요소에 대해 다음 장들에서 자세히 다루었다.

5장은 팀에서 이루어지는 커뮤니케이션과 채널에 관한 이야기다. 다양한 형태의 커뮤니케이션 미디어의 발달은 빠른 속도로 데이터와 정보가 교류될 수 있도록 하지만 한편으로는 왜곡된 가짜 정보가 팀워크를 위험에 빠트리게 할 수도 있다. 정확한 정보를 찾아내고 활용하기 위해서는 신뢰가 전제돼야 한다.

6장은 협업에 관한 이야기다. 협업 방식의 변화를 설명하는 데 중요한 동기 요인을 팀이 가진 데이터로 제시하고 있다. 협업이 과거에는 단순히 사람들이 일하기 위해 뭉쳤던 것이라면 이제는 팀에 있는 데이터를 서로가 잘 활용하고 또 다른 데이터를 만들어가는 과정이라고 할 수 있다.

7장은 조율에 관한 이야기다. 팀의 의사결정을 위한 조직 요소인 역할과 책임 그리고 리더십을 다룬다. 서로 함께 일하기 위한 조율 과정은 필수적이다. 그것을 정의하는 것이 권한과 책임이다. 가상환경은 분권화를 촉진하기 때문에 임파워먼트를 효과적으로 해야만 한다.

8장은 팀이 가진 힘을 응집하는 방법에 관한 이야기다. 모든 팀은 위험이 존재한다. 기술이 고도화될수록 위험은 사람과 기술 어디서든지 나타날 수 있다. 특히 팀에서 핵심인력이 이탈하면 붕괴할 수도 있다. 팀원 중 일부의 냉소와 매너리즘을 극복하기 위해서는 적극적으로 서로 좋은 갈등을 만들 수 있어야 한다.

9장은 미래를 준비하는 팀의 자세에 관한 이야기다. 인공지능과 기술이 팀의 기능성을 강조할수록 아이러니하게도 팀을 구성하는 인간들은 더 중요해진다. 가상의 팀은 과거보다 더 적은 인원으로 팀을 구성하지만 물리적으로는 상상도 못 할 많은 팀원이 참여하게 된다. 팀이 독창적이고 지능적으로 움직이기 위해서는 결국 유연한 전문성과 아메바 같은 생존 능력을 지닌 인간적인 조직으로 진화해야만 한다. 미래의 팀은 인간성에 의해서 발전하면서 팀워크를 만들어가게 될 것이다.

인공지능으로 대표되는 기술은 팀 지능화를 촉진한다. 팀은 더 똑똑해지고 있다. 팀 활동을 통해서 만들어지는 데이터는 새로운 가치를 창출하는 자원이 될 것이다. 팀이 소통하고 협업하며 조율된 팀에서 응집력을 발휘하면 높은 성과를 달성할 것이다. 팀 목표를 달성하고자 한다면 팀워크를 살려야 한다. 인공지능과 함께 일할 때도 결국 팀워크를 더 강화해야 한다. 그 중심에는 신뢰와 같은 팀의 사회적 자본이 자리잡게 된다. 그것은 기계와 인간, 인간과 인간 모두에게 적용된다.

팀워크의 미래는 곧 우리가 일하게 될 미래를 가장 현실적으로 보여주고 있다. 기술의 발전에 따라 달라지는 일하는 방식을 당연하게 여기게 되기까지 그 과정에는 많은 혁신이 동반되고 혼란이 가중될 것이다. 특히 기업문화의 변화에 적응하지 못하는 일부는 도태될 수도 있다. 하지만 혁신은 결국 인류에게 더 좋은 성과를 가져다줄 것이다. 그런 믿음이 있어야 우리는 기술에 의한 디스토피아가 아닌 현실적으로 생존 가능한 업무 환경을 만들어갈 수 있을 것이다.

모쪼록 이 책이 팀워크의 현재와 미래를 고민하는 모든 분들에게 새로운 시대에 통찰의 기회를 제공하는 하나의 지침이 될 수 있기를 바란다.

2020년 11월
박준기

/ 목차 /

1장

최고의 팀은 최고의 팀워크를 가지고 있다 · 15

2장

가상이 현실이 된 세상에서 일해야 한다 · 45

5장

팀워크는 커뮤니케이션으로 승부한다 • 137

6장

인간과 인간 그리고 인간과 기계의 협업 • 173

7장
리더는 팀을 하나의 목표로 '조율'해야 한다 • 205

1장

최고의 팀은
최고의 팀워크를
가지고 있다

최고의 팀은 최고의 팀워크를 보여준다. 그들은 일을 잘한다. 문제가 있는 팀은 여러 가지 이유로 비효율적이다. 누구나 그것을 쉽게 인식하고 느낄 수 있다. 평범한 팀은 팀워크가 무너져 있고 그것을 다시 세우기 위해서 문제점을 분석한다. 그렇다고 최고의 팀이 되지는 못한다. 성과의 측면으로만 접근하지 최고의 팀워크를 만드는 방법에서 바라보지 않기 때문이다.

「스타워즈」의 팀원 R2-D2와 C-3PO

행성 타투인에서 평범한 농부의 조카로 자란 루크 스카이워커는 공화국 기사인 제다이로 성장해서 은하 제국에 대항하는 반란군에 가담하게 되고 마침내 우주의 평화를 수호한다. 영화 「스타워즈」의 줄거리다. 많은 사람에게 우주에 대한 꿈과 환상을 불러일으킨 영화다. 「스타워즈」에는 워낙 볼거리가 많다. 그중에서도 중요 장면마다 등장해서 이야기의 흐름을 연결하는 로봇 R2-D2와 C-3PO의 활약이 눈부시다.

「스타워즈」가 처음 영화화된 것이 1977년이다. 그 시점에 R2-D2와 C-3PO와 같은 로봇이 중요한 역할을 하는 존재로 나왔다는 점이 놀랍다. R2-D2는 우주의 대부분 언어를 번역하는 로봇이고 우

영화 「스타워즈」에서 R2-D2와 C-3PO는 프로젝트의 단순 참여자가 아니라 주요 역할을 하는 구성원으로 참여하고 있다.

주선의 항법사 역할을 한다. 그리고 C-3PO는 인간과 유사한 움직임과 자체 판단 능력을 보유하고 있다. 현재로 말하면 인공지능AI을 탑재한 로봇들의 전형적인 모습이라고 볼 수 있다. 제국군을 상대로 여러 프로젝트가 진행될 때마다 R2-D2와 C-3PO는 프로젝트의 단순 참여자가 아니라 주요 역할을 하는 구성원으로 참여하고 있다.

반란군의 전투기인 X-윙에는 조종사 한 명과 R2-D2와 같은 한 대의 아스트로메크 드로이드(로봇)가 필요하다. 아스트로메크 드로이드는 조종실 뒤쪽에 탑재돼 초공간 도약에 필요한 항법 계산, 손상 제어, 기체 성능 관리 등을 담당한다. 로봇이 없어도 가동은 되지만 로봇은 항법과 같은 고도의 계산을 하는 데는 필수적이다. 즉 로봇 없이는 생존을 담보할 수 없다. 상호의존적으로 작동하고 같이 운영하는 2인 1조의 팀이다.

우리는 팀을 구성하면 당연히 인간이 그 구성원이 될 것이라 가정한다. 그래서 인간을 대상으로 일을 분배하고 업무를 수행한다. 기계

혹은 컴퓨터를 그 대상에 포함해야 한다는 건 현실 세계에서는 생각해본 적이 거의 없다. 반면에 상상력에 기반을 둔 영화에서는 기계와 로봇이 더 이상 제3자가 아니다. 일을 함께하는 팀의 중요한 구성원이다.

「스타워즈」에서 팀은 큰 역할을 한다. 인간인 한 솔로와 우키족 출신의 츄바카를 중심으로 레아 오르가나 공주와 루크 스카이워커가 팀을 이루어 제국군에 저항하고 큰 타격을 입힌다. 중심인물은 바뀌어도 영화 전반을 이끌어갈 때는 항상 팀으로 움직인다. 여기서 흥미로운 사실은 자연스럽게 함께 움직이다 보니 한 팀이 된다는 점이다. 그렇듯 팀은 특별한 이유 없이 부지불식간에 구성되기도 하고 의도를 가지고 운영되기도 한다.

이처럼 팀이란 여러 사람이 특정한 목적을 달성하기 위해서 상호 의존적으로 일하는 조직의 한 형태다. 팀이 구성되는 방식과 일하는 방식은 계속 바뀌면서 현재의 형태로 구성됐다. 사실상 팀이라는 형태는 매우 최근에 만들어진 개념이다. 팀으로 일하는 방법인 팀워크가 본격적으로 관심받기 시작한 것도 30년 정도밖에 되지 않는다.

과거와 달리 지금은 정보기술IT의 발달로 과거 수십 명이 수행하던 계산 활동을 이제는 컴퓨터 한 대가 전부 처리하면서 팀원들의 수가 점차 줄어들고 있다. 소수의 인원으로 의사결정을 하면서 프로젝트가 진행된다. 남은 팀원들도 지능화된 컴퓨터, 즉 인공지능 로봇으로 대체될 날이 머지않았다.

팀원들이 지능화된 컴퓨터, 즉 인공지능 로봇으로 대체될 날이 머지않았다.

일은 '나'를 드러내는 중요한 도구다

2014년도에 진행된 국제사회조사프로그램ISSP, International Social Survey Programme 조사에 따르면 한국인의 직무만족도는 69%로 경제협력개발기구OECD 평균인 81%보다 아주 낮다. 특히 일할 때 스트레스를 느끼는지를 묻자 87%가 그렇다는 답변을 했다. 경제협력개발기구 국가 중 1위다. 우리 주변의 직장인들을 보면 일을 즐기기보다는 먹고살기 위해서 스트레스를 극복하며 일하는 경우가 대부분이다. 직장인에게만 국한된 일이 아니다. 자영업자는 매일매일 매출에 희비가 왔다갔다 한다. 학생들은 공부를 왜 해야 하는지 모르고 점수를 잘 받기 위해서 문제 풀이를 밤늦게까지 한다.

어떤 일을 하면 직업만족도가 높은 걸까? 한국고용정보원이 2016년 6~10월에 우리나라 621개 직업종사자 1만 9,127명을 대상으로 한 직장인 조사를 분석한 '직업만족도' 결과를 발표했는데 40점 만점에 1위를 차지한 건 33.16점으로 판사였다. 그다음으로 도선사, 목사, 대학 총장, 교장, 한의사 등이 높은 순위로 나타났다. 상위에 분포한 직업들은 충분한 급여, 직업에 대한 인지도, 사회적 평판, 일할 때 느끼는 만족도가 전체적으로 높았다. 반면에 상대적으로 낮은 순위에 분포된 직업들에는 원자력 기술자 9위, 식품공학자 51위, 재료공학자 55위, 컴퓨터 전문가 64위, 전기제어 기술자 94위로 기술자들이 많이 분포돼 있다. 대다수 기술자는 독립적으로 일하기보다는 직장인으로 살아야 하기에 만족도가 상대적으로 낮았다.

직업만족도는 내가 하는 일에서 의미를 찾지 못해서 발생한다. 일이 가진 중요성보다는 단순히 '내가 해야 할 일'이라는 이유로 묵묵하게 참아내며 하루하루를 살아가고 있다. 도대체 일을 왜 해야 하는 걸까? 먹고살려고? 그렇다. 현실적으로 누구에게나 이것이 첫 번째로 중요하다. 우리에게 일은 곧 생존이기 때문이다. 일은 생존의 관점에서 그저 피곤한 일상의 연속일 뿐이고 끊임없이 삶을 짓누르는 숙제 같은 것이 돼버린다. 4인 가족이 안정적으로 생활하려면 고용과 일정 수입이 보장된 정규직이면 가능하다. 모두가 원하는 정규직은 대략 대기업에 근무하는 120만 명, 공무원 160만 명, 공공기관 근무자 40만 명 등 300만 명 남짓이다. 경제활동 인구의 10% 정도인 '희귀한' 자리를 두고 청년들이 스펙 쌓기에 열중하고 몇 년간 고시원에서 청춘을 소비하는 것이 현실이다.

그들에게 일은 계속 생존일 수밖에 없다. 일을 생존하기 위해서만 찾게 되면 결국 삶과 일은 분리해야 할 것이 된다. 그런데 그렇게 하기에는 우리는 너무 오래 일하고 있다. 일이 삶의 중심에 있지 않으면 삶에 대한 만족도도 역시 낮아질 수밖에 없다. 일의 의미가 없어진 사회에서 개인은 자아 정체성 혼란을 겪게 된다.

역사적으로 농민과 수공업 장인들은 자신들이 하는 일이 가족과 이웃 모두에게 '인간적 필요Human Needs'를 위해서도 매우 유용하며 가치 있는 것임을 알고 있었다. 하지만 산업혁명과 정보화를 거치면서 일은 언제부터인가 값비싼 기계(기계의 생산성은 인간의 생산성을 항상 넘어선다)가 할 수 있는 일을 값싼 인간이 대신하는 것처럼 바뀌어버렸다. 우리의 착각 중 하나는 인건비가 높으니 기계로 대체해 자동화를 한다고 생각하는 것이다. 하지만 정확한 표현은 인간은 기계와 비교해 단위당 효율성이 매우 떨어진다. 10억 원짜리 기계로 10만 원짜리 부품을 한 달에 1,000개 만든다고 한다면 연봉 5,000만 원의 인간은 10만 원짜리 부품을 2만 개 만들어야 한다. 결국 같은 생산성을 확보하기 위해서 인간은 20명이 필요하다. 여기에서 전제는 품질은 동일하다는 것이다.

기계 관점에서 인간은 매우 효율이 떨어지는 존재에 불과하다. 결국 인간은 기계의 단위당 효율을 따라갈 수 없다. 정보화되고 자동화된 공장에서 일하는 사람들은 비싼 기계를 관리해주는 값싼 관리자에 불과한 것이다. 그러다 보니 인간은 스스로가 하는 일이 중요한 것인지 알 수가 없다. 그저 조금 더 생산성을 높이는 정도로만 일의 의미를 찾고 있다.

하지만 일은 나 자신을 드러내는 가장 중요한 도구다. 또한 사회적 지위와 정체성을 표현하고 사회적 관계를 맺게 하는 도구다. 일은 결국 자아 정체성을 표현하는 매개체가 된다. 그래서 일은 할수록 삶의 의미와 연결돼야 한다. 그렇지 못하면 한창 일해야 할 나이인 30~40대 무렵 회의감과 무력감 그리고 번아웃 증세에 시달리게 된다. 우리가 우울증, 불안, 공포 등을 자주 느끼는 것은 일에서 '나'를 찾지 못하기 때문이다.

혼자보다 함께할 때 '일의 의미'가 커진다

일은 사람과 사람을 연결해주는 매개체로서 여전히 중요하다. 일은 관계를 만들어준다. 내가 하는 것을 누군가 인정해주고 나도 일하는 과정에서 누군가를 지지해주고 누군가에게 의미 있는 사람이라는 것을 찾아가게 해준다. 결국 사람들 속에서 일의 의미는 다르게 규정되는 것이다.

펜실베이니아 대학교 와튼스쿨 애덤 그랜트Adam Grant 교수와 그의 동료인 노스캐롤라이나 대학교의 데이비드 호프만David Hoffmann 교수는 대학 기부금 모집 센터 60명의 직원을 대상으로 흥미로운 실험을 진행했다.[2] 대학 기부금 모집 센터 직원들이 하는 일은 예비 기부자들, 주로 대학 동문들에게 전화를 걸어서 기부금을 요청하는 것이었다. 미국 대학은 기부금으로 장학금을 주거나 주요 연구를 진행하는 전통이 있다. 대학의 발전기금에서 기부금 비중은 매우 높다.

그랜트와 호프만은 직원들과 실험을 진행했다. 세 명의 연사를 초청해서 기금 모집 담당자들에게 설명하는 시간을 가졌다. 두 명의 연사(한 명은 젊은 동문이사, 다른 한 명은 이사회 멤버)에게는 전형적인 방식으로 기부금 담당 직원들에게 설명하도록 했다. 전형적인 방식이란 학교에 기부금이 필요하다는 것을 설득하는 것이다. 그들의 설명을 들은 담당 직원들은 듣기 전과 후에 기부금 모금 성과가 별 차이가 없었다. 그러나 세 번째 연사는 학교 동문이 모금해준 장학금을 실제로 받았던 학생이다. 그 학생은 그 덕분에 중국에서 공부할 수 있었고 자기 인생이 바뀌었다는 증언을 했다.

실제로 기금 담당 직원들은 장학금으로 성공한 동문의 이야기를 듣기 전보다 더 많은 기금을 모금하는 성과를 냈다. 기금의 규모가 세 배나 늘었다. 왜 그럴까? 두 명의 연사보다 실제로 장학금을 받은 학생이 이야기했던 내용이 직원들에게는 동기부여가 컸다. 진정성 있고 정직한 전달이었기에 본인들이 하는 일에 대해 강한 동기가 생겼던 것이다.[3]

기업이 정한 사명은 곧 일을 왜 해야 하는지를 알려주는 중요한 지표가 된다. 그걸 알 수 있는 것은 내가 도와준 작은 사건 때문이다. 일하기 좋은 100대 기업에 6년 동안 1위에 오른 기업이 있다. 바로 구글이다. 구글 사명은 '전 세계의 정보를 조직해 누구나 쉽게 접근하고 사용할 수 있도록 하는 것'이다.[4] 그 흔한 매출과 수익이라는 단어도 없고 고객의 가치 등과 같이 누군가를 특정하지도 않는다. '누구나'와 같이 대상 범위에 제한을 두지 않고 있다. 사명이 중요한 이유는 조직이 해야 할 일의 동기이기 때문이다. 조직이 나아가야 할 방향을 잊었을 때 나침반 역할을 하는 것이다.

구글의 사명은 서비스 설계 때 그대로 나타난다. 현재 구글 지도 서비스 중 하나인 구글 스트리트 뷰를 처음 출시할 때 목적은 단순했다. '우리가 사는 세상이 보행자의 시선으로 어떻게 보이는지를 기록해 역사적 기록물로 만들자.' 이것은 구글 지도의 성공을 기반으로 했다. 만약 고객 가치나 매출을 생각했다면 그 당시 이 서비스를 시작할 수 없었을 것이다. 결국 스트리트 뷰는 엄청난 성공을 했다. 그 시작은 조직이 제시한 사명에서 비롯된 것이다. 명확한 방향성이 있었기 때문에 가능했다.

일은 혼자 한다고 되지 않는다. 일의 의미는 누군가와 함께할 때 더 크고 강하게 느낄 수 있고 그 속에서 새롭게 일의 의미를 찾아가기도 한다. 구글의 많은 팀이 자신들이 하는 일의 의미를 조직의 사명과도 강하게 연결할 수 있는 건 혼자가 아닌 다른 사람들과 연결된 자기 자신을 발견하기 때문이다. 그래서 팀워크는 일의 의미를 알게 해주는 팀에서 더 크게 발현된다.

인간은 오래 집중하며 일하지 못한다

2010년대에도 한국의 연간 노동시간은 여전히 긴 편이었다. 2016년 기준으로 한국은 연평균 2,052시간 일해 1,707시간 일하는 경제협력개발기구 평균을 웃돌았다. 이런 상황 속에서 2018년 7월 1일부터 공공기관과 300인 이상 기업에 법정 주당 최대 52시간 근무제가 시행됐다.[5] 절대적으로 일하는 시간이 많다. 업무 생산성이 낮다는 걸 의미한다. 오랜 시간 집중하며 일하는 건 여러 가지 이유로 인간에게는 매우 취약하다.

첫째, 인간은 특정 사물에 집중하는 시간이 매우 짧다. 영국 로이드 TSB 보험사는 사회학자인 데이비드 목슨David Moxon 교수팀과 함께 2008년에 성인 1,000명을 대상으로 주의 지속 시간을 조사했다. 그 결과 평균 5분 7초가 나왔다. 5분이라는 짧은 시간도 놀랍지만 그 10년 전인 1998년에 측정된 12분에 비해 급격히 떨어진 수치라는 점도 놀랍다.[6] 최근 연구된 결과는 더 충격적이다. 2013년 마이크로소프트 캐나다는 캐나다 사람들을 대상으로 설문과 뇌파 측정 연구를 한 결과 인간이 한 사물에 집중하는 평균시간이 2000년 12초에서 2013년 8초로 줄어들었다고 한다. 이는 금붕어의 평균 주의 지속 시간(9초)보다 1초 짧은 수치다. 우리 뇌는 사물에 집중하는 걸 어려워하고 힘들어한다. 즉 집중력은 인간에게 매우 힘든 일이다.[7]

둘째, 인간은 오래 일하면 뇌 기능이 떨어진다. 2008년 수행된 핀란드 직업건강연구소의 마리아나 사미 비르타넨Mariana Sami Virtanen 박사팀은 영국의 50대 초반 공무원 2,214명을 대상으로 뇌 기능 검사를 한 결과 1주에 55시간 일하는 공무원이 41시간 근무하는 공무원보다 정신적 기능이 떨어지는 것으로 나타났다.[8] 뇌는 적절한 구간에 따라 일하기와 쉬기를 반복해야 한다. 그래서 학생들에게 50분 공부하고 10분 휴식시간을 주는 것이다.

셋째, 인간은 오랜 시간 동일 자세로 일하는 것도 매우 힘들다. 2017년 의학지『내과 연보Annals of Internal Medicine』에 발표된 연구에 따르면 한 번에 한두 시간 동안 움직이지 않고 앉아 있는 성인은 같은 시간 동안 앉아 있어도 자주 일어나 움직이는 사람에 비해 사망 위험이 큰 것으로 나타났다.[9] 인간의 뇌와 몸은 무언가에 오래 집중하기를 어려워한다. 따라서 오랜 시간 일하기에는 취약한 구조로 돼 있다.

자동차는 사자마자 중고차가 된다. 아무리 깨끗한 제품을 사도 하루만 지나면 때가 묻고 지저분해진다. 팽팽하던 얼굴도 시간이 지나면 쪼글쪼글해진다. 완벽하게 정의해둔 업무 프로세스와 절차도 시간이 흘러가면서 지켜지지 않고 흐지부지된다. 왜 그렇게 모두 가치가 없어져 가는 걸까? 왜 시간이 흐를수록 무너져버리는 것일까? 이것이 자연법칙이다. 이런 무질서가 증가하는 현상을 '엔트로피Entropy'라고 부른다. 일도 그렇다.

선사 시대에 일은 매우 단순했다. 인간은 수렵 채취를 하기 위해 동물을 찾거나 농사할 곳을 찾는 것과 같은 반복적인 행동에서 얻은 정보와 지식으로 생존을 유지했다. 하지만 기술은 급격하게 발전한다. 우리는 많은 정보를 인터넷과 같은 네트워크를 통해 얻고 있다.

시간이 흐를수록 정보의 양과 지식은 기하급수적으로 폭발하고 있다. 내가 해야 할 일들의 양도 엔트로피와 비례해서 증가하고 있다.

일을 줄여야 엔트로피가 줄어든다

조직에서 어떤 분야를 책임지는 전문가로 자리잡기 위해서는 전문성이 있어야 한다. 요즈음 유망한 데이터 과학자Data Scientist를 예로 들어보자. 데이터 과학자 중 한 분야인 데이터 분석가는 기본적으로 대학에서 통계학, 수학, 공학을 전공한 사람들이다. 그들은 기본적인 통계적 사고를 배우기 위해 오랜 기간 함수와 수학을 배워야한다. 이런 전공자들은 일선 현장에 들어가면 프로그래밍과 통계 스크립트를 다룰 줄 알아야 한다. 과거에는 SAS, SPSS와 같은 통계 프로그램을 통해서 분석을 수행했으나 최근에는 R(통계 스크립트 언어)이나 파이선과 같은 통계 처리 프로그램 언어를 직접 할 줄 알아야한다. 공부해야 할 범위도 늘어나고 알아야 하는 항목도 늘어난다. R의 경우에는 수천 개 함수가 존재한다. 자고 일어나면 알아야 할 것들이 계속 늘어나 있다.

또한 통계 알고리즘 역시 진화하고 있다. 다양한 일에서 인공지능이 활용되는 데이터 분석 기법들이 요구되고 머신러닝과 딥러닝 등의 기법들이 활용된다. 여기까지는 기술적인 접근이다. 데이터 분석가로서 기본에 해당하는 영역이다. 이제는 업무를 알아야 한다. 분석대상이 되는 데이터의 구조를 파악해야 한다. 업무는 대부분 일종의 맥락Context을 이해해야만 알 수 있다. 예를 들면 고객이 마트에서 물건을 구매하는 행동에 대해 구매, 나이, 성별과 같은 상관관계의 단순 분석은 누구나 할 수 있으나 고객이 그 물건을 왜 사는지는 맥락을 파악해야 알 수 있다.

마트에서 오랜 기간 근무한 사람이 바라보는 고객, 심리학자가 바라보는 고객, 그리고 인간 공학자가 바라보는 고객은 분석의 접근 방식도 다르고 해석도 다르다. 유능한 전문가일수록 해야 할 일들이 많아진다. 알아야 할 것들은 더 많아진다. 그뿐만 아니라 기술은 너무 빠르게 발전해서 따라가기가 버겁다. 매월 새로운 분석기법이 나오고 새로운 함수들이 추가된다. 복잡성은 더 가중된다. 엔트로피의 속도와 범위는 감당하기 어렵다.

우리는 이런 세상에 살고 있다. 전문가라면 그걸 뛰어넘거나 최소한 따라가야 한다. 그래야 명성을 유지하고 실력을 의심받지 않고 조금 더 시간을 벌면서 일을 할 수 있다. 하지만 신체적 한계 때문에 도저히 불가능한 부분도 존재한다. 결국 모든 것을 따라갈 수는 없다. 기술은 인간의 약한 부문을 빠르게 대체하고 있기 때문이다.

따라서 엔트로피를 이기는 방법이 필요하다. 결국 일을 줄여야 한다. 엔트로피를 극복하려면 일의 양을 최소화하는 것으로 대응해야 한다. 조직의 일을 줄여야 한다. 구성원들의 일을 잘 나눠주고 개인이 해야 하는 일을 줄여야 한다. 일을 줄이는 방법은 기술을 적극적으로 사용하는 것이다. 기계가 잘하는 것을 인간이 하지 않는 것이다. 일이 줄어들면 엔트로피 자체를 통제할 수 있다.

일이 줄어든 사람들은 자신이 집중할 수 있는 일을 찾으려 한다. 잘하는 것에 더 집중해야 전문성이 더 강해지는 것을 경험하기 때문이다. 그들은 다른 사람들이 지겨워하거나 고통스러워하는 경험을 오히려 즐겁게 여길 뿐만 아니라 심지어 그 무엇과도 바꾸지 않겠다고 말한다. 발레리나 강수진이 "누가 말리지 않으면 종일이라도 춤을 출 것 같았다."라고 말한 것도 그런 의미다. 좋아하는 걸 해본 경험이 있는 사람들은 밤새워도 피곤하지 않다고 한다. 최대한 일을 줄이고 한 가지에 집중했기 때문이다.

블랙리스트 방식으로 일을 버려라

팀이 엔트로피 증가를 이기는 방법은 일을 줄이는 것에서 시작된다. 일의 양이 많아질수록 일의 파편화 현상으로 복잡성은 커진다. 복잡성을 줄이고 일의 양을 극단적으로 줄여야 한다. 그러기 위해서 팀은 현실적인 몇 가지를 시도해볼 수 있다.

첫째, 팀의 구조적 변화를 시작하자. 『지금 중요한 것은 무엇인가』의 저자 게리 해멀Gary P. Hamel은 "엔트로피의 적이 돼라."라는 도발적인 조언을 하고 있다. 생존이라는 관점에서 엔트로피를 이기도록 팀의 구조적 변화를 시도해야 한다. 팀을 단순화하기 위해서는 '왜 팀이 존재하는가?'라는 근본적 질문의 답이 필요하다. 팀의 현재를 정확하게 인식해야 한다. 일이 얼마나 많은가? 우리가 가는 방식은 맞는가? 해야 할 목적과 목표에 맞는 일을 하고 있는가? 그리고 우리에게 왜 구조적 변화가 필요한가를 진지하게 고민해야 한다.

둘째, 팀 가치를 설정하고 집중한다. 구조적 변화에 대한 필요성을 확인했다면 그다음은 가치에 집중해야 한다. 팀에는 해야 할 미션이 있다. 팀워크는 그것을 위해 필요한 것이다. 팀원들이 그 가치를 공감하고 있는가? 그것을 위해서 지금 하는 일은 적절한가? 질문해야 한다. 대다수의 팀은 목표와 목적은 있으나 추구하는 가치는 없다.

그것은 조직 전체에서 주는 것으로 생각한다. 그러나 팀 차원에서 가치를 설정하고 집중해야 한다. 팀이 추구하는 가치를 통해 큰 방향성을 제시해야 한다. 그래야 팀원들은 그 가치를 기반으로 더욱 자율적으로 판단하고 행동할 수 있다. 또한 필요한 일만 할 수 있다.

셋째, 일을 추가하지 말고 버리자. 역량이 부족한 팀일수록 일을 많이 한다. 일을 잘 모를수록 확인해야 할 것들이 많아지고 복잡해진다. 많이 하는 것이 잘하는 게 아니다. 꼭 필요한 것을 하는 것이 잘하는 것이다. 과거 프로세스 리엔지니어링Process Re-engineering을 추진하는 경우 극단적으로 프로세스를 제거하는 것을 원칙으로 업무를 바라보고 혁신을 추진했다. 그러나 안 해도 되는 일을 줄이겠다는 관점에서 접근하면 오히려 일이 늘어날 수도 있다.

업무를 통제하는 방식으로 화이트리스트 방식과 블랙리스트 방식이 있다. 화이트리스트 방식이란 정해놓은 항목들만 하면 되는 것을 의미한다. 특정 권한, 서비스, 이동, 접근, 인식에 대해 명시적으로 가능한 것을 전부 정해놓고 그 안에서만 움직인다. 우리는 화이트리스트에서 정해놓은 일만 하려는 경향이 있다. 그러나 그렇게 정해놓은 것들이 오히려 우리를 가로막고 일을 버리지 못하게 한다. 타성에 젖어 일을 하고 창의성을 떨어트리고 그 범위 안에서만 움직이게 한다.

반면에 블랙리스트 방식은 정해놓은 것들만 빼고는 전부 용인한다. 즉 꼭 해야 할 것과 하지 말아야 할 것들을 정해 놓고 나머지는 창의적인 방식으로 일을 줄일 수 있다. 문서를 없애는 것, 자동화하는 것, 그리고 전혀 다른 방식으로 프로세스와 시스템을 활용하는 것이 가능하다. 일을 제거하려면 블랙리스트 방식으로 해야 한다.

정말 혼자서 일할 수 있을까?

지금은 '나' 혼자서 일할 수 있는 사회다. 컴퓨터만 있으면 전 세계 모든 정보에 접속이 가능하다. 스마트폰으로 일상생활 대부분이 가능하다. 원하기만 하면 어떤 시간대에서든 어디에서든 혼자서 일할 수 있다. 비즈니스라고 하면 당연히 고용주와 고용인이 존재했다. 그런데 이제는 그 경계가 없다. 가까운 미래에 증강현실Augmented Reality, 가상현실Virtual Reality, 사물인터넷IoT 같은 기술들이 일상화되면 혼자서 일하는 건 쉽고 자연스러운 일이 될 것이다. 그 정도까지 가지 않더라도 지금도 웹에서 SNS로 협업하고 단순 업무는 기계들이 대신한다. 웹 로봇이 온라인에서 발생하는 단순 업무들을 대신 처리해준 것은 꽤 오래됐다. 이런 기술적 변화가 1인 기업가를 만들어 내고 있다.

1인 기업가가 늘어나는 이유는 개인이 조직을 중심으로는 성장하는 데 한계가 있기 때문이다. 보통 조직에서 성과를 잘 낸다고 하면 일사불란하게 업무를 추진해서 성과를 내는 사람이라고 생각한다. 그런데 이 방식이 더 이상 효과가 있는지 의문시된다. 누군가 지시하면 그대로 실행하고 안 되면 되도록 하는 방식으로는 혁신적인 제품도 서비스도 만들기 어려워졌다. 그저 인간이 부속품화되는 경향만 지속될 뿐이다. 그뿐만 아니라 조직이 핵심 역량Core Competency 중심으로 발전해가면서 외주화가 더욱 촉진되고 있다. 또한 '자신이 자신의 시간을 결정한다.'라는 생각에 많은 사람이 동의하기 시작했다.

따라서 '내'가 하고 싶은 일을 '내'가 원하는 시간에 할 수 있는 1인 기업가는 매우 유용한 조직 형태다. 한국의 1인 기업가는 2017년 기준으로 480만 2,000명(총 활동 기업의 79.4%)이다. 이것은 비단 한국뿐만 아니라 세계적인 현상으로 미국도 2014년 기준 약 2,300만 개의 기업들이 1인 기업으로 등록됐다.[10] 1인 기업가는 자신을 회사로 등록해서 혼자 운영하는 회사다. 우리는 흔히 프리랜서로 정의한다. 그들은 농수축 산업을 포함해서 건설 산업과 식음료 산업 등 전통적인 산업부터 디자이너, 프로그래머, 개발자 등과 같은 기술집약적인 산업에도 폭넓게 분포하고 있다.

미국이나 유럽과 같은 곳에서는 1인 기업으로 운영되는 디자이너가 많다. 개인들이 브랜드를 직접 운영하고 생산, 포장, 물류 전반은 외주계약을 통해서 운영한다. 한국의 경우에는 출판업계가 1인 기업으로 운영되는 경우가 많다. 기획자가 직접 출판사를 설립하고 제작, 마케팅, 배포 등을 전부 외주화해 일을 진행하는 것이다.

1인 기업 성공에서 중요한 요소는 아이러니하게도 다른 사람들이다. 즉 어떤 네트워크를 확보하고 누구와 일하는가가 가장 중요한 성공 요소다. 1인 기업가는 자신이 가진 핵심 역량이나 기술을 제외하고는 전부 외주기업들을 통해서 일을 한다. 그 외주기업들은 1인 기업이거나 혹은 전문 제조 업체와 유통 업체다. 그들이 만들어내는 품질은 항상 원가에 영향을 준다. 얼마나 좋은 기업 혹은 사람들을 나의 네트워크로 끌어들이고 관리하느냐 하는 것이 결국 경쟁력의 핵심이다.

조금 더 생각해보면 넓은 범위에서는 나의 비즈니스를 도와주는 사람들은 전부 나와 계약한 프로젝트팀의 구성원들이다. 혼자 일한다고 하지만 실제로는 수십 명과 일을 하는 것이다. 1인 기업은 실제로 '내가 리더가 되어 관리하는 가상의 프로젝트팀'이다. 절대 1인 기업이 아닌 것이다. 우리는 어떤 사업을 하든지 혼자 할 수 없다. 기술은 도와주는 요소고 혁신으로 이끌어주는 촉진제일 뿐이다. 내가 하는 일을 대신해주는 건 매우 제한적이다. 사람과의 네트워크로 운영될 경우는 더욱 그렇다. 1인 기업가들 중에서 결국 살아남은 기업가들은 훌륭한 네트워크를 만든 리더들이다.

이제 '나 홀로 천재'는 불가능하다

인간은 혼자서 일하는 것에 매우 열악하다. 매우 긴급한 상황에서는 잘못된 의사결정을 하는 경우가 많고 위험한 행동을 해서 큰 사고가 발생하는 때도 종종 있다.

2010년 6월 24일 파키스탄의 마르갈라 언덕에서 에어버스 A321-231기가 추락해 탑승자 152명이 전원 사망했다.[11] 파키스탄 최악의 항공사고로 알려진 에어블루 202편 추락사고다. 사고 원인은 바로 기장의 잘못된 판단이었다. 항공사고의 경우 조종사 실수인 경우가 많다. 순간적으로 잘못된 의사결정을 하게 되는 경우다. 주변에서 들려오는 정보를 제대로 식별하지 않고 무시해서 발생하는 것이다. 혼자서 의사결정을 하면 단 한 번의 실수가 대형 인명 사고로 이어지기도 하니 매우 위험한 일이 아닐 수 없다.

반면 시스템에 대한 믿음이 대형 항공사고로 발전한 때도 있다. 2009년 발생한 에어프랑스 447편 항공사고는 피토관(비행속도를 측정하는 장비)이 얼어버리는 상황에서 발생했다.[12] 피토관이 얼어버린 상황에서 항공기에 부착된 경보기가 속도가 떨어진다는 잘못된 정보를 제시했다. 조종사는 그 정보를 바탕으로 항공기 고도를 계속 올리다가 어느 순간 산소가 부족한 고도까지 올라가 실속 상태로 추락했다. 잘못된 정보로 인해서 계속 잘못된 의사결정을 당연하게 여기게 된 것, 피드백 루프Feedback Loop가 발생한 것이다

피드백 루프라는 건 개체의 행위가 인과관계를 거쳐 자기 자신에게로 되돌아오는 현상이다. 사실상 이는 매우 자연스러운 현상이다. 시스템이 인과관계에 따라서 다양한 방식으로 움직일 수 있으며 그 과정에서 피드백을 통해서 혁신이 일어날 수 있다. 특히 다양한 시스템들이 연결된 복잡계 환경이라면 피드백 루프의 총합이 전체 시스템을 운영하는 방식이라고도 할 수 있다. 긍정적인 피드백 구조에서는 급격한 확장이 발생할 수 있다. 반대로 부정적 피드백 루프는 온도조절기와 같이 특정 온도에 도달하게 되면 반대로 운영되도록 하는 것이다. 어떤 피드백 루프도 그 정보에 오류가 있으면 전혀 예기치 않은 결과가 나타난다. 에어프랑스 447편은 잘못된 정보에 의해서 발생된 피드백 루프를 조종사가 그대로 믿어서 발생한 참사다.

세계 최고의 연구지로 『사이언스Science』를 꼽는다. 최고의 논문지를 꼽을 때 보통 제시되는 지표가 피인용 횟수이다. 『사이언스』는 논문이 평균 30회를 웃돈다. 이 저널에 게재된 논문의 연구자를 보면 대여섯 명은 기본이고 20명이 넘는 저자들이 협업을 통해서 연구를 진행하고 그 결과를 게시한다. 이제는 세계적인 연구를 한두 명이 하기 어려운 시대다. 아무리 뛰어난 천재라고 해도 혼자서 세계적인 성과를 내기란 불가능에 가까운 시대가 됐다.

유사한 현상은 노벨상을 타는 과학자에게도 나타난다. 노벨상 수상자가 혼자인 경우가 드물다. 노벨상 초기인 1901~1925년에는 두 명 이상이 공동 수상하는 경우가 물리 분야에서 다섯 차례에 불과했다. 하지만 2001~2018년에는 혼자서 받는 경우는 한 차례도 없이 모두

공동 수상이다. 화학상의 경우는 1901~1925년에 공동 수상이 한 번 뿐이었고 2001~2018년에 혼자 수상한 경우가 세 번뿐이었다.

혼자서 일하는 것은 앞으로 더욱 어려워질 것이다. 지금 그 누구도 만나지 않고 사무실 컴퓨터 앞에서 혼자 일하는 것처럼 보여도 실상은 네트워크 저편에 있는 또 다른 전문가들과 끊임없이 소통하며 함께 일하는 것이다. 좋은 네트워크를 만드는 것은 결국 인간과 인간의 만남에서 가능하고 서로가 인간적 소통을 이루는 경우에만 더욱 확대될 수 있다.

가상환경에서 일할 때 얻는 것과 잃는 것

비슷한 전문성을 가진 사람들로 구성된 팀이 성공적인 결과를 성취하기도 한다. 하지만 다양한 분야의 전문가들로 구성된 팀이 조금 더 성과가 좋을 것으로 기대된다. 그리고 의사결정 구조가 경직된 위계 구조보다는 자율성을 보유한 팀이 외부 환경 변화에 쉽게 적응할 수 있다. 하지만 결국 비용이 문제다. 비싼 몸값의 전문가를 다수 팀원으로 데려오는 데는 매우 큰 비용이 든다. 그렇다면 공간이나 시간 제약을 벗어나 전문성을 확보하는 방법으로 팀원 구성을 해야 한다. 내가 필요할 때마다 전문가를 확보하고 필요로 하는 기술을 활용하고 정보를 얻는다면 상대적으로 저비용으로 환경 변화에 빠르게 반응하는 팀을 만들 수 있다. 그렇게만 되면 성과를 만들기가 쉽다.

우리가 직면한 가상환경은 일하는 방식을 완전히 바꾸는 계기가 되고 있다. 마이크로소프트는 2018년 대규모 인수합병을 발표했다. 그 대상이 된 곳이 바로 깃허브Github다. 깃허브는 2008년 설립돼

8,000만 개 소스코드를 보유하고 있고 7,800만 명의 소프트웨어 개발자가 참여한 세계 최대의 공개 소프트웨어 플랫폼이다. 가상환경에서 혁신이 이루어지는 살아 있는 공간을 꼽으라면 누구나 깃허브를 가장 먼저 떠올릴 정도다. 왜 마이크로소프트가 대규모 인수합병 투자를 진행했을까? 그만큼 가상환경에서 네트워킹하고 일하는 것이 혁신적이고 높은 생산성을 만드는 미래의 모습이기 때문이다.

가상환경에서 일하는 것은 기존의 일하는 방법과 같아 보일 수 있지만 분명 다르다. 가상환경을 통해 기민한 조직이 된다는 것은 시간과 공간과 같은 물리적인 제약에서 일이 분리되는 것이다. 팀은 이제 누구와도 일할 수 있는 환경을 가지게 됐다. 세상 모든 사람이 나와 일할 수 있는 개방된 작업 공간이 존재한다. 기존에 생각해보지 못한 혁신과 가능성이 열린 것이다. 그렇게 해서 세상을 변화시킨 안드로이드Android와 그 기초가 된 리눅스Linux와 같은 소프트웨어는 다양한 전문가들이 여러 가상 팀으로 일하면서 발전시킨 운영체제다. 세상의 변화는 이런 기술들을 통해서 이루어지고 있다.

가상환경에서 팀원이 된다는 건 아이러니하게도 사람들과의 물리적인 접촉을 줄여준다. 누군가와 관계를 맺는 것은 사실 스트레스를 받는 행위다. 새로운 사람을 만난다고 생각해보면 대부분 경계심이나 불안한 마음을 가지게 된다. 대인관계는 중요하지만 그만큼 힘든 일이다. 하지만 가상환경에서는 불필요한 대인관계 때문에 눈치 보는 데 드는 노력을 줄일 수 있다. 예컨대 전화보다는 카카오톡으로 대화하는 것이 부담이 적은 이유가 그런 것이다. 가상환경은 자율성을 확보해주기도 한다. 언제 어디서든 업무를 할 수 있다는 건 의사결정의 폭이 넓어지는 것이다. 따라서 불필요한 업무 방해 없이 필요한 때 집중력을 발휘할 수 있다.

가상환경으로 인해 분명하게 잃는 것도 있다. 직접 대면하는 방식이 아니라 매체를 통해 의사소통하기 때문에 시각적·비언어적 의사소통의 부재에 따른 한계다. 의사소통은 명시적이고 언어적인 메시지의 교환만으로 이루어지지 않는다. 오히려 몸짓이나 표정 같은 비언어적 의사소통이 차지하는 비중이 크다. 침묵의 의미도 상황에 따라 다를 수 있다. 충분하게 이해하기 때문에 더 이상 의사소통할 필요가 없는 것인지, 갈등과 이해의 간극이 너무 커서 침묵하는 것인지 피상적인 언어만을 통해서는 알기 어렵다.

가상환경에서 소통의 어려움은 또 다른 문제들을 만들기도 한다. 의사소통 매체의 한계와 시차로 정보 공유가 충분히 이루어지지 않을 수 있고, 갈등이 발생했을 때 적절한 관리가 어려울 수 있다. 시공간적으로 유연할 수 있지만 업무 조정을 명확히 하지 않는다면 혼선을 빚을 수도 있다. 팀원들이 처한 상황과 맥락을 이해하기 어렵다는 문제도 있다. 이러한 문제들은 처음부터 완전히 가상환경에서 일하는 팀이라면 극복하기 위해서 큰 노력을 해야 한다.

팀워크의 핵심은 '흡수 역량'이다

가상환경에서 일하는 것은 얼굴을 보면서 일하는 것과 어떻게 다를까? 항상 누군가와 접촉하며 일하는 사람들에게 가상이라는 것은 현실과 다르게 느껴진다. 가상환경에서 일하기란 기술을 매개로 협업하는 비중이 높기 때문에 기술 습득 능력을 갖춘 계층이어야 가능하다. 따라서 처음 컴퓨터가 업무의 중심이 된 1990년대 초기보다 더 심각한 디지털 디바이드Digital Divide 현상이 발생하게 된다. 디지털 기술을 초등학교 이전부터 경험한 20~30대 계층은 쉽게 적응할 수 있지만 그렇지 않은 계층도 있다.

화상회의는 물론이고 일상적인 SNS 사용도 어렵게 느끼거나 거부감을 가지는 계층도 있을 수 있다. 그뿐만 아니라 온라인으로 일한다는 것 자체가 일하는 방식을 완전히 바꿔야 함을 의미하기 때문에 급격하게 업무 환경을 바꿀수록 새로운 업무 장벽이 생긴다. 따라서 팀원 개개인의 디지털 능력이 업무를 수행하는 데 중요하게 됐다. 개인의 정보 흡수 역량Absorptive Capability이 팀워크의 중심이 된다.

연세대 이혜정 교수과 함께 IT 서비스를 개발하는 175개 팀을 대상으로 팀이 창의성을 발휘하는 과정을 연구한 바 있다.[13] IT 서비스란 카카오톡이나 페이스북과 같은 모바일 서비스나 매우 복잡한 IT 솔루션이나 모바일 앱들을 말한다. 대다수 IT 서비스 개발팀 구성원들은 다양한 IT 기술을 보유하고 있었다. 특히 온라인 개발 툴과 클라우드 환경을 적극적으로 활용했고 출퇴근 시간도 매우 자유로웠다. 이런 팀원들이 개발하는 IT 서비스는 매우 창의성이 요구되는 것들이었다. 창의성을 발휘하는 데 흡수 역량이 가장 중요했다.

흡수 역량이란 기존에 획득한 지식이나 기술을 최대한 활용하는 능력이다. 일반적으로 팀원의 능력과 일을 하는 동기요인, 다시 말해 일을 수행할 수 있는 지식과 더불어 일을 대할 때 자신이 해낼 수 있는 업무 수행 능력을 종합적으로 나타내는 용어다. 가상환경에서 요구되는 새로운 기술들은 다양한 지식을 추가로 요구한다는 점에서 흡수 역량이 높은 경우에 창의성이 높아졌고 새로운 상품을 개발하는 생산성도 높아졌다.

한 명의 천재보다 팀워크가 중요하다

리더의 역량에 대한 논의는 새로운 방향으로 진화하고 있다. 기존의 팀 리더는 카리스마형이거나 혹은 혁신형이 주류를 이루었다. 대부분 명확한 목표를 제시하고 무조건 달성을 외치는 방식을 선호했다. 하지만 가상환경에서 리더는 개인의 역량과 전문성을 믿고 그들과 협업하고 조율하는 것이 주 역할이 됐다. 따라서 새로운 형태의 리더십 역량이 주목받는다. 그것은 바로 사회적 역량Social Competence이 강조된 협력적 리더의 모습이다.[14] 가상환경은 팀의 구성원들에게 일의 전문성과 더불어 추가 역량을 요구한다. 팀워크의 중요한 영향 요소로서 리더십의 변화는 앞으로 더 상세하게 이야기하고자 한다.

가상환경에서 중요한 주제는 팀원들의 역할 조정이다. 팀에 아무리 전문성이 뛰어난 사람들이 참여한다고 해도 새롭게 해결해야 할 과제가 다양한 형태로 생기게 마련이다. 따라서 팀원들로서는 역할을 자주 변경해야 하거나 서로가 역할과 책임의 범위를 새롭게 정하게 된다. 리더가 개발자가 되기도 하고 개발자가 테스터 역할을 하기도 한다. 다양한 역할을 혼자서 번갈아하게 되는 것이 빈번하게 발생하게 된다.

그런데 가상환경에서는 이것이 쉽지 않다. 가상환경에서는 감정을 숨기기 쉽기 때문에 역할이 모호하게 분담되면 일의 진행이 왜곡된다. 내 일이 아니어서 챙길 수 없게 되고 아무도 책임을 지지 않는 공유지의 비극 같은 상황이 발생할 수 있다. 따라서 구성원들 사이에 업무 책임과 역할을 어떻게 조정해야 하는지 살펴볼 필요가 있다. 이제 가상환경에서 일하는 것은 일상이 됐다. 하지만 많은 팀이 아직도 기존 방식에 안주하거나 가상환경에서 일을 진행하는 것을 불신하고 있다.

경쟁력 없는 조직일수록 과거에서 벗어나지 못한다. 가상환경의 특성을 정확하게 파악하고 장점을 극대화해야 한다. 단순히 온라인에서 메시지를 날리고 이메일로 업무를 수행하는 것이 전부가 아니다. 팀워크는 결국 사람과 사람 간 상호작용이므로 조금만 관심을 가져도 놀라운 시너지가 발생할 수 있다.

앞으로 가상환경은 더 많은 변화가 예상된다. 인공지능이 팀의 일원으로 자리잡을 날이 머지않았고 기존의 대규모 조직이 분화돼 작게 부서지는 과립화 현상도 발생하고 있다. 모든 관계가 가상환경을 기반으로 이루어지는 사회가 되어가고 있는 것이다. 한 명의 천재가 모든 것을 바꾸던 시대는 종말을 고했다. 가상환경에서 팀워크는 평범한 다수가 팀을 이루어 세상을 혁신하는 새로운 시대가 오는 것을 알리는 신호탄이다.

"한 명의 천재보다 팀워크가 더욱 훌륭한 결과를 만들어낸다."

2007년 5월 『사이언스』에 실린 말이다.[15] 1960년대 이래로 인문, 사회과학, 자연과학, 공학의 모든 분야에서 팀으로 수행한 연구결과가 개인이 이룩한 것보다 양적으로나 질적으로 점점 더 많아졌고 중요해졌다. 좋은 팀워크는 구성원 개인의 총합을 넘어선다. 따라서 이제 분명하게 팀워크를 어떻게 설계하고 실행할 것인지를 고민해야 한다.

팀워크의 변화가 시작됐다

인간은 사회적 동물이다. 그러다 보니 코로나바이러스 팬데믹이 선사한 새로운 도전과제인 사회적 격리는 인간에게 사회로 더 나오고 싶어 하는 본능을 강하게 자극한다. 코로나바이러스 경험으로 가상사회와 원격사회라는 사회적 거리두기가 생존의 기본처럼 돼가게 될 것이고, 비대면 거래와 비대면 원격업무가 뉴노멀이 되고 있다. 누구나 경험했듯이 코로나바이러스는 개인들의 행동에 많은 제약을 가하게 됐고 생각도 바꾸게 했다. 긴 시간 동안 코로나바이러스 관련 통계를 보면 집단적인 최면과 같은 심리적 변화가 생긴다. 특히 죽음에 대한 지속적인 위협은 사람들을 사회적 순응주의자로 바꾸어간다.

순응은 인간의 생존에서 시작된다. 위험한 것을 본능적으로 회피하려는 것은 자연스럽다. 그런 행동을 '행동 면역체계'라고 부른다. 의학적으로 면역체계는 병으로부터 우리 몸을 지키는 활동인데 인간이 행동을 할 때도 유사한 시스템이 작동한다. 더럽고 위험한 곳에 가고 싶지 않는 것처럼 본능적 거부는 과거보다 더 크게 작동하게 된다. 코로나바이러스 사태 이후에 물리적 안전함에 대한 욕구는 더 커지게 되었다. 많은 기업이 동시다발적으로 시행하는 원격근무나 재택근무 등은 현상학적으로 사회적 거리를 통해서 물리적 안전함을 경험하게 했다. 가상환경에서 원격 협업은 피할 수 없는 형태가 됐다.

그렇다면 왜 코로나바이러스는 인간을 순종하게 만드는 것일까? 인간이 위험을 느끼면 자연스럽게 사고는 경직되고 더 집단 중심적으로 작동하게 된다. 즉 대부분 사람들이 가진 의견과 다른 생각을 가지게 되면 집단에서 버림받을 수 있다는 본능적 위험을 인식하게 된다. 결국 더 자유롭게 다른 생각을 하기보다는 전통적이고 집단 중심적 의견에 동조하게 된다. 그러므로 코로나 감염을 최소화하는 방법으로 규칙과 규정을 더 잘 지키려고 하는 집단적 사고는 당연하게 받아들여진다. 창의적 환경이 필요한 팀에서 집단주의적 사고는 독이 될 수 있다.

코로나바이러스는 또한 외부인에 대한 두려움을 강화하고 있다. 내가 모르는 사람들이 언제든지 병을 옮길 수 있는 매개체가 될 수 있다는 경험은 불신을 만든다. 내가 속해 있는 집단과 그렇지 않은 집단 간의 차이는 더 벌어졌다. 두려움은 모르는 사람과 일하는 것에 대해 거부감을 만든다. 외부 사람에 대한 정보가 더 필요해진다. 코로나바이러스 방역을 충분히 하는 조직에 속한 사람인지, 주변에 감염인자 같은 위험성은 없는 것인지 등 상대를 신뢰할 수 있는 증거가 필요해진다. 가장 큰 문제는 강화된 의심은 문화적 배경이 커지면 더 커지게 된다. 특히 특정 인종과 민족에 대한 불신으로 인해서 혐오가 발생할 수 있다. 코로나바이러스 기간 동안 아시아계 사람들에 대한 인종차별이 크게 늘었다. 다양한 사람들이 참여하는 가상환경에서도 특정한 계층에 대한 편견은 팀워크에 위협이 된다.

코로나바이러스 사태가 팀으로 일하는 체계와 방식까지 모두 바꾼 것은 아니다. 강제적으로 비대면으로 일하게 되면서 서서히 진행되던 오프라인에서 온라인 팀 형태로의 변화가 더 빠르게 진행되고 있다. 갑자기 집에서 웹캠으로 일하게 되면서 가상 팀으로 급격하게 발전한 것처럼 보인다. 하지만 충분히 준비돼 있지 않은 조직이 코로나바이러스라는 위험 때문에 팀들을 가상환경으로 급속하게 몰아붙인 측면이 있다. 살아남기 위해서 조직 전체에 행동 면역체계가 작동한 것이다. 일하는 방식만을 단순히 디지털화한다고 바뀌는 것이 아니다. 단순히 구성원들이 화상회의에 많이 참여하고 원격근무를 한다고 되는 것이 아니다. 새로운 일하는 방식에 맞게 팀워크도 새롭게 구축해야 한다. 기존 오프라인 팀 중심에서 새로운 온라인 팀워크를 구축하기 위해서는 더 많은 시간이 필요하다. 코로나바이러스 시대는 팀원의 역할을 명확하게 하고 성과체계를 바꾸는 것 등 기본부터 다시 세우는 팀워크 변화의 시작점이 되었다고 할 수 있다.

2장

가상이 현실이 된 세상에서 일해야 한다

SF 영화에서나 보던 것들이 현실이 돼가고 있다. 안경을 끼면 눈앞에 가상화된 사람들이 나타나고 현실처럼 느껴진다. 2D에서 일하는 환경이 이제 본격적으로 3D로 바뀌고 있다. 자동차와 같은 제품을 만들 때 3D로 최종제품을 예상하고 3D 프린터로 만들어 테스트하는 세상이다. 머릿속에 상상만으로 있던 것들이 눈앞에 나타난다. 기술 발전은 일하는 방식을 급격하게 바꾸고 있다. 그것에 적응하지 못하면 디지털 퇴출이 이루어질 것이다.

가짜가 진짜처럼 느껴지는 세상에서 산다

모바일 앱 개발팀 김명철 팀장은 아침 6시 알람 소리에 잠을 깨는 것과 동시에 이메일을 확인한다. 그리고 간단하게 아침을 먹고 영어 팟캐스트를 들으며 한 시간 가까이 운전하면서 출근한다. 영어공부를 하다가 중간에 음성으로 이메일과 메시지 등을 보내고 출근하자마자 정기 화상회의를 진행한다. 점심시간에는 샐러드로 간단히 식사하고 한 시간 정도 인공지능이 추천하는 운동을 한다. 오후 3시 카페에서 만난 고객과의 미팅에서는 패드를 활용해서 비즈니스 내용을 제안한다. 5시에 근처 위워크로 향해서 1인 공간에서 역시 패드를 활용한 화상회의를 진행하고 사무실에 있는 팀원들에게 몇 가지 확인을 한 후 6시에 집으로 향한다.

김 팀장의 모습은 많은 직장인의 일상이 되고 있다. 온라인과 오프라인 경계가 없는 업무 환경은 일하는 방식을 변화시켰다. 스마트폰이 컴퓨터를 뛰어넘어서고 인공지능 기능이 강화되면서 몸은 사무실에 있지만 일은 컴퓨터와 스마트폰과 같은 전자기기를 통해 온라인으로 하는 것이다. 즉 가상환경 그 자체가 실제 환경이다. 이 모든 변화의 중심에는 기술이 있다. 가상현실은 진짜처럼 느껴지는 가짜가 만들어내는 세상이다. 아직 우리는 경험해볼 기회가 많지 않지만 그 느낌은 알고 있다. 영화 「매트릭스」에서 주인공 네오가 처한 세상은 컴퓨터가 만들어낸 세상이다. 그곳에서 느끼는 감각은 몸에 고스란히 전달된다. 그곳에서 죽음을 맞이하면 현실에서도 죽게 된다. 가상현실은 영화에서나 만나는 상황이라고 생각할 수 있지만 실제로도 현실을 시뮬레이션하는 방식으로 사용할 수 있게 됐다. 대표적인 것이 디지털 트윈Digital Twin이다. 가상현실이 5G 네트워크와 결합해서 업무 환경에 적용되기 시작한 것이다.

디지털 트윈을 쉽게 설명하면 아이폰을 만드는 애플에서 그 아이폰을 만드는 모든 과정을 그대로 컴퓨터에 디지털로 옮겨 놓은 것이라고 보면 된다. 왜 이런 기술이 있으면 좋은 것일까? 아이폰을 만드는 애플은 끊임없이 새로운 제품을 만들고 새로운 기능을 추가하고 싶어 한다. 다양한 장비들과 사람들을 배치해놓고 제조 중간에 아이폰의 중요한 기능을 업그레이드한다거나 제조 현장을 변경해서 더 좋은 품질과 생산성을 구현하고 싶을 것이다. 그럴 때마다 제조라인을 변경하고 사람들을 훈련시켜야 한다. 때에 따라서는 일부 항목들을 폐기해야 한다. 큰 비용이 들기 때문에 사전에 설계할 때부터 최대한 최적화된 제품을 만들고자 한다. 그러나 실제 환경에서 만들어

디지털 트윈 (출처: 지멘스)

보기 전에는 똑같은 제품이 나올지 알 수가 없다.

디지털 트윈이 가능한 환경에서는 컴퓨터상에서 현재 운영되는 제조 현장의 모든 정보를 가지고 다양한 시뮬레이션을 해볼 수가 있다. 똑같은 정보를 거의 실시간으로 현장에서 받아서 곧바로 시뮬레이션하기 때문이다. 성능을 개선하기 위한 최적의 방법을 최대한 도출해서 현장을 바꿀 수 있게 된 것이다. 이 모든 것이 가상현실에서 이루어진다.

오늘날 디지털 트윈은 제조 현장에 빠르게 도입되고 있다. 자동차 설계, 생산현장 로봇 운영, 공장 설비와 운영관리 효율화에 뛰어난 기술이다. 이를 통해서 생산품질은 향상되고 운영비와 개발 기간이 줄어들 뿐만 아니라 실시간으로 생산현장을 통제할 수 있다. 만약 사람이 아닌 로봇에 의해 운영되는 제조 공장이라면 가상현실에서 만들어진 정보를 더 빠르게 현실 세계에 접목할 수 있다. 우리는 현실을 그대로 가상에 옮긴 매트릭스를 만들고 있는 것이다.

과연 '노동의 종말'은 올까?

기술은 많은 것을 변화시킨다. 케빈 켈리Kevin Kelly는 저서 『기술의 충격』에서 "기술은 이미 존재해 있었고 인간은 네트워크 연결을 통해서 기술을 발견한 것이다."라고 말했다. 기술은 발견되는 것이다. 누군가 창조하는 것이 아니라 이미 있는 기술을 우리가 발견할 때가 됐을 때 알게 된다는 것이다. 그 원동력에는 새로운 연결, 즉 노드Nod라 불리는 네트워크가 있다. 기술은 네크워크 숫자가 커질수록 빠르게 발견되고 진화한다. 지금까지 기술은 인간의 삶을 풍요롭게 했다. 기술 발전에 따른 대규모 실직의 걱정은 기우일 뿐이다. 오히려 더 많은 부를 창출하고 더 많은 혁신이 이루어졌다. 인류는 노동에서 해방됐고 빈곤과 기아에서 벗어났다.

우리가 행동하는 모든 것은 기술의 작용에 따른 것이다. 우리는 평상시에는 기술의 중요성을 잘 모르다가 일할 때 비로소 실감한다. 휴대폰을 집에 두고 출근할 때면 종일 불안감에 시달린다. 컴퓨터 없이 숫자계산을 할 때면 식은땀이 흐르고 무언가 모르는 내용이 나왔을 때 유튜브나 구글이 없으면 당황스럽다. 일할 때마다 기술이 있어서 생산성과 효율성이 높아진다는 것을 실감하게 된다. 인공지능과 클라우드는 일하는 방식을 급속하게 가상환경으로 바꾸었다.

일로 성공한다는 건 그 당시의 환경에 영향을 많이 받는다. "열심히 일하면 성공한다." 성공한 CEO들의 성공담은 그렇게 시작한다. 삼성전자에서 근무했던 반도체 전문가 박재근 교수가 '월화수목금금금' 열심히 일한 걸 자랑스럽게 이야기하는 이유도 마찬가지다.[1] 과거 산업화가 집중될 때 성공방정식은 일을 계속하는 것이었다. LG 전자 김쌍수 부회장은 5% 불가능해도 30%는 가능하다는 관점에서 혁신을 위해 완전히 새로운 사고방식을 요구했고 집중과 몰입의 중요성을 강조했다. 아이러니하게도 임무 완수를 위해서는 일을 계속해야만 한다. 30%를 달성하기 위해서는 다른 자원들(투자, 인력)은 제한된 상태이기 때문에 결국 개인이 가진 시간을 투여해서 성과를 내야 한다.

그렇게 성공을 경험한 리더는 계속해서 열심히 하라고 한다. 당연히 초과근무는 미덕이다. 아직도 많은 사람이 자신의 삶을 포기하고 초과근무하는 것을 성공방정식으로 생각한다. 스타트업도 당연히 성과를 내기 전까지 밤을 새우고 있다. 하지만 이런 성공방정식은 바뀌고 있다. 밤새워 일하는 곳일수록 삶의 질뿐만 아니라 업무 생산성도 낮아진다는 연구결과가 많다. 『하버드 비즈니스 리뷰』의 연구결과에서도 '계획적 휴식Structured Time-off'을 기반으로 목표를 설정해야 훨씬 생산성이 높아진다고 주장했다.[2]

그럼에도 왜 시간을 줄여도 생산성은 더 높아질까? 과거보다 우리는 기술을 더 많이 활용한다. 정보가 너무 많은 세상에 살고 있다. 몸을 움직이며 일을 해야 하는 노동에서조차도 기계가 일을 대신한다. 시간당 임금 수준은 점차 높아지고 사람보다 더 저렴한 비용으로 기계가 일한다. 기업으로서는 업무 효율을 위해 단순 노동은 분리해서 저임금 일자리를 늘리거나 기계가 대신하도록 하는 것이다.

우리는 노동에서 해방돼 가고 있다. 제러미 리프킨Jeremy Rifkin은 능동적으로 "노동이 종말한다. 지능 기계가 무수한 과업에서 인간을 대체하면서 수많은 블루칼라와 화이트칼라 노동자들을 실업자로 만들고 있다."라고 주장했다. 실제로 그런 상황이 벌어지고 있다. CEO스코어의 조사에 따르면 30대 대기업 집단은 2018년 6월 말 기준 대기업 직원 수가 91만 2,348명으로 2015년(91만 6,434명)과 비교해 4,000여 명이 줄었다. 반면 같은 기간 매출은 100조 원 이상 늘었다.[3] 대기업들은 기술의 발달로 고용 없는 성장을 하고 있다.

인공지능이 전통적인 직업을 재조직화한다

18세기 산업혁명 이후 사회는 지속적으로 발전하고 성숙하는 단계를 반복했다. 사람과 기업 간의 관계가 복잡해지고 처리해야 하는 데이터와 업무의 양이 많아졌다. 의사결정 시 과거와 비교해 다양한 요소를 고려해야 하다 보니 차츰 '정보사회'로 전환하는 조짐이 보이기 시작했다. 산업화가 이루어지면서 기업들은 공장화, 분업화, 조직화되면서 인력관리에 대한 필요성이 점차 커졌다. 조직의 크기가 커짐에 따라 업무량은 오히려 늘어났고 처리해야 할 문서들과 정보들 역시 증가했다.

1714년 영국의 헨리 밀Henry Mill이 타자기를 처음 발명한 이후로 개량을 거듭해 현재 타자기의 형태를 갖추게 된 것이 1873년이다. 한국에 들어온 것은 1914년이며 1950년이 돼서야 본격적으로 상품화돼 보급되기 시작했다. 타자기는 증가하는 정보와 문서들을 빠르게 처리해야 할 필요성에 따라 발전됐다. 정보를 정리하고 체계화하는 일의 필요성은 1946년 세계 최초의 컴퓨터 에니악ENIAC의 발명과 연결된다. 에니악은 1세대 컴퓨터라고 불리는데 진공관을 사용했다. 현재의 휴대용 계산기와 비슷한 계산능력을 갖추었다.

2세대 컴퓨터는 트랜지스터를 사용했다. 1947년 벨연구소에서 발명됐고 포트란FORTRAN과 코볼COBOL 등의 프로그래밍 언어가 사용됐다. 3세대 컴퓨터는 집적회로IC를 사용하는 컴퓨터다. 이때부터 컴퓨터 작업을 관리하는 운영체제OS가 등장했다. 그리고 4세대부터 초고밀도 집적회로를 사용한 개인용 컴퓨터PC가 등장했다. 하나의 칩으로 된 중앙처리장치인 마이크로프로세서가 1971년 최초로 발명돼 개인용 컴퓨터를 대량생산할 수 있게 됐다. 그 후 1984년 애플은 매킨토시를 판매하고 현재의 5세대 컴퓨터로 발전돼왔다. 5세대 컴퓨터는 처리 능력이 비약적으로 발전하면서 어떤 데이터가 들어왔는지 스스로 판단하고 그에 적합한 처리를 하는 컴퓨터인데 인공지능이라고 한다.

20세기 중반 이후 기술은 정보혁명을 확산했다. 지금껏 기계를 기반으로 인간의 육체 노동력이 추가돼 일했다면 컴퓨터에 의해 만들어진 정보가 인간의 정신 노동력 중심으로 일의 방식을 변화시켰다. 이것을 더 촉진한 것이 네트워크다. 인터넷의 등장으로 전 세계 컴퓨터가 연결됐다. 인터넷에 의해서 개인과 조직은 연결돼 새로운 형태의 거래, 서비스, 공동체가 등장하고 있다.

이 모든 현상이 디지털 정보혁명이다. 정보기술은 사회와 조직구조를 바꾸고 있다. 어느 사회와 조직이든 그 핵심에는 지식, 기술, 정보 중심으로 구조화되고 있다. 사회 기업이나 공공조직에서 정보 관련 기능이 크게 확대되는 것은 물론이고 정보기술이 조직 경영에서 가장 먼저 고려해야 하는 부분이다. 기존 조직구조와 계급 형태의 관료제가 변화하고 있는 것이 대표적이다. 관료적 구조는 모든 정보가 특정 의사결정자에 집중됐던 구조다. 따라서 의사결정에 많은 시간이 소요되는 반면에 검토해야 할 정보의 양은 기하급수적으로 많아진다. 이로써 조직 전체가 기민성을 가지지 못하게 되고 경쟁력을 잃게 되고 결국 시장에서 퇴출되는 것이다.

정보 중심 사회는 가치관 변화, 사회 복잡성 증가, 사회문화 변화, 그리고 경영관리 효율성 증대 등이 나타났다. 그 중심에는 정보를 구성하는 데이터 수집, 가공, 활용이 더 다양해지는 측면이 있다. 정보화의 확산은 인간이 가진 노하우를 프로그램화하는 데 매우 효율적이다. 30년 전만 해도 조율사가 보통 피아노를 조율하는 데 3시간이나 걸렸다. 하지만 현재는 소프트웨어를 통해 음을 잡고 튜닝해서 피아노를 조율하는 데 20분 정도면 끝난다.

대부분 기업에서 필요로 하는 급여관리, 재고관리, 운송관리와 관련된 소프트웨어는 그 종류가 매우 다양하다. 가져다가 쓰면 그만이다. 빌딩 도면을 그리기 위해 25명 이상의 숙련된 기술자가 50일 정도 걸려서 했던 일을 한 명의 기술자가 캐드와 3D 렌더링 소프트웨어를 이용해서 며칠 만에 완성했다. 기존에 일하면서 축적된 프로세스는 소프트웨어로 정교화됐다. 세금계산도 자동화됐고 병원에서 빠른 진단도 가능해졌다. 정보혁명은 지금까지 단순했던 업무를 제거하고 일하는 방식을 간소화했다.

정보혁명은 또한 지식혁명이다. 아직도 사람이 절차를 제도화하는 일을 하고 있지만 소프트웨어는 수세기에 걸친 경험을 바탕으로 지식을 응용해 시스템적이고 논리적인 분석으로 전통적인 작업을 재조직화했다.

조직과 팀이 급격히 해체되고 있다

조직과 팀이 다시 바뀌고 있다. 급격한 해체를 겪고 있다. 인터넷이 기반이 되는 가상환경은 물리적인 팀을 가상세계로 밀어넣었다. 팀이 아닌 혼자서 일하는 현상인 노마드Nomad 현상이 강화돼갔다. 노동 시장에서 프리랜서와 같은 자유 전문직이 증가하고 노동의 유연성이 커지며 평생직장, 연공서열, 안정적인 고용관계 등이 해체되는 것은 모두 동시적인 현상이다. 1인 기업의 증가는 한편으로는 조직 형태가 급격하게 변화된다는 것이고 또 한편으로는 고용 없는 시대에 살고 있다는 것이다.

더 놀라운 조직 해체 실험이 이루어지는 현장이 있다. 미국 최대 온라인 신발 쇼핑몰 자포스Zappos는 전통적인 조직구조를 버리고 홀라크라시Holacracy라고 불리는 새로운 형태의 조직구조를 도입했다. 홀라크라시는 '개별 서클이 각자의 자율성을 보장받으면서 동시에 조직 목적에 의존적인 형태의 새로운 조직구조'라고 할 수 있다.[4] 홀라크라시는 핵심 권한과 역할을 개인들에게 돌려주고 그들에게 해야 할 과업과 긴장관계를 주어 조직 전체의 목표를 달성하도록 하는 것이다. 개인들이 환경 변화에 민첩하게 작동하게 함으로써 조직 전체가 유기적인 생명체처럼 운영되는 이상적 모습을 가지고 있다.

이 구조를 실험하는 이유는 조직의 해체가 오히려 생산성이 높아지는 노마드 현상에 기인한다. 홀라크라시에서는 서클이라는 단위로 가상 팀의 역할이 커졌다. 개인들의 권한이 커졌다는 건 다양한 과제에 참여하고 자신의 역할을 해야 한다는 것이고, 반대로 그렇게 활동하지 않으면 자연스럽게 도태된다는 것이다. 어찌 보면 누구도 상대방을 챙기지 않는다. 누구도 자신의 책임에서 벗어날 수 없다. 일하지 않는 자는 주변 사람들이 선택해주지 않기 때문에 퇴출될 수밖에 없다.

로봇 또한 우리 주변에 가까이 와 있다. 조직의 관점에서 로봇은 더 이상 인간과 인공지능의 대립점에 있는 객체로 볼 수 없다. 오히려 그 둘을 연결하는 역할을 하고 있다. 우리는 로봇이 만든 자동차를 타고 있고 로봇이 만든 스마트폰으로 이야기하는 시대에 살고 있다. 스마트 팩토리라는 말은 인간이 수행하던 생산과 유통과 같은 고정된 과정을 기계가 대신한다는 의미다. 이제는 고객 수요 파악과 주문, 제품 제조, 부품 조달, 재고 확인, 제품 배송 등을 로봇과 기계가 한다. 사람들이 수백 명씩 들어가 있는 공장은 이제 오래된 영화에서나 보게 된다. 지금은 사람이 없는 공장에서 로봇이 일하는 것이 일상이 됐다. 독일 스마트 팩토리 중심에는 지멘스Siemens가 한몫을 하고 있다. 독일 암베르크 지멘스 공장은 하루에 수집되는 5,000만 건의 정보를 통해 제조 공정마다 자동으로 실시간 작업을 지시한다. 1,000여 종의 제품을 연간 1,200만 개 생산한다. 모든 공정의 75%가 자동화돼 있다.

로봇이 가능하게 된 이유는 소프트웨어에 있다. 디지털로 만들어지는 소프트웨어는 통상 정보재라고 부른다. 정보재는 한 번 만들 때 들어가는 비용을 제외하고 추가로 생산하는 비용이 제로다. 누구나 쉽게 복제가 가능한 정보재는 비용을 극단적으로 낮추는 효과가 있다. 최근에는 이런 정보재가 오픈소스로 제공되고 있다. 로봇을 움직이게 하는 소프트웨어에서 쉽게 구할 수 있다. 인공지능을 학습시키는 다양한 알고리즘도 어디서든 만날 수 있다. 누군가 만든 지식과 경험을 처음부터 배울 필요 없이 더 빠르게 습득함으로써 발전해나가는 것이다.

인공지능과 함께 일하는 건 더 이상 미래의 이야기가 아니다. 내가 활동하는 모든 정보를 수집하는 스마트폰 앱 하나가 내 데이터를 활용해서 인공지능을 학습시키고 있다. 또한 내가 써내려가는 글 한 줄을 번역에 활용하고 있다. 우리는 인공지능에게 데이터를 제공해온 공급자이자 그들과 함께 일하는 동료이고 그들의 서비스를 소비하는 고객이다.

네트워크 효과는 폭발적 성장을 가져온다

세계 최고 부호인 빌 게이츠Bill Gates가 창업한 마이크로소프트는 초기에 기업 행동 지침을 '우리가 표준을 만든다We set standard.'라고 정했다. 그는 표준 설정을 위한 전략에 '복음 전도Evangelization'라는 의미심장한 명칭을 붙였다. 사도 바울이 예수의 복음을 이교도에게 전파하듯이 마이크로소프트가 하는 일은 신도들을 새로 구성하고 개종시키는 것이라고 했다. 마이크로소프트가 1980년대 초에 개인용 컴퓨터의 초기 운영체제인 MS-DOS를 시장에서 자유롭게 사용할 수 있도록 거의 무료로 배포한 것도 표준 설정을 위한 전략이었다. 그는 개인용 컴퓨터 시장이 점차 확대되면 개인들이 운영체제에 종속될 것이라는 계산을 했다. 따라서 고객이 일단 MS-DOS를 사용하는 것에 길들게 한 후 돈을 뽑아내겠다는 것이었다. 이 전략은 큰 성공을 거두었다.

마이크로소프트는 그 당시에 베이직 소프트웨어를 개발하는 회사에 불과했고 실제로 운영체제 개발 역량은 부족한 회사였다. MS-

DOS는 초기에 IBM을 위한 운영체제 개발을 위해 시애틀컴퓨터사의 86-DOS를 7만 달러에 구매해서 IBM-DOS를 만들어준 것이 시발점이 됐다. 1970년대 말까지 운영체제의 표준으로 군림했던 것은 CP/M이라는 운영체제로 높은 호환성을 가졌다. 실제로 86-DOS도 CP/M을 기반으로 만들어진 운영체제였다. 하지만 빌 게이츠는 운영체제가 개인용 컴퓨터 시장에 가져올 파괴력을 내다봤고 표준 선점을 위해선 자신들의 역량 부족으로 설익은 제품이라도 시장에 빨리 내놓는 게 더 중요하다는 걸 직시했다. 이게 지금 세계 최고 운영체제 소프트웨어 회사인 마이크로소프트의 시작이다.

마이크로소프트는 불법 소프트웨어 유통이 효과적인 표준 전파 방법이라고 생각했기 때문에 초기 불법복제를 오히려 독려하는 듯한 관리방식을 취했다. 1998년 게이츠는 워싱턴대학 강연에서 다음과 같이 말했다. "매년 중국에서 300만 대의 컴퓨터가 판매되고 있음에도 불구하고 소프트웨어를 이용하는 대가를 지불하지 않고 있습니다. 하지만 언젠가 그들은 소프트웨어를 이용하는 대가를 지불하게 될 것입니다. 그들이 소프트웨어를 훔쳐야 한다면 우리 것을 훔치길 바랍니다. 그러면 그들은 우리 소프트웨어에 중독될 것이고 향후 10년 내 우리는 소프트웨어 이용료를 징수하는 방법을 찾아내게 될 것입니다."[5] 빌 게이츠가 왜 소프트웨어에서 표준을 확대해서 독점화하는 전략을 취했는지 잘 알려주는 대목이다.

마이크로소프트 운영체제가 성공한 이면에는 어떤 상품에 대한 수요가 형성되면 다른 사람들의 수요에 영향을 미치는 현상, 즉 사용자들이 몰리면 몰릴수록 사용자가 계속 늘어나는 '네트워크 효과'에 기반하고 있다. 네트워크 효과는 일단 어떤 상품에 대한 수요가 형성되면 다른 사람들의 상품 선택에 큰 영향을 미치는 현상이다. 미국 경제학자 하비 라이벤스타인Harvey Leibenstein이 소개한 개념으로 특정 제품을 사용하는 고객이 많아질수록 해당 상품의 가치가 더욱 높아지는 현상인 '네트워크 외부성Network Externality'과도 유사하게 설명된다.

사용자들이 몰리면 몰릴수록 계속 늘어난다면 수요 관점에서 누가 얼마나 많이 사용하는가가 가장 중요한 요소가 된다. 이런 현상은 누군가의 선택에 영향을 주게 되고 그러면서 그 상품을 선택하는 사람들이 증가하는 효과가 나타나기 때문이다. 제품이나 서비스를 제공하는 생산자는 네트워크 효과로 인해 사용자수가 증가하면 생산 비용은 줄어드는 규모의 경제 효과가 발생하게 된다. 특히 디지털 서비스의 경우 복제비용이 '0'이기 때문에 네트워크 효과의 파괴력은 그 어떤 경우보다 크다.

네트워크 효과는 선순환 구조를 만들어낸다

네트워크 효과의 전형적인 예는 바로 통신 사업이다. 우리나라 통신 산업은 특히 경쟁 구조가 독특하다. 2014년 11월 아이폰 6의 출시에 맞춰 몇몇 대리점에서 불법 보조금을 제공한 것에 대해 국무총리가 국회 대정부 질의에서 철저한 조사를 지시하겠다고 할 정도로 논란거리였다. 같은 해 12월에는 방송통신위원회에서 통신 3사에 과징금 8억 원씩 부과하고 관련 임원을 형사 고발했다.[6] 한국에는 다른 나라에 없는 '보조금 대란'이란 용어가 존재한다. 특정 시점에 판촉비로 통신사 간 경쟁적으로 고객을 끌어들이려고 보조금을 주는 것이다. 100만 원 정도 하는 최신 스마트폰을 공짜로 구매할 때도 발생하는 게 보조금의 위력이다.

네트워크 효과는 선순환 구조를 만들어낸다는 점이 특징이다. 다수의 소비자가 구입한 재화는 가치가 상승해 다른 소비자에게도 효용이 높은 재화로 인식될 가능성이 높기 때문에 구매를 유인하는 효과가 발생한다. 이에 따라 소비자 수는 증가하게 된다. 세계 최대 전자상거래 업체 이베이나 한국의 옥션과 같은 사이트도 '네트워크 효과'의 대표적인 성공 사례로 꼽힌다. 경매 사이트에선 좋은 평판이 쌓일수록 거래에 유리하기 때문에 한 번 발을 들인 사람은 떠나지 않는다. 페이스북과 트위터가 성공적으로 시장에 안착하고 엄청난 수익을 올리는 것도 네트워크가 커질수록 고객들이 계속 머무를 가능성이 더욱 커지는 현상 때문이다. 재미있는 점은 기술 발전이 네트워크 효과를 촉진한다는 점이다.

기술 발전이 이루어지면 생산비용이 절감되거나 관리비용이나 모니터링 비용이 제거된다. 이런 점은 상품과 서비스 가격의 인하 효과를 가져오게 된다. 과거보다는 저렴하지만 기술 발전으로 기능이 많아지고 성능이 향상된 상품과 서비스는 고객을 시장으로 끌어들이고 상품과 서비스의 유용성도 높여 네트워크 효과를 촉진한다. 따라서 인터넷이라는 새로운 기술은 서비스 복제비용, 관리비용, 모니터링 비용을 획기적으로 줄여주는 결과를 가져온다. 따라서 전 국민이 다음이나 네이버 혹은 구글 메일과 같은 서비스를 공짜로 제공받게 되는 것이다. 이처럼 인터넷 기술로 인해 비용이 줄어들고 더 많은 기능과 성능을 제공하는 메일이 출현해 사용자가 필요로 하는 효용가치를 끌어올려 주는 것이다. 따라서 네트워크 규모를 확보한 서비스가 전체 시장을 독점하게 되는 결과를 가져오게 된다.

비교 상대 집단의 크기가 클수록 더 높은 가치를 얻는 효과를 '간접 네트워크 효과'라고 한다. 예컨대 카카오톡의 예를 들 수 있다. 카카오톡은 2015년 기준으로 1억 7,000만 명의 가입자 수를 가지고 있으며 국내에서 거의 모든 휴대전화에 모바일 메신저로 사용되고 있다. 따라서 엄청난 사용자 집단을 형성하고 있기 때문에 카카오 플랫폼에서 게임을 제공하는 것은 엄청난 수익을 확보하는 일이다. 자신이 만든 게임 앱을 최대한 많은 사람에게 노출해 판매하려는 게임 앱 개발자는 높은 수수료를 지불하더라도 꼭 들어가고 싶은 파라다이스와 같다.

네트워크 가치는 기하급수적으로 증가한다

네트워크 가치가 얼마나 놀라운 것인지를 잘 설명해준 것이 '멧칼프의 법칙Metcalfe's law'이다. 이 법칙은 1980년대에 근거리통신망 이더넷의 창시자이자 스리콤의 창업자 밥 멧칼프Bob Metcalfe가 제창한 것으로 "네트워크 규모가 커질수록 비용의 증가폭은 점점 작아지지만 네트워크의 가치는 참여자 수의 제곱에 비례한다."라는 것이다. 예를 들면 10명으로 구성된 네트워크에서 10명이 추가되면 구축비용은 두 배로 늘지만 네트워크 가치는 20명의 제곱인 400이 돼 원래보다 네 배나 증가한다. 이 법칙은 랜LAN으로 연결된 기업체 안의 컴퓨터 네트워크에 초점을 맞추고 있지만 인터넷은 이 법칙을 완전히 새로운 수준에 올려놓았다. 이젠 많은 사람이 연결된 네트워크를 형성하는 것이 기업 성패를 가늠하는 잣대가 된다는 걸 시사하고 있다.

'11만 3,000명 대 4,600명'

미국 최초의 흑인 대통령이 탄생한 지난 2008년 미 대통령 선거. 승패를 가른 원인을 분석할 때 빠지지 않고 거론되는 숫자다. 11만 3,000명은 당시 버락 오바마Barack H. Obama 민주당 대선 후보의 트위터 팔로어 수이며 4,600명은 존 매케인John Sidney McCain Ⅲ 공화당 대선후보의 팔로어 수다. 팔로어 수로만 정확히 24배 차이다. 팔로어 한 명이 평균 100명의 팔로어를 갖고 있다고 가정한다면 오바마 선거 메시지는 무려 1,130만 명에게 실시간으로 전파된 셈이다. 반면 존 매케인의 메시지를 전달받은 수는 겨우 46만 명에 불과했다. 미디어 선거전에서는 이미 오바마가 매케인을 압도하며 백악관행 티켓을 예약하고 있었던 것이다. 네트워크 규모가 커질수록 네트워크 가치는 기하급수적으로 증가한다는 멧칼프의 법칙을 확인할 수 있는 대목이다.

멧칼프의 법칙은 사물인터넷 환경에서 더 주목받고 있다. 사물인터넷이란 단어를 처음 제안했던 MIT 오토 아이디센터의 케빈 에시턴Kevin Ashton 교수는 사물인터넷이란 말에서 기기의 지능화를 상상했다. 기기가 더 똑똑해지고 기기끼리 대화하는 언어가 발전할 것이며 기기가 인터넷으로 연결돼 사람이 모르는 사이 무언가 해내게 될 것이란 얘기였다. 사물인터넷이 현실화되면 인간의 생활이 편안하고 건강하고 효율적인 상태로 유지된다는 것이다. 네트워크에 연결된 기기들Things or Everything의 가치는 연결되는 기기의 수가 늘어날수록 증가하게 된다. 이러한 네트워크의 효용가치가 어떤 결과를 나타낼지 가늠이 안 될 정도다.

컴퓨터 공학자 데이비드 리드David Reed는 한 발 더 나아가 "네트워크의 효용성은 네트워크의 규모가 커질수록 기하급수적으로 증가한다."라고 주장했다.[7] 리드에 따르면 네트워크상에서 10명의 사용자가 늘어난 경우 네트워크 가치는 2의 10승이 된다고 한다. 리드의 법칙은 기본적으로 그룹이라는 개념을 도입해서 네트워크상에 존재하는 개인들이 상호 간에 서브그룹을 만들어낼 수 있는 '가능성'까지 설명하려고 노력한다. 예를 들면 10명의 구성원이 있는 모임에서는 10명이 만들어낼 수 있는 성별, 취향별, 나이별 등 여러 형태의 그룹이 그룹 간 네트워크를 할 수 있다는 것이다. 이 리드의 법칙은 네트워크의 '협력 가능성'이 중요하다는 점을 확인해주고 있다.[8]

현재 아주 다양하고 복잡해진 인터넷상의 네트워크 팀 혹은 소셜 미디어 팀들은 다양한 가능성을 가지고 비즈니스를 창출하고 새로운 가치를 만들어낼 가능성이 매우 크다. 네트워크 팀은 규모의 경제가 더 중요한 지배 요소가 된다. 오프라인에서는 두세 명에 불과했던 팀의 규모가 가상의 네트워크 환경에서는 제곱을 넘어선 지 오래다.

온라인 경제는 네트워크에 의해 움직인다

온라인 경제의 그 파괴력은 오프라인과는 비교할 수 없을 만큼 크다. 네트워크의 폭발적 성장과 확대는 양면시장과 만나면 더욱 비즈니스적인 현상을 만든다. 클럽에는 밤마다 많은 남녀가 몰려든다. 그런데 만약 클럽에 여성이 없다면 남성은 오지 않을 것이다. 클럽은 남성과 여성이 동시에 찾아야만 성공적인 비즈니스를 수행하고 돈을 벌게 된다. 그래서 일반적으로 클럽 입장료가 여자는 무료이고 남자는 두 배 이상을 내는 가격 전략을 펼친다. 백화점 또한 엄청난 유동인구를 자랑한다. 코로나바이러스 이전에 서울 중구의 롯데백화점에는 고객의 절반이 중국인이라는 소리가 있을 정도로 관광객이 몰려들었다. 그러니 유명 브랜드 회사들이 롯데백화점에 입점하려고 몇 년씩 기다리는 것이 예사였다.

특이한 점은 유명 브랜드일수록 백화점 수수료가 낮아져 수수료 차별화가 생긴다는 점이다. 백화점이나 클럽은 제품이나 서비스를 제공하는 제공자와 소비하는 고객을 만나게 해주는 플랫폼 역할을 한다. 즉 서로 구분되는 두 개의 고객 그룹이 있는 양면시장은 동시에 양쪽 두 그룹 모두 끌어와야 한다. 어느 한쪽 그룹이라도 없으면 비즈니스는 성립이 안 된다. 두 고객 집단을 끌어모으기 위해서는 가격 차별화가 필요해진다.

양면시장을 정의하면 이렇다. 두 개 또는 그 이상의 차별되는 고객 집단이 존재하고 상호 네트워크가 돼 거래 상대를 찾고 고객군 사이에 가치를 교환할 수 있는 상품을 제공해 부가가치를 창출하는 시장이다. 양면시장의 중요한 성격은 시장에 참가하는 두 그룹이 플랫폼에서 창출되는 에이전트 없이는 스스로 내부화될 수 없다는 점이다. 쉽게 말해 남녀가 파트너를 찾고 싶다고 길거리를 그냥 헤매면 만날 수 없다. 클럽이라는 공간이나 중매 서비스와 같은 에이전트가 필요하다. 에이전트에 속해 있는 여자가 많을수록 남자도 많아지게 된다.

또 하나의 특성은 두 그룹을 동시에 끌어오고 유지하기 위해 특정 가격 구조와 투자 전략이 만들어진다는 것이다. 백화점에 입점하는 브랜드에 따라 수수료를 차등화하거나 중국 고객에게 할인을 해주거나 포인트를 제공하는 것과 같다. 양면시장은 인터넷과 같이 네트워크가 발달한 경우에는 더욱 가치가 극대화된다. 옥션이나 G마켓

같은 오픈마켓에서 특정 카드사를 사용하면 5~10%의 카드할인을 해주는 서비스가 대표적이다.

예를 들면 현대카드 사용 시에 옥션에서 모든 제품을 10% 할인해 준다고 하자. 그럼 옥션 사용자는 현대카드를 더 사용하려고 할 것이다. 현대카드는 고객 확보와 취급액이 증대되는 효과를 얻게 된다. 또한 현대카드 사용자가 많아지면 옥션은 그에 따른 상품 판매 혜택이 많아질 수 있다. 바로 간접 네트워크 효과로 나타나게 되는 것이다. 온라인 시장의 경우 오프라인 시장과 비교해서 그 취급액과 고객 반응이 급속히 나타나는 현상 때문에 상호 간의 네트워크 효과가 더 커지는 결과가 일어난다. 그런데 양면시장의 특성은 참가하는 두 그룹 중 하나라도 충분치 않으면 갑자기 소멸할 수 있다는 것이다.

2014년 카카오톡의 검열 논란 사고로 카카오톡이 가진 독점적 지위에 큰 균형이 생긴 일이 있다.[9] 카카오톡 논란은 검찰과 경찰이 노동당 부대표의 2개월 분량의 카카오톡 대화록을 통째로 들여다본 사실이 알려지면서 확산됐다. 대상이 된 사람의 카카오톡 대화록에는 사생활과 지인 3,000명의 개인정보가 들어 있었다. 카카오톡 사업자인 다음카카오 간부가 검찰의 사이버 검열 관련 대책회의에 참가한 것이 알려지면서 논란은 더욱 증폭됐다. 카카오톡 사용자들은 자신도 모르는 상태에서 사적인 대화가 수사기관에 넘겨질 수 있다는 우려에 외산 메신저로 옮겨 가기도 했다. 이른바 '사이버 망명' 현상이 발생한 것이다. 그 대상이 러시아에서 개발된 텔레그램Telegram이다.

2014년 9월 국내 텔레그램 이용자 수는 4만 명에 불과했지만 검열 논란 이후 10월 초에 172만 명으로 급격히 늘었다. 사용자의 급격한 이탈이 발생하자 카카오는 양면시장의 한 축인 일반 사용자의 이탈을 막지 않으면 서비스가 붕괴될 수도 있기 때문에, 소위 '외양간 고치기 프로젝트'를 곧바로 하게 됐다.[10] 프로젝트는 다음카카오가 수사기관의 이용자 정보 요청 건수를 공개하는 투명성 보고서를 발간하고 일대일 대화와 단체대화 전체 내용을 수사기관을 포함한 누구도 볼 수 없도록 하는 프라이버시 모드를 도입하는 것으로 마무리됐다. 디지털 시대에 지식과 정보가 인터넷에 기반한 양면시장을 만나면 폭발적으로 증가하는 현상을 지난 20여 년 동안 다양한 사례를 통해서 보고 있다. 확보한 양면시장을 지키기 위해서 서비스 제공사들의 필사적인 노력도 계속되고 있다.

네트워크 집중 사회로 가고 있다

세상은 네트워크가 집중화된 사회가 되어가고 있다. 기술 발전으로 모든 것을 연결하는 네트워크 조직이 만들어졌다. 네덜란드의 얀 반 다이크Jan Van Dijk의 저서 『네트워크 사회』에서 대량생산과 대량소비의 '대중 사회'와 다른 현대사회의 특징을 드러내기 위해 '네트워크 사회'라는 용어를 썼다. 물리적으로 동시에 현존하는 조직이나 집단 형성과 다른 차원의 등장을 지칭하기 위해 네트워크 사회라는 말이 만들어졌다. 기존의 대량생산과 대량소비로 대표되는 포디즘 Fordism의 조직, 문화, 사회 형성과 대중의 변화를 설명하기 위한 대안적 수단으로 네트워크 조직을 강조한다.

과거 사회가 거대 조직과 수직적 위계를 통한 관료제적 통제, 생산의 표준화와 획일화, 일사불란한 감시와 통제를 활용하는 규율화된 체제였다면 네트워크 조직은 수평적인 연결과 소통을 통해 통제와 감시의 규율을 벗어나 다양화와 자율성을 지향한다. 네트워크 조직은 대중 미디어가 단일하고 일방적인 메시지를 전하는 것과 달리 수평적 네트워크를 활용한 다양한 주체들의 자유로운 소통 방식으로 이루어진다.

현대사회는 기본적으로 네트워크 조직구조다. 인터넷을 통해서 정보, 상품, 자본과 사람, 지식이 서로 연결됨과 동시에 이동한다. 따라서 사회를 구성하는 중요한 요소로 데이터, 자료, 지식의 네트워크가 이루어진다. 지식과 정보를 이루는 데이터는 개별적으로 존재하는 것이 아니다. 네트워크를 통해 연결돼 하나의 구조물을 이루게 된다. 자본과 상품의 네트워크, 인간의 네트워크, 지식과 정보의 네트워크, 자본, 노동, 상품, 지식, 정보 이런 모든 것들이 서로 흐르고 얽히는 조직구조가 네트워크 조직 형태다.

네트워크 조직을 이해하기 쉬운 단어 중 하나가 '링크된Linked'이다. 링크는 기본적으로 네트워크의 생성, 구조, 진화를 나타낸다. 인터넷이란 네트워크의 다양한 사용 가능성을 적절하게 확인해주는 가장 좋은 사례가 된다. 웹이란 가장 광범위하게 링크된 노드들의 관계를 설명하고 분석할 수 있는 환경이다. 이런 링크된 구조에서는 수학, 경제학, 사회학, 물리학을 연결하고 상호 관련성을 확인하는 것이 가능하다. 웹의 폭발적 확장은 복잡계 이론Chaos Theory에 대한 적용 가능성을 더 확대했다. 네트워크 조직은 우리가 예상하는 그 이상의 현상이 벌어지는 공간이 되고 있다.

1990년대의 네트워크 현상이 웹의 연결이었다면 2010년대 네트워크 현상은 소셜네트워크서비스SNS를 통한 사람들의 연결이다. 1세대 하이퍼링크를 통한 링크가 활성화됐다면 이제 사람과 사람의 연결을 통해 정보와 지식의 흐름이 가속화되고 있다. 소셜네트워크서비스의 활성화 이후 개인이 네트워크 조직의 기본 단위가 됐다. 소셜네트워크서비스와 모바일 기기의 결합은 또 다른 유형의 사회적 현상을 나타내고 있다. 인간이 노드의 객체가 되면서 지식의 확산 속도와 데이터의 증가 속도는 엄청나다. 시스코에 따르면 전 세계 모바일 데이터 증가 속도는 2014년부터 평균 57% 성장해서 월평균 2019년 24.3엑사바이트(엑사바이트는 지금 가장 많이 쓰이는 기가바이트의 10억 배의 크기)까지 증가한다고 예상하고 있다.

사람들은 페이스북에서 친구들과 소통하고 트위터에서 서로를 팔로우하며 자신의 생각과 의견과 정보를 나눈다. 사람들의 연결망을 통해 정보와 지식이 전달되고 재가공되면서 흐름의 속도가 빨라지고, 네트워크 여론은 세상을 바꾸는 사건을 만들어내기도 한다. 네트워크에 종속된 개인이 정보의 원천이 되고, 또다시 그 정보가 개인에게 전환되는 선순환 관계가 만들어지는 것이다.

필요는 혁신의 어머니다

개인을 중심으로 모바일 서비스가 결합하는 현상은 대중의 반응을 매우 독특하게 유도한다. 2008년 촉발된 광우병 사건 당시만 해도 인터넷 보급률이 100%에 가까운 사회였지만 이동성과 기동성이 결여된 PC 기반 인터넷 환경에서는 여전히 중앙과 허브가 중요했다. 이동전화는 사진을 찍고 쪽지를 보내는 개인 미디어였을 뿐 인터넷과 연결되지 못했다. 개인의 연결은 다음의 아고라에서만 가능했고 MBC의 〈피디수첩〉 같은 프로그램이 대중 동원에 영향을 미치기도 했지만 온라인과 오프라인은 실시간으로 연결되지 못하고 시차를 두고 반응이 이루어졌다.

그러나 2014년 세월호 사건의 여론 행방은 다르다. 2008년에는 거의 보이지 않던 스마트폰, 트위터, 페이스북이 서로 결합해 과거와 다른 여론 전파와 참여와 행동 방식을 만들었다. 모바일을 통해 개인은 인터넷에 직접 접속할 수 있고 온라인과 오프라인 간의 시차는 존재하지 않았다. 바야흐로 온라인과 오프라인 간 시차가 있는 연결에서 시차 없는 연결로 옮아감으로써 두 영역이 하나의 시간 안에서 움직이게 된 것이다.

어느덧 현실 세계와 디지털 세계를 연결하고 통일하는 모바일 서비스는 네트워크 사회의 독특한 특성이 됐다. 네트워크 조직은 이제 인공지능과 만나고 있다. 네트워크에 연결된 대용량 데이터는 머신러닝과 텍스트 분석 알고리즘 덕분에 진화하고 있다. 네트워크 조직은 기술과 함께 더 빠르게 진화하고 있다. 윌리엄 화이트William H. Whyte는 저서 『조직인The Organization Man』[11]에서 조직의 목표와 발전을 위해 조직 위주로 의사결정을 하는 관리자 유형을 '조직인'이라고 설명했다. 그들은 조직에 충성을 다하면 응분의 보상을 받을 것이므로 희생하겠다는 윤리의식을 지니고 있다. 요즘 조직 내에서 개인의 희생을 당연시하거나 강요하는 기업은 찾아보기 힘들다. 개인의 일과 삶의 균형을 조직에서 주는 어떤 화려한 보상보다도 값어치 있게 여기는 세대가 등장하고 있다.

한때 아주 강력한 의사결정의 위계질서와 사람들을 꽉 누르는 리더십이야말로 조직성과의 핵심이라고 평가받던 시대가 있었다. 그 이후로 지금까지 점점 중간 관리자Middle Manager가 사라지고 있다.

여전히 최고경영진이 전략과 비전을 만들어야 하기도 하지만 실행 조직 단계의 사람들에게 전략적 리더십을 포함한 책임과 권한이 이동하고 있다. 중앙집권화된 조직이 느슨한 조직구조와 분권화된 네트워크로 바뀌었다. 최고경영진에게서 아래로 흘러왔던 중요한 지식과 정보는 이제 위아래 양방향으로 흐를 뿐 아니라 개별 부서와 조직들의 좌우로도 흘러갔다. 업무는 명확하게 기능 중심으로 기술돼 있었는데 이제 다중(멀티플) 기능과 제품 영역에 걸쳐서 퍼져 있다. 생산에서부터 판매와 고객에 이르는 프로세스 중심으로 말이다.

오늘날 기업에 이런 상전벽해와 같은 변화는 어떻게 일어난 것일까? 그들의 말에 따르면 필요는 혁신(창조)의 어머니라고 했다. 수많은 시장과 산업에서 성장률은 주춤하고 경쟁은 극심해졌다. 기업이 시장과 함께 급성장하고 모든 사람의 성장을 위한 여지가 남아 있던 시간은 지나갔다. 오늘날 성장은 혁신에 의존하고 있고 생존 경쟁력은 새로운 제품과 아이디어 여부에 달려 있다. 한술 더 떠서 시장 경쟁의 싸움판에 들어오는 영리한 선수들의 수가 지속적으로 증가하고 있다. 의사소통 비용을 낮추는 새로운 정보기술 덕분에 신흥국들과 상대적으로 작은 규모의 기업들이 이전보다 빠른 속도, 적은 자본, 그리고 보다 지식 집약으로 시장에 진입할 수 있게 했다.[12]

가상이 실제가 된 것인가, 실제가 가상이 된 것인가?

동남아에서 보석같이 잘사는 국가가 있다. 싱가포르다. 작은 도시국가인 싱가포르는 2019년 1인당 국민소득이 6만 4,000달러를 넘는 부유한 국가다. 이 작은 도시국가가 2018년 3년에 걸친 대규모

국토 가상화 프로젝트인 '버추얼 싱가포르Virtual Singapore'를 마무리했다. 싱가포르의 모든 건물, 도로, 구조물, 날씨, 인구 등을 포함한 정보를 디지털 데이터로 만들어 3D로 가상현실을 구현한 것이다.

싱가포르는 이렇게 구성된 가상현실을 가지고 향후 발전을 위한 예산 투입 시뮬레이션부터 정책 결정과 국가 균형 발전 등의 일에 실질적으로 활용하고 있다.[13] 버추얼 싱가포르를 통해 성공적으로 수행하는 과제들은 크게 4개 카테고리로 운영되고 있다. 첫 번째는 가상화 실험Virtual Experimentation이다. 주파수 사용 빈도 등을 분석해서 네트워크가 얼마나 효과적으로 구성되는지부터 해일 혹은 산불 등이 발생했을 때 예측 가능한 위험분석을 수행하는 것까지 실험을 통해서 최적의 솔루션을 찾고 있다.

두 번째는 가상 테스트베딩Virtual Test-bedding이다. 실험을 더 작은 규모로 하는 경우라고 볼 수 있다. 특정 지역에 태양열 플레이트를 설치하면 발생할 수 있는 전기공급 효과, 지역에 문제가 될 수 있는 눈부심 현상, 가장 효과적으로 태양열을 생산할 수 있는 각도 등을 전부 계산해볼 수 있다.

세 번째는 계획과 의사결정Planning and Decision-making으로 실험과 테스트를 통해서 실질적인 계획수립과 의사결정을 가능케 했다. 도로 계획을 수립할 때 자동차의 흐름과 공기 흐름까지 반영해서 최적의 기간과 과정으로 정책을 수립하고 의사결정하는 것이 가능하게 됐다.

마지막으로는 연구개발이다. 빅데이터는 다양한 연구개발을 위한 자료가 된다는 장점이 있다. 이로써 시민들의 비용을 최소화하면서 다양한 서비스 개발부터 공기 흐름을 최우선으로 할 수 있는 도시설

버추얼 싱가포르 사례 (출처: www.youtube.com/watch/?v=y8cXBSI6o44, Uses of Virtual Singapore)

계 연구까지 폭넓은 연구를 수행하고 있다.

'버추얼 싱가포르' 프로젝트의 가장 큰 장점은 불필요한 비용을 줄이고 예상되는 문제점을 충분히 검토할 수 있다는 것이다. 그럼으로써 국가의 미래를 국민이 직접 보면서 갈 수 있다. 가상화된 현실은 일하는 방식뿐만 아니라 생각하는 것과 행동하는 것까지 바꾸고 있다.

가상을 현실처럼 만들어주는 핵심은 실재감Presence과 상호작용 Interaction에 있다. 실재감이란 가상현실에서 가장 중요한 요소다. 우리가 영화를 큰 화면에서 볼 때 더 몰입하는 이유는 2D지만 실재감이 있기 때문이다. 그래서 아이맥스 영화를 찾아서 보는 사람들이 있다. 아이맥스는 사람의 눈이 인식할 수 있는 범위를 전부 영상으로 채워서 더 풍부한 입체감을 주는 기법이다. 영상은 음향, 색채, 속도까지 더욱 사실감을 높이는 방법을 끊임없이 연구하고 있다. 가상

현실 기술은 새롭고 혁신적인 '라이트 필드Light Field' 투영을 활용하려고 한다. 홀로그램과 비슷한 효과가 나는데 안경을 쓰지 않아도 입체감을 느낄 수 있도록 빛의 굴절을 활용한다. 3D로 구현되는 라이트 필드는 자동차에서는 운전계기판이나 내비게이션으로 활용될 수 있다.[14]

그런데 가상환경이 인간적인 감성을 확보할 수 있을까? 놀랍게도 이미 그곳에서 새로운 사랑을 키워나가는 사람들이 있다. 비디오 게임으로 시작된 '세컨드 라이프Second Life'라는 가상환경 속 삶이다. 흡사 스티븐 스필버그Steven Spielberg의 영화 「레디 플레이어 원」과 같이 게임 속 가상환경에서 새로운 삶을 살아가고 있다. 그곳에서 가상회사를 설립하고 일을 하며 게임화폐를 받아서 새로운 경제활동을 하기도 한다. 진짜 놀라운 것은 가상환경에서도 부동산을 거래한다는 사실이다. 일종의 부루마블같이 부동산을 거쳐 가면 통행량이 발생하고 그것으로 부동산의 가치가 달라지는 형태로 운영된다.

죽음 이후에도 만날 수 있는 가족, 즉 디지털 영생을 서비스하는 곳도 생기고 있다. 대표적인 서비스가 히어애프터HereAfter다.[15] 죽기 전에 남겨둔 사람들의 음성과 동영상 등을 이용해서 인공지능 서비스를 하는 곳이다. 가족들이 이곳에 들러 망자와 이야기할 수 있다. 누군가 삭제하지 않는다면 디지털로 만든 데이터는 사라지지 않기 때문이다. 디지털 파일에는 나의 흔적이 남는다. 내가 타고 다니는 자동차의 모든 이력도, 내가 움직였던 모든 흔적도 휴대폰을 통해서 전부 남는다. 이제는 실제 세상이 가상의 세상으로 들어간 것인지, 가상의 세상이 실제 세상에 나와 있는 것인지 그 경계선이 모호해져 간다.

3장

인간과 기술이 만나
협력의 시대를 열다

모든 인간은 능력을 갖추고 있다. 기술을 어떻게든 활용해서 성공적인 팀을 운영할 수 있고 그 속에서 창의성을 발휘할 수 있다. 로봇이 내 일을 대신 해야 한다고 두려워할수록 더 빠르게 나를 대체해갈 것이다. 로봇이 팀원으로 자연스럽게 합류하기 시작할 때 함께할 수 있다면 내 능력은 더 발휘될 것이고 그것은 일상이 될 것이다. 지난 수만 년간 인간이 기술을 활용했던 것처럼.

정보기술의 발달로 일하는 방식이 바뀌었다

정보기술의 발달로 일하는 방식은 변화했다. 그 변화가 만들어낸 것이 일의 파편화Fragmentation of Work다. 일의 파편화는 일이 세부적으로 나뉘고 여러 하위 행위로 분산돼 다양한 물리적·디지털 환경에서 벌어지는 현상을 말한다.[1] 일이 파편화된다는 건 일을 집중해서 한두 가지 하는 것이 아니라 여러 가지 일을 동시에 비동기식으로 하게 된다는 의미다. 끊임없이 여러 공간에서 다양한 활동을 해야 하기 때문이다. 이 현상은 정보기술이 일하는 현장에서 사용되면 될수록 시간, 공간, 그리고 활동 사이의 결합이 느슨해지면서 확대된다. 앞으로의 세상은 파편화된 일상의 연속이다.

일이 파편화되는 것은 긍정적인 효과가 있는 것인가? 부정적인 결과에 불과한 것인가? 긍정적인 시각은 일의 효율을 높이고 삶의 질을 높일 수 있다는 것이다. 기술 활용에 따라서 시공간과 사람들 간의 상호 유연성이 높아지면서 오히려 활동을 더욱 유연하게 배치할 수 있기 때문이다.[2] 반면에 파편화가 심해질수록 일에 집중할 수 없다는 주장도 존재한다.

린다 그래튼Lynda Gratton은 저서 『일의 미래』에서 파편화로 인한 일상의 변화가 매우 심각하다고 주장한다. 업무에 집중하려면 최소한의 시간이 필요하다. 하지만 이제 집중할 수 있는 시간 자체가 없어진다. 이런 파편화는 관찰을 방해하기 때문에 학습할 기회를 박탈하고 결국 창의적인 생각이 없어진다는 것이다.[3] 이러한 상황은 무분별한 간섭으로서 파편화를 바라보고 최소화하거나 통제되도록 해야 하는 것으로 바라보는 입장이다. 이런 경우 파편화로 인한 부작용을 막기 위해 기술을 활용해야 한다.[4]

스마트폰 성능은 웬만한 컴퓨터 성능과 맞먹는다. 우리는 컴퓨터를 가지고 다니며 빠르게 집중도를 높일 수 있다. 이것을 가상 이동성Virtual Mobiltiy이라고 부른다. 전통적인 관점에서 시간과 공간은 일의 연속성을 끊어내지만 공간의 이동성을 뛰어넘어 그 제약에서 벗어나 시간을 조절할 수 있다.[5] 스마트폰 성능은 웬만한 컴퓨터 성능과 맞먹는다. 우리는 컴퓨터를 가지고 다니며 빠르게 집중도를 높일 수 있다. 이것이 가능한 이유는 가상 이동 현상 때문이다.

가상 이동은 이동할 수 없는 것이 이동하게 되는 현상이다. 즉 인식적 관점에서 이동이라는 현상이 발생했다는 것으로 이해할 수 있다. 언어적으로 가상은 허구와 주관적이라는 단어와 연결돼 있고 이동은 관찰과 개념적 인식과 밀접하다. 즉 실제 이동은 공간과 시간이 동일한 순간에서 이동이 발생한 것이지만, 가상 이동은 공간과 시간 중에 한 가지는 동일 순간이 아니어도 되는 것이다. 즉 전통적인 관점에서 일이 연속되려면 시간과 공간은 동일한 곳에서만 가능했다. 반면에 기술을 통해서 시간을 고정해놓고 공간을 붕괴시키면 가상이동이 가능해진다. 일의 연속성이 어떤 공간에서도 가능해진다면 시간도 조절하게 된다. 따라서 일의 파편화를 측정하는 방식은 공간과 시간이라는 영역에서 시작해서 세 가지 관점을 추가해서 구분해낼 수 있다. 파편화 정도를 측정하는 방식은 시간과 공간이라는 영역에 세 가지 관점을 추가해서 구분해낼 수 있다.

세 가지 관점은 파편 수number, 파편 크기 배분distribution, 파편 분포configuration다. 파편이 많아질수록 파편의 정도는 높다. 파편 크기는 가장 큰 파편과 작은 파편의 비율을 통해서 알 수 있다. 파편이 얼마나 떨어졌는가로 간격을 측정할 수 있다. 이 세 가지 관점을 기준으로 근무 패턴을 분석해보면 시간·공간 집중형, 공간적 파편형, 시간·공간적 파편형이 발견된다.[6] 정보기술을 많이 사용하는 경우 모두 일의 파편화가 많이 이루어지는 시간·공간적 파편형이 높았다. 그리고 업무 복잡도가 높고 업무가 경직돼 있을수록 시간과 공간 파편화가 높다.[7]

팀원들의 업무 파편화를 보완하는 방법으로 커뮤니케이션 도구들을 활용하는 것도 방법이다. 팀 협업 채팅 소프트웨어가 그것이다. 텍스트 기반 메시지에 영상이나 음성 통화 기능까지 통합돼 있다. 최초 기업 내에서 도입이 늘고 있다. 많이 활용하는 소프트웨어로 마이크로소프트 팀즈Teams, 오라클 그룹미Groupme, 슬랙Slack 등이 있고 그 외 구글 지슈이트G-suite와 같은 협업 프로그램을 활용하는 곳도

파편화된 군집의 분포 형태

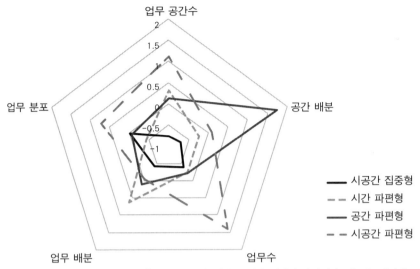

이세윤, 박준기, 이정우. "ICT와 업무의 변화 – 일의 파편화 관점에서 –." 정보화정책 21.1 (2014): 35-56.

늘어나고 있다. 20세기폭스 최고정보관리책임자CIO 존 허버트John Herbert는 "파편화된 대화와 도구는 실제로 회사 협업에 더 큰 문제를 만든다."라고 지적했다. 20세기폭스는 90개국 2만 5,000명 직원 간에 슬랙을 협업의 핵심 플랫폼으로 삼고 파편화된 정보에 적극적으로 대응하고 있다. 그는 "슬랙과 줌을 사용하면서 모든 것이 바뀌었다. 일관성을 유지하면서도 전 직원이 같은 플랫폼에서 같은 경험을 할 수 있었기 때문이다."라고 말했다.[8]

파편화를 통제하기 위해서는 내가 맡은 업무를 좀 더 단순한 업무로 구분하는 것이 유리하다. 팀원들의 협업을 통해 업무를 통제 가능한 선에서 나누어주는 것도 파편화를 활용하는 방법이다. 업무가 유연하지 않은 경우는 반복적으로 수행하기에 다른 업무와 동시에 수행하는 경향이 있다. 이런 업무들은 인공지능이나 시스템을 통해서 자동화해주는 것이 효과적이다.

강한 인공지능인가, 약한 인공지능인가?

2015년 개봉한 영화 「이미테이션 게임」은 천재 수학자 앨런 튜링 Alan Turing에 관한 이야기다. 제2차 세계대전이 한창일 때 독일군의 암호 기계 '에니그마'를 역으로 해석하는 기계 '크리스토퍼'를 발명한 사람이다. 앨런 튜링은 암호 해독자인 동시에 컴퓨터와 정보공학의 이론적 토대를 마련한 학자로서 기계가 어디까지 논리적으로 작동할 수 있는가를 테스트하기 위해 인공지능 판별법인 튜링 테스트를 제안했다. 그는 인공지능과의 대화를 통해 반응을 살펴보고, 인간의 반응과 구별할 수 없다면 인공지능을 사고할 수 있는 것으로 간주해야 한다고 주장했다.

그는 이런 포괄적인 논리만 제안했을 뿐 구체적인 실험 방법은 언급하지 않았다. 그래서 후대 과학자들이 그의 이름을 따서 이를 '튜링 테스트'라고 부르고 있다. 일반적인 테스트 방법은 심판이 컴퓨터와 인간에게 채팅으로 대화를 시도한 후 어느 쪽이 인간인지 판별하는 것이다. 이때 심판진 중 3분의 1 이상을 속이면 인공지능으로 인정받는다. 2014년 영국 레딩대가 개발한 유진 구스트만이라는 이름의 인공지능이 이 테스트를 통과했다는 이야기가 있지만 전문가들은 인정하지 않고 있다.[9] 따라서 아직까지 제대로 튜링 테스트를 통과한 인공지능은 없다.

인간과 비슷한 사고를 하는 인공지능을 '강한 인공지능strong AI'이라고 정의한다.[10] 인간처럼 자의식을 가진 인공지능은 많은 사람에게 꿈같은 이야기다. 실제로 인간 수준의 지능을 가진 강한 인공지능을 만드는 일은 요원해 보인다. 인간이 생각하는 실제 환경과 인간이 의사결정하는 과정의 상호작용을 연구해서 점차 인간을 더욱 닮은 인공지능을 만드는 것이 현실적인 방법이다. 이런 관점을 연결주의라고 한다. 반면 계산에 집중된 지능을 개발하는 것을 계산주의라고 한다. 연결주의는 지능을 담은 두뇌가 가진 물리적 구조에 집중한다. 생물의 진화에서 중요한 건 뉴런들의 연결구조인 시냅스들의 연결망이다. 따라서 이런 구조적 특징을 인공지능에 접목하려고 시도하는 것이다.

연결주의자들은 연결망을 만들기 위해 컴퓨터 프로그래밍을 통한 인위적 복제를 시도했고 그것이 구체화된 것이 인공신경망Artificial Neural Network이다. 인공신경망은 뉴런과 시냅스 구조를 최대한 모방하려 했다. 뉴런의 역할은 프로그램 노드를 연결한 것이다. 연결된 그물망의 한끝은 두뇌처럼 자극을 받아 외부에 입력 노드들이 존재하고, 다른 한끝에는 근육에 자극을 보내는 것처럼 전달된 값을 외부로 출력하는 노드들이 존재한다. 이런 과정을 반복함으로써 인공지능 진화를 위해 '학습'이라는 활동을 본격적으로 하게 된다. 학습이란 출력이 예상되는 값과 출력하는 값의 차이를 줄이는 과정이다.

예를 들면 인공지능이 개와 고양이를 구분하는 것을 학습한다는 건, 결국 개와 고양이를 정확하게 구분할 때까지 반복적으로 틀린 결과를 줄여가는 과정이다. 결국 인공신경망은 학습을 통해서 복잡한 문제를 해결할 수 있다. 그런데 인간을 그대로 복사할 수 있을까? 한계가 있다. 무엇보다 인간이 가진 두뇌를 재현하기란 아직까지는 역부족이다. 고양이 얼굴 인식을 위해서 컴퓨터 두뇌인 중앙처리장치 1만 6,000개를 사용해야 했다.[11] 같은 일을 하는 인간의 두뇌는 1,000여 개의 뉴런과 시냅스 연결로 가능하다고 한다.

또한 이런 물리적 어려움과는 차원이 다른 문제가 있다. 인공신경망은 네트워크 전반을 사용해서 작동하는 방식이다. 그래서 개별적으로 작동하는 방식을 일반화하기 어렵다. 인공지능이 작동하는 것이 왜 그런지 모른다는 건 나중에 왜 그것이 원하지 않는 결과물이 나왔는지 분석할 수 없다는 것이다. 결국 나중에 신뢰하기 어려운 인공지능은 폐기될 수밖에 없다. 강한 인공지능이 현실화되기에는 시간이 많이 필요할 것이다. 그런데 만약 특정한 문제에 집중해서 해결할 수 있는 로봇이 만들어진다면 인간에게 매우 유용할 것이다. 그것을 약한 인공지능Weak AI이라고 부른다. 실제로 내가 하는 것을 대신할 수 있는 건 바로 약한 인공지능을 가진 로봇이 될 것이다.

인간과 로봇은 협력할 것인가, 경쟁할 것인가?

영화 「프로메테우스」에서 외계 생명체만큼이나 관심을 끈 대상은 인공지능 로봇인 데이비드이다. 그는 인간과 똑같이 생겼고 뛰어난 계산 능력과 무한한 기억력을 지녔다. 늙지도 않고 쉴 필요도 없는 로봇의 특성상 인간이 동면하는 동안 끊임없이 자가 학습을 한다. 인간과 같이 감정을 느끼지 못하기 때문에 서슴지 않고 극단적인 결정을 한다. 그런 그를 영화에서는 신이라는 존재를 대신 나타낸 것이라는 평가를 하는 평론가도 있을 정도다. 데이비드는 디스토피아 세상에서 우리가 상상하는 인간형 로봇을 그대로 표현한 것 같다. 데이비드와 같은 인공지능이 현재 기술로는 영화에서나 가능할 것이다. 언젠가는 이루어지겠지만, 이루어졌을 때 나타날 두려움은 생각보다 크다.

인공지능 로봇을 가장 이해하기 쉬운 형태가 '인간'이라는 단어이다. 사람과 똑같이 만들면 되는 것이 목표인 것이다. 하지만 그 자체가 가장 큰 어려움이 되고 있다. 인간처럼 만든다는 단순한 전제 때문에 너무 복잡한 문제가 발생하는 것이다. 예를 들면 인간과 유사하다는 이유로 오히려 인간처럼 대우해야 하는 '인격'에 대한 논쟁이 벌어지기도 하기 때문이다. 결국 우리가 만들어야 할 인공지능의 최종 형태가 정확히 무엇인지 아무도 모른다는 점이다. 그 논쟁은 끊임없이 계속되고 있다.

인간과 로봇이 협력할 것인가, 경쟁할 것인가? 그것은 인간이 어떻게 기술을 쓸 것인가의 문제다. 지금 이 순간에도 이 논쟁은 계속되고 있다. 한국직업능력개발원이 통계청·한국고용정보원의 자료를 분석한 결과 2027년경에 국내 일자리의 52%가 10년 정도 후 로봇과 인공지능으로 대체될 가능성이 높은 '고위험 직업군'에 속했다. 업종별 대체비율을 조사한 결과는 운수업(81.3%), 도·소매업(81.1%), 금융·보험업(78.9%) 등이다. 반면 교육서비스업(9.0%), 보건·사회복지서비스업(12.2%), 전문과학·기술서비스업(18.7%) 등은 대체 가능성이 적다고 분석됐다.

아디다스는 2015년에 독일 외에서 운영하던 생산 공장을 독일 안스바흐로 돌아왔다. 이른바 '리쇼어링'이다. 연간 50만 켤레를 생산하는 공장은 사람이 160여 명에 불과하며 대부분 기술자다. 100% 로봇 자동화 공장인데 개인맞춤형 상품을 3D 프린터로 대규모 생산할 수 있는 스마트 팩토리로 만들어져 있다. 비슷한 규모의 다른 공장에서 약 500~600명의 단순 노동자들이 생산에 60일, 운송에 60일 걸렸던 상품 제조와 판매가 며칠 만에 가능하다. 본격적으로 인간과 로봇이 경쟁 관계가 된 것이다.[12]

반면에 로봇은 인간에게 또 다른 가치를 부여해준다는 연구도 계속되고 있다. 매사추세츠공대MIT의 데이비드 아우터David Autor 교수는 자동화로 사라지는 일자리보다 더 많은 일자리가 창출된다는 연구결과를 발표했다. 기술 변화가 급격하게 이루어진 두 시기 (1940~1980, 1980~2010) 동안 직업 변화를 살펴본 결과 자동화는 오히려 새로운 직업을 창출하고 새로운 가치를 만들었다는 점에서 자동화로 인한 직업의 소멸은 과도한 주장이라고 강조하고 있다.[13] 아시아개발은행ADB은 2018년 아시아개발보고서에서 지난 25년 동안 매년 3,000만 개 일자리가 아시아 지역에서 만들어졌다는 점을 강조하고 기술 발전이 실제로 생산성을 높이고 부를 증가시키는 역할을 했다고 분석하고 있다. 기술 발전에 일부 업무를 자동화할 수 있지만 일 자체를 자동화하는 것은 아니라는 점을 강조하며 새로운 형태의 일이 증가할 것으로 내다봤다.[14]

글로벌 컨설팅업체 맥킨지는 「일의 미래에 대한 보고서A future that works」를 통해 미래 일의 변화를 이야기하고 있다. 맥킨지에 따르면 자동화는 새로운 현상이 아니며 긴 기간 동안 기술은 경제를 변화시켰고 일을 새롭게 구성했으며 번영을 이루는 원동력이었다. 거시 관점에서도 기술 발전은 향후 몇십 년 동안 매년 전 세계 경제 성장의 0.8~1.4% 정도의 생산성을 높여주는 효과가 있다. 자동화는 한 번에 모든 곳에서 일어나는 현상이 아니다. 다양한 형태와 수준으로 일

주요 업종별 자동화 가능 비율

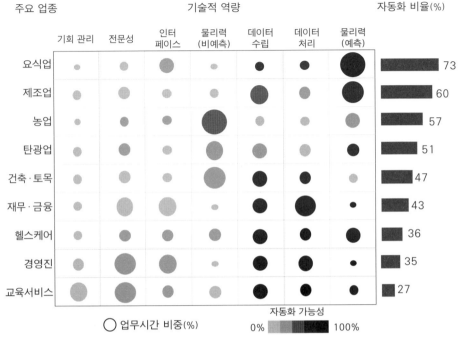

주요 업종	기술적 역량							자동화 비율(%)
	기회 관리	전문성	인터페이스	물리력(비예측)	데이터 수립	데이터 처리	물리력(예측)	
요식업								73
제조업								60
농업								57
탄광업								51
건축·토목								47
재무·금융								43
헬스케어								36
경영진								35
교육서비스								27

○ 업무시간 비중(%)

자동화 가능성
0% ━━━━ 100%

(출처: A Future That Works: Automation, Employment, and Productivity: McKinsey & Compan, 2017)

어나는 현상이다. 따라서 꽤 오랫동안 일의 형태는 바뀌지 않고 적응하며 바뀔 것이다. 기계에 의해 100% 대체되는 일자리는 전체의 약 5%에 불과하며 전체 일자리의 약 60% 정도가 자동화 가능한 직무를 30% 정도 포함하고 있다.[15]

대체로 기계에 의한 자동화는 하나의 일자리를 전적으로 대체하기보다는 기존 인력을 도와 특정 업무의 진행을 더욱 매끄럽게 하는 역할을 하게 될 가능성이 크다. 자동화하기 쉬운 업무는 정형화되고 예측 가능한 환경에서 이루어지는 육체노동인 경우가 많다. 또 데이

"인공지능! 인공지능! 인공지능!" 손정의 회장이 청와대에서 이야기한 미래 먹거리는 단연코 '인공지능'이라는 한 단어였다.

터 수집과 프로세싱 역시 자동화 대상이 될 확률이 높다. 이런 단순 작업은 오늘날 미국 경제의 약 51%를 차지하고 있다. 특히 제조업, 숙박업, 식품산업, 소매업에 포진해 있다. 보고서 내용 중 주목할 점은 자동화가 얼마나 빨리 진행될지 모른다는 사실이다. 결국 사람에 의해 그 속도는 조절될 수 있다. 인간 의지에 따라서 경쟁이 아니라 협력이 가능한 것이다.

로봇 프로세스 자동화가 시작됐다

"인공지능! 인공지능! 인공지능!"

소프트뱅크의 손정의 회장이 청와대에서 이야기한 미래 먹거리는 단연코 '인공지능'이라는 한 단어였다. 인공지능이라는 단어만 들으면 무엇인가 거창한 컴퓨터와 로봇들이 나올 것만 같다. 그런데 손정의 회장의 소프트뱅크는 꼭 그렇지만도 않다. 그 시작은 소프트웨어 프로그램 소스 코드 몇 줄로 시작한다. 소프트뱅크의 혁신은 가시적 효과가 있는 업무 자동화와 효율화에서부터 시작했다. 페이스북이나 구글과 같은 미국의 첨단기업이나 텐센트나 알리바바와 같은 중국 신생기업은 공장, 물류거점, 연구거점, 판매망 등의 비즈니스 인프라를 가상화하는 노력을 하고 있다. 이를 통해 가상 플랫폼 경쟁력을 높이고 기업 구조를 단순화하며 비즈니스 모델을 최적화하고 있다. 반면에 소프트뱅크와 같은 기존 인프라를 가진 기업은 부문별로 각종 업무를 자동화하고 업무 프로세스를 통일하고 모니터링해서 재고관리나 폐기에서 낭비 요소를 제거하는 활동을 진행하고 있다. 그 중심에 소프트뱅크가 집중하는 업무 자동화 방식인 로봇 프로세스 자동화RPA가 있다.

로봇 프로세스 자동화는 컴퓨터에 설치된 작은 로봇(에이전트)이 업무 순서에 따라 자동 반복 업무를 대신해주는 것이다. 개인에게는 일종의 비서가 생기는 것이다. 로봇 프로세스 자동화는 각종 메일에 응답하고 세금계산서나 견적서를 발행하는 등의 일을 한다. 전문적인 인공지능까지는 아니더라도 단순한 IT 지식만으로도 충분히 구동 운영시킬 수 있다. 로봇 프로세스 자동화는 특히 대용량 데이터를 취합하고 가공하는 방식에서 매우 효과적이다. 여러 사이트에서 정보를 취합하고 단순 가공하는 업무와 분석용 데이터의 품질을 높이는 업무, 특히 엑셀로 하는 많은 작업이 가능하다.

초보적인 로봇 프로세스 자동화는 사람이 하던 반복적인 업무를 쉬지 않고 수행하는 것이지만 고도화된다면 업무 환경은 더 빠르게 바뀔 수 있다. 인간이 정하지 않은 규칙이나 가설을 모델링하고 새로

초보적인 로봇 프로세스 자동화는 사람이 하던 반복적인 업무를 쉬지 않고 수행하는 것이지만 고도화된다면 업무 환경은 더 빠르게 바뀔 수 있다.

운 것을 학습해서 아이디어를 낼 수 있다면 그것이 머신러닝으로 대변되는 인공지능의 모습이다. 따라서 로봇 프로세스 자동화는 업무가 인공지능으로 가는 시작점이다.

바야흐로 팀에서 수행하는 단순 반복 업무가 사라지고 있다. 팀원들은 이제 가치 있는 업무를 해야 한다. 업무를 고민할 수 있는 시간이 점점 많아진다. 고객이 가진 경험 데이터들이 더욱 쌓이게 된다. 아마존이나 알리바바가 고객이 주문도 하기 전에 상품을 고객의 가장 가까운 곳에 가져다 놓을 정도로 물류 속도가 빨라지고 있다. 중국 전역이 1일 배송이 가능한 시대가 됐다. 개인들이 반복적으로 수행하던 업무는 로봇 프로세스 자동화에 의해 빠르게 대체될 것이다. 팀에서는 더 이상 단순 업무를 수행할 이유가 사라지는 것이다. 나의 단순 업무를 수행해줄 로봇이 내 컴퓨터 안에 존재하기 때문이다.

코봇은 사람과 함께 작업하는 로봇이다

싱가포르에 있는 난양공과대학 접수처에서 근무하는 나딘Nadine에게 연락을 하면 매우 친절하게 응답해준다. 그녀는 부드러운 피부와 갈색 머리카락에 친절한 눈빛을 가지고 있다. 놀랍게도 내가 연락했던 것을 전부 기억하고 기존에 대화했던 내용도 전부 기억했다. 그렇다. 그녀는 인간형 로봇인 휴머노이드humanoid다. 난양공과대학에서 개발한 소셜 로봇Social Robot이다. 기존에 우리가 현실에서 봤던 로봇들은 대부분 공장에서 움직이는 팔만 가진 것이거나 인간의 모습 중 일부만 모방한 형태에 불과했지만 나딘은 다르다. 상대방과의 대화를 기억해서 '행복하다. 슬프다.'라는 감정을 최대한 전달하려고 한다.

사실상 로봇은 오래전부터 우리가 하는 일을 대신해주고 있었다. 로보틱스 기술은 지난 수십 년 동안 크게 발전했으며 제조와 물류 분야에서 이미 사용되고 있다. 전 세계적으로 고령화가 진행되는 상황에서 소셜 로봇은 인력 축소에 대응하고 가정에서 어린이와 노인을 위한 개인적인 동행자가 된다. 앞으로 의료 서비스 플랫폼으로도 활용될 수 있다.[16] 난양공대의 나디아 탈만Nadia Thalman 교수팀은 기계공학, 컴퓨터 과학, 언어학, 심리학과 기타 분야와 관련된 소셜 로봇 기술에 대한 교차 학문적 연구를 육성해 컴퓨터 내부에서 물리적으로 사람들과 작용하는 것을 관찰해오고 있다. 사회적 지능형 로봇은 「스타워즈」의 C-3PO와 같은 로봇이다.

에드가Edga는 인간의 제스처가 잘 보이도록 만들어진 로봇이다. 여기에 들어간 기술이 가상현실에 사용되는 텔레 프레즌스Tele Presence를 활용한 것으로 사용자가 상대방을 보면서 원격 통제가 가

난양공대에서 만들고 있는 에드가 로봇[17]

능하다. 사용자 얼굴과 표현은 실시간으로 로봇 얼굴에 표시되며 로봇은 사람의 상체 움직임을 모방하게 된다. 또한 인공지능 스크립트를 이용해 자동으로 대답할 수 있어서 관광명소나 쇼핑센터나 공공장소 등에서 활용할 수 있다. 에드가는 팀의 일원이라기보다는 팀을 지원해주는 역할을 한다.

로봇과 함께 일하는 것을 코봇Cobot이라고 부른다.[18] 코봇은 협업 로봇이라고도 하는데 사람들과 함께 작업하는 로봇을 말한다. 코봇이 중요한 이유는 인간과 로봇이 제조 현장에서 함께 일한다는 것이다. 로봇은 인간이 원하는 대로 프로그래밍돼서 정확하게 일할 수 있게 됐다. 로봇은 대부분 팔로 이루어져 있다. 물건을 집거나, 삽입하거나, 용접하는 업무를 매우 효율적으로 한다. 그 과정에서 제조 현장의 환경이 바뀌면 인간은 로봇의 소프트웨어를 변경해서 대응한다. 그런데 현장의 환경이 점차로 정보화 지능화되고 있다. 즉 사물인터넷과 빅데이터 기술로 현장의 변화를 수학적으로 계산할 수 있

아마존 배송센터에서 근무하는 키바 로봇[20]

게 되고 인간이 간섭해서 소프트웨어를 변경할 필요 없이 로봇이 최대한 반응할 수 있게 된 것이다. 이것이 가능한 환경이 인더스트리 4.0이다. 인더스트리 4.0에 대한 아이디어는 독일을 넘어 이제 전 세계에서 광범위하게 쓰고 있다. 일반적으로 인더스트리 4.0을 가상물리시스템, 사물인터넷, 클라우드 컴퓨팅의 결합으로 설명하고 그 결과를 흔히 '스마트 팩토리'라고 부른다.[19] 현실 세계에서 로봇을 활용하는 사례는 빠르게 확산되고 있다. 철재 케이지에 들어 있는 거대한 산업용 기계의 시대는 끝난 지 오래다. 요즘에는 로봇들과 인간 직원이 나란히 근무하는 경우가 많다.

아마존은 배송센터에서 4만 5,000대 이상의 키바 로봇을 사용 중이다. 캘리포니아 트레이시 지역 서비스 센터에 있는 3,000대의 로봇이 수백만 건의 주문을 처리할 수 있다. 그리고 샌프란시스코 스타트업 기업인 크리에이터는 세계 최초로 로봇이 햄버거를 조리하는 가게를 2018년 6월 샌프란시스코에 오픈했다. 햄버거 하나당 5분이 걸리고 시간당 240개의 버거를 요리할 수 있다. 이곳 직원들은 기계

주변에서 재료를 보충하고 주문을 받고 회계를 담당한다. 햄버거를 고객에게 전달하는 일만 직원들이 한다.

2011년 일본 후쿠시마 원전 사태를 해결하고자 현장에 투입된 로봇은 제몫을 하지 못해서 끝내 사람들이 투입됐다. 인간에게 재난 상황은 매우 위험하다. 로봇과 하나가 돼 문제를 해결해야 한다. 그래서 로봇의 대처를 격려하는 대회가 있었다. 다르파 로보틱스 챌린지 DARPA Robotics Challenge가 그것이다. 2015년 최종전이 캘리포니아에서 열렸는데 6개국 24개팀이 참여했다. 그중 8개 과제를 전부 해결한 팀이 3팀이었고 가장 빠르게 완료한 팀이 카이스트팀의 휴고Hugo였다.[21]

센싱Sensing 기술의 발전은 로봇이 혼자 일하는 것이 아니라 인간과 교감하면서 일할 수 있게 해준다. 요즘 로봇은 사람과 함께 상황에 맞게 기술을 익히며 일하는 방법을 터득하고 있다. 로봇과 인간이 서로의 단점을 극복하고 장점을 활용해가며 협업하면서 일하는 시대다. 로봇은 인간의 고령화와 노동력 부족에 대한 대안으로 자연스럽게 우리 조직 안으로 들어오고 있다.

팀의 창의성은 집단 이해력 문제이다

기술 발전은 디지털 경제로의 집중을 더 강화시키고 있다. 이 현상은 '평평한 세계 경제'인 세계화된 세상과는 다르다. 이 경제 구조에서 승자가 되려면 저렴한 인건비와 물리적 자본만으로는 생존할 수 없다. 기술은 인건비와 자본의 개념을 바꾸었기 때문이다. 단 하나 아이디어가 가장 희귀한 자원이 됐다. 자본과 만난 아이디어는 엄청난 보상을 가져다준다. 구글이 인수한 기업들만 살펴봐도 그렇다. 네스트랩은 스마트 온도계 제조사이다. 전 애플 직원이자 아이팟 개발자 중 한 사람인 토니 파델Tony Fadell이 설립한 신생 벤처다. 구글은 이 기발한 온도조절 장치 하나를 가진 기업을 3조 4,000억 원에 인수했다.

유튜브는 2006년 구글이 인수했다. 당시 인수금액은 약 1조 7,000억 원이다. 현재 유튜브는 세계에서 가장 큰 검색엔진이면서 미디어 공급업체가 됐다. 2013년 이스라엘 맵핑 신생 벤처인 웨이즈Waze는 교통사고, 도로 CCTV, 도로 지체 현황 등에 대한 실시간 업데이트를 제공하는 스마트폰의 내비게이션 기술로 9억 6,600만 달러에 인수됐다. 아이디어 하나로 시작한 스타트업들이 1조 원에 달하는 금액으로 팔렸다. 이것이 디지털 시대이고 창의성의 시대다.

'창의적이다.'라는 말은 결국 어떤 결과물을 보고 판단하는 것이다. 그 결과물을 볼 때까지는 명확하게 인식하지 못할 수 있다. 그래서 창의적인 서비스와 제품을 만드는 과정에 더 집중하게 마련이다. 따라서 창의성은 창의적인 사람이 무언가를 만들어내는 과정이라고 하는 것이 더욱 현실적이다. 창의성의 핵심은 창의적인 사람이다. 그런 사람을 찾아내고 양성하기 위해서 많은 시도를 하고 있다. 뉴욕대의 스콧 배리 카우프만Scott Barry Kaufman 교수는 창의적인 사람들이 가진 특성을 18가지로 제시하기도 했다. 몇 가지 특성들을 살펴보면 '몽상을 잘한다.' '모든 것을 관찰한다.' '자신에게 맞는 시간대에 일한다.' '혼자만의 시간을 갖는다.' 등이다.[22] 모두 성격과 관련된 것이 아니라 훈련받은 습관이나 기술에 관련된 것들이다. 즉 창의성은 재능이 아니라 훈련되는 것이다.

팀 입장에서 창의성은 개인보다는 집단 전체로서 이해력을 높이는 것이 된다. 창의적인 팀이 되기 위해 자주 하는 기법을 생각해보자. 우리는 먼저 팀원들에게 아이디어를 구하는 과정을 거친다. 회의실에서 특정 주제에 대해 브레인스토밍을 하거나 온라인을 통해서 다양한 의견을 받는 과정을 거친다. 초기에는 많은 곳에서 정보를 받는 확산적 사고 관점으로 접근하는 반면 실제 구체화된 아이디어를 적용하는 건 일부에서부터다. 일부에 시범적으로 적용하고 테스트 과정을 거쳐 전체적으로 적용을 확산하는 방식이 일반적이다. 이런 과정이 수렴적 사고에 기반을 둔 절차다. 즉 확산적 사고와 수렴적 사고가 적절하게 조화를 맞춰서 진행되는 것이 팀의 창의성 과정이다.

클라우드 기술의 발전은 아이디어를 확보하는 데 좋은 오픈 이노베이션 환경을 제공하고 있다. 오픈 이노베이션이란 조직 내부의 이노베이션을 촉진하기 위해 내외부 기술과 아이디어 등 자원의 유출입을 활용하는 것이다. 그래서 조직 내에서 창출한 이노베이션을 조직 외부로 펼치거나 외부의 아이디어를 내부로 흡수해 성과를 극대화하고 시장 기회를 확대하는 것이다.[23]

팀의 창의성과 개인의 창의성은 다르다

팀이 창의성을 발휘한다는 것과 창의적인 개인들이 많다는 것은 다른 이야기다. 창의적인 사람이 많다고 해서 팀이 창의적으로 작동되는 것은 아니다. 팀이 창의적이 되기란 쉽지 않다. 일반적으로 집단 관점에서 내놓은 아이디어 수가 개인들의 아이디어 수보다 적은 경우가 대부분이다. 누군가와 함께 일할 때 창의적인 아이디어가 잘 나오지 않는 이유 중 하나가 상대방을 의식해서 알아서 자기 통제를 하기 때문이다. 이것을 사회적 억제social inhibition라고 부른다. 다른 사람이 내 아이디어를 어떻게 생각할지를 미리 짐작하고 걱정하는 것이다.

상호 교류를 통해서 사고의 혼란이 발생하거나 인지적 혼란이 발생하는 경우도 있다. 이런 현상을 인지간섭cognitive Interference이라고 부른다. 회의 중에 아이디어를 제시하려다가 혼란을 겪는 경우라든지, 엉뚱한 주제로 빠진다든지 하는 것을 의미한다. 개인들 간 갈등이 창의성을 깨트리는 경우도 있고 집단 간 협의나 조정을 하면서 많은 시간이 소요되기도 한다. 개인이 혼자서 고민하고 만들어내는 창의적인 아이디어와 생각보다 팀 단위 창의성이 미약한 것이 현실이다.

계속 팀 창의성을 강조하는 것은 실행력 때문이다. 팀은 개인이 아닌 여러 사람이 모여 아이디어를 만들고 협의하고 구성해야 하는 것이 어렵지만 반대로 실행에서는 더 유리할 수도 있다. 팀 관점에서 창의성을 고무하는 협력적 환경이 조성돼 있다면 시간이 더 걸린다고 해도 아이디어를 검증하고 구체화하는 실행력이 높아지게 된다. 이 과정에서 중요한 행동이 창조적 갈등이라 불리는 이의제기다. 건전한 이의제기는 아이디어의 약한 부문을 더 강하게 만드는 효과가 있다. 이스라엘이 스타트업 팀들의 천국이 된 이유는 유대인들이 가진 이의제기 문화에 바탕을 두고 있다. 그것은 『탈무드』의 5,000년 역사의 바탕을 이루는 정신세계, 즉 뻔뻔스러울 정도의 놀라운 용기, 도전, 주제넘은 오만 등의 뜻을 가진 후츠파Chutzpah다.[24] 기존의 형식적인 것을 다시 물어보고 누구에게나 자신의 의견과 생각을 이야기하면서도 서로가 존중하는 문화다. 결국 건강한 갈등을 즐기는 것이다.

팀은 창의적인 활동을 통해서 많은 이익을 얻게 된다. 그래서 끊임없이 혁신과 창의를 내세우는 것이다. 기술이 발전할수록 혁신은 기술의 활용과 응용에서 나온다. 팀 중심 창의성이 더욱 두드러지는 이유도 아이러니하게 기술 때문이다. 유비쿼터스 비즈니스 환경 때문에 문제가 실시간으로 발생하면서 해결책을 얼마나 적절하게 창의적으로 구성하는가가 중요하다. 대다수 문제들은 개인이 홀로 해결하기에는 너무 복잡하다. 따라서 여러 전문가와 다른 팀들의 도움을 받아야 한다. 빠르게 변화하는 환경에 대응하기 위해서는 기술을 적극적으로 활용해야 한다.

최근 많은 사람은 맥시코 소년 미겔이 음악을 통해서 가족과 재회한다는 스토리의 애니매이션 「코코」를 보고 눈물을 흘렸다. 이 애니매이션은 「토이 스토리」와 「니모를 찾아서」로 유명한 픽사에서 만든 것이다. 픽사는 테크놀로지와 아트 분야 모두에서 새로운 돌파구를 만들어내는 것에 관한 한 유일무이한 길을 걸어왔다. 이제는 픽사가 만든 애니매이션은 꼭 봐야 할 정도가 됐다. 픽사는 스티브 잡스가 만들었다는 사실만으로도 유명세가 됐다. 하지만 픽사는 한두 사람의 카리스마가 넘치는 리더들에 의해서 만들어지지 않았다.

픽사의 회장인 에드 캣멀Ed Catmull은 팀이라는 커뮤니티의 중요성을 강조하고 있다. "픽사는 커뮤니티라는 단어를 그 의미 그대로 실현하고 있다. 우리는 관계를 유지해 나가는 것이 중요하다고 여기고 또 몇 가지 기본적인 믿음을 가지고 있다. 재능은 귀하다. 관리의 역할은 리스크를 회피하는 것이 아니라 실패했을 때 회복할 수 있는 능력을 키우는 것이다. 사실대로 말하는 것에 부담이 없어야 한다. 우리는 항상 스스로 하고 있는 모든 가정에 의문을 품어야 하고 우리의 문화를 파괴할 수 있는 꺼리가 있는지 살펴봐야 한다."

픽사에서 만드는 애니메이션은 몇 달 만에 뚝딱하면 나오는 것이 아니다. 보통 4~5년 동안의 장기적인 계획과 실행전략을 가지고 진행되는 아주 긴 호흡의 프로젝트이다. 그렇기 때문에 단순히 초기 아이디어만 가지고 성공을 예단할 수 없다. 「토이스토리」가 단순하지만 박진감 넘치는 장난감 이야기라는 창의적인 아이디어로 시작했다고 해서 지금의 애니메이션이 만들어지지는 않았을 것이다. 영화나 애니매이션에는 각 장면에 수만 개의 아이디어를 넣어서 완성된다. 그것은 소품 하나에, 동작 하나에, 때에 따라선 숨소리 하나에도 담겨져 있다. 그렇기 때문에 한두 사람의 창의적인 아이디어만으로는 결코 성공할 수 없다. 모든 팀원들이 각 단계에서 창의적이고 자신들의 역할에 최선을 다해주어야만 가능하게 만드는 매우 힘든 과정이다. 그렇기 때문에 다양한 사람들이 모여서 창조적 활동을 할 때는 서로가 같은 위치에 있어야 한다. 애드 캣멀은 이것을 동류문화kind consciousness culture라 불렀다. 동류의식kind consciousness은 미국 사회학자 프랭클린 H. 기딩스Franklin Henry Giddings가 만든 개념으로 자기 외의 의식적 존재를 자기와 동류同類라고 인정하는 의식 상태를 말한다. 픽사에는 팀원들이 동류의식을 가지고 있다. 그렇기 때문에 창의적인 다양한 팀원들이 함께할 수 있는 것이다.

픽사는 팀을 만들 때 팀원들이 가진 기술에 대한 경험과 성향을 고려해서 다양하게 묶일 수 있도록 했다. 비슷비슷한 사람들로만 팀을 만들면 일은 조금 더 원활하게 할 수 있어도 창의성은 떨어지고 역량도 더 개발되지 않기 때문이다. 창의성이 중요할수록 다양성은 피할 수 없는 조건이 되고 있다.

팀원들이 다양하면 실행력이 높아진다

다양성의 관점에서 조직은 다양한 배경을 가진 구성원을 팀원의 후보자로 확보하고 있어야 한다. 그런데 이것은 종종 지역과 문화라는 새로운 도전을 받게 된다. 동양과 서양이라는 이분법적 문화 관점뿐만 아니라 동양 내에서도 동남아와 동북아가 다르고 동일 국가 내에서도 다른 법이다. 그러다 보니 혁신적인 아이디어를 찾기 위해서 가장 먼저 선택하는 방법이 지식과 정보를 가장 많이 활용할 수 있는 지역에 회사나 연구소를 설립하는 것이다. 일종의 전초기지를 세우는 것이다. 이로써 가장 비용이 적게 들면서 전략적으로 아이디어를 가진 사람과 팀을 구할 수 있다.

많은 대기업 혹은 유니콘 기업들은 유사한 방식으로 젊은 스타트업을 인수했다. 구글은 안드로이드를 인수해서 단순한 검색 기업에서 세계 최고의 운영체제 기업으로 변모했다. 오라클은 데이터베이스 관리 기업에서 자바JAVA를 인수함으로써 가장 큰 오픈소스 기업이 됐다. 또한 월마트가 코스믹스Kosmix를 인수해서 월마트 랩스를 만들어낸 것도 비슷한 사례다. 하지만 스타트업을 인수할 수 있는 기업은 매우 적다. 그러다 보니 기업은 다양한 지역에서 인재를 얻을 수 있도록 지사를 세운다. 예를 들면 마이크로소프트 연구소는 워싱턴 레이몬드 외에도 매사추세츠 케임브리지, 영국 케임브리지, 뉴욕,

중국 베이징, 인도의 방갈로르 등 전 세계 주요 지역에 연구소 네트워크를 만들고 있다. 중국의 하이얼Haier은 미국, 유럽, 일본, 호주, 중국 등지에 연구소를 설립했다. 기업은 다양한 지역에서 다양한 인종들이 여러 연구를 융복합적으로 할 때 혁신적인 아이디어가 나온다는 것을 지난 수십 년간 경험했다.

기술의 발전은 팀에 인구학적, 심리학적, 사회학적 다양성을 가지도록 해주고 있다. 글로벌 네트워크에서 이루어지는 프로젝트는 국경의 벽을 넘어 여러 팀을 만들게 한다. 대부분 기술을 잘 다루는 사람들이고 언어도 다양하다. 세계화의 영향으로 문화적으로 다양한 사람들이 모여서 팀을 만들게 된다. 12시간 이상의 거리에서도 팀원들이 같이 일하는 것이 인터넷 너머에서는 가능하다. 팀 구성원이 다양해지면 서로에게 미치는 영향은 크게 두 가지로 볼 수 있다.[25]

첫 번째는 팀 구성원들의 행동 방식에 미치는 영향이다. 인간에겐 개별적인 특성이 존재하는데 그것이 다양해지면 다른 가치와 기술과 성격에 맞게 상호교류하면서 상대 구성원들의 행동을 변화시키거나 다른 방식으로 생각하게 만든다. 두 번째는 상대방에 대한 기대 수준에 미치는 영향이다. 다양한 배경을 가지게 되면 나와 다른 상대방에 대한 기대심리가 변화하게 된다. 예를 들면 한국과 미국 실리콘밸리 개발자 간에 팀이 구성되면 자연스럽게 실리콘밸리 개발자들에게 최신 기술에 대한 기대를 하는 것과 같은 것이다. 이런 막연한 믿음은 팀원들의 교육적 배경과 직업적 경험을 종합적으로 고려해서 나타난다.

여기서 스테레오 타입Stereo Type이 발생한다. 특정 집단에 속한 사람들은 어떤 특성이 존재할 것이라는 믿음을 말한다. 예컨대 변호사라고 하면 대단히 논리적일 것으로 생각하는 것과 같다. 스테레오 타입은 어떤 카테고리 안에 속한 사람들을 서로 비슷하다고 착각하게 만든다. 이런 범주화가 '나쁘다.' '좋다.'라는 이분법적 판단을 할 필요는 없다. 다만 편향으로 인해 팀 내부 갈등을 만들거나 상호 교류를 어렵게 만들 수 있다. 기술의 발전은 그것을 더 복잡하게 만든다. 상대방을 직접 만나서 이야기하기보다는 주로 온라인에서 교감이 이루어지거나 원거리에서 작업을 하게 된다. 상대에 대한 잘못된 편향을 가지면 오랜 시간 동안 오류가 만들어질 수도 있다.

다양한 팀원들로 구성된 팀에게 특히 중요한 문제점은 감정적 불신이다. 수십 명이 하나의 팀을 이루어 프로젝트를 하다 보면 모든 사람이 다같이 정보를 공유할 수 없다. 특정한 사람들이 서클을 만들게 된다. 이런 서클은 주로 같은 인구학적, 심리적 특성을 가진 사람들이 쉽게 공유하게 마련이다. 따라서 서클만을 위한 정보가 만들어지고 그 외 사람들과 벽을 만들게 된다. 우리는 그런 경향을 대대수 조직에서 경험하게 된다. 그중 가상환경 팀의 경우 그 정도가 매우 심할 수 있다. 순전히 온라인으로 일을 하게 되면 정보를 독점하기란 쉽기 때문이다. 따라서 감정적 불신이 발생하면 다양성은 팀을 붕괴시키는 힘이 될 수 있다.

팀원의 다양성을 잘 통제하지 못할 때 가장 큰 문제는 보유 자원을 활용하지 못하게 된다는 것이다. 다양성으로 만들어질 수 있는 혁신적 아이디어를 전혀 만들어내지 못하고 오히려 개인들이 일을 안 하게 만드는 원인이 되기도 한다. 팀의 목표에 집중하지 못하고 서로가 가진 장점을 융합하지 못하고 팀원들이 이탈하기도 한다.

다양성의 한계를 넘어 창조적 조직이 되자

다양한 팀원들과 함께 일하는 것은 매우 힘든 과정을 거치게 된다. 그런데 이 현상을 피할 수는 없다. 다양한 사람들뿐만 아니라 인공지능과도 협업해야 하는 상황이 올 수 있기 때문이다. 모든 업무 형태에 다양성이 효과가 있는 걸까? 분명 그렇지는 않다. 컨베이어 벨트에서 일하는 현장 업무에서 다양한 사람들이 추가로 이바지하는 데는 한계가 있다. 일반적으로 업무는 세 가지 형태로 분류할 수 있다.

첫 번째는 단순 업무다. 기계 조작기술과 제한된 운동 능력만 있으면 수행이 가능한 반복 작업으로 이루어져 있다. 결과물은 품질기준이나 투입원가와 같은 생산성 지표로 평가할 수 있다. 두 번째는 지적 업무다. 주로 다양한 정보와 데이터를 가지고 설명하고 정리하는 업무다. 주로 지식근로자들이 수행하는 업무로 정답보다는 다양한 해결책을 제시하는 업무다. 마지막으로 창의적 업무다. 예술적 활동과 같은 창조적 활동이거나 의사결정이 필요한 업무들로 문제해결을 위한 판단이 들어가야 한다. 회사 경영이나 프로젝트 리더와 같은 업무들이 주로 그렇다.

이 세 가지 업무 형태에서 다양성은 긍정적 효과를 발휘한다.[26] 특히 의사결정이 필요한 고도의 지식 활동을 하는 업무에서 다양성은 팀의 지식공유를 더 효과적으로 이루어지게 한다.[27] 다양성은 문제를 보는 시각을 더 키울 수 있어서 문제해결 능력을 높여준다. 이질적인 성향의 사람들은 전혀 다른 인적 네트워크를 가지게 되는 경우가 많다. 또한 많은 정보와 자원을 확보할 수 있는 채널들을 제공하게 된다.

더욱이 팀원이 보유한 기능적 요소(기술, 지식, 능력)의 다양성은 더

다양성은 문제를 보는 시각을 더 키울 수 있어서 문제해결 능력을 높여준다.

큰 효과가 있다. 개인들이 함께 일하는 팀에서 자연스럽게 자신의 기능을 사용함으로써 융합의 가능성이 커지게 된다. 예를 들면 신제품 개발을 준비하는 연구개발R&D 팀에서 다양한 기술을 가진 사람을 팀원으로 끌어들이게 된다. 또한 신제품 개발 이후에 제품을 생산 판매하는 인원들을 개발 단계에서 하나의 팀으로 구성해 일할 때도 많다. 일부 혁신적인 기업에서는 고객이 신제품 개발의 팀원으로 활동하기도 한다. 이처럼 팀 구성원을 다양하게 함으로써 창조적 아이디어를 최대한 끌어내어 개발 성과를 높이는 활동을 하게 된다.

『포춘』지가 2005년부터 2015년까지 미국 특허를 등록한 121개 팀을 대상으로 데이터 분석을 한 결과 팀이 다양한 경력을 보유한 팀원들을 가진 경우 특허 출원의 범위도 넓었고 특허 출원 속도도 높은 것으로 나타났다.[28] 정보기술의 도입은 팀 내부 다양성을 확대해준다. 대표적인 것이 정보 다양성이다. 대규모 프로젝트를 진행하는 연구 집단의 경우 가장 중요한 지식정보 데이터베이스가 논문자료다. 세계 최대 논문 서비스인 엘스비어Elsevier의 경우 SSCISocial Science Citation Index·SCIScience Citation Index를 운영하는 곳으로 매우 높은 수준의 학술정보만을 대상으로 검색과 추천 서비스를 제공하고 있다. 다양한 검색 기법과 인공지능 기반 서비스 추천으로 연구자의 연구 생산성에 큰 도움을 주고 있다.

이와 별도로 구글 또한 구글스칼라Google Schoalr라는 학술검색 서비스를 제공하고 연구들의 연구를 도와주고 있다. 연구자와 관련이 전혀 없는 분야, 예를 들면 사회학자가 생물학이나 물리학의 연구 논문을 보게 되거나 심리학자가 뇌과학 논문을 자연스럽게 검색하면서 얻게 되는 정보의 다양성은 새로운 지식융합을 만드는 주춧돌 역할을 하고 있다.

4장

팀워크는 팀과 개인을 함께 성공시킨다

팀워크는 서로가 어깨가 되는 것이다. 서로가 만든 높은 사다리 위로 올라가 더 멀리 볼 수 있도록 해주는 것이 팀이 가진 가장 큰 장점이다. 더 이상 멀리 볼 수 없는 팀이라면 그 팀은 장점을 소진했기에 더 이상 팀워크는 작동하지 않을 것이다. 팀이 거인처럼 우뚝 서기 위해서는 팀워크를 구성하는 4가지 요소인 커뮤니케이션, 협업, 조율, 응집성을 통해 강한 조직으로 성장하는 길을 찾아야 한다.

아마존과 홀푸드는 무엇이 다른가?

미국 최고의 식품회사 홀푸드Whole Foods는 미국 전역에서 무농약 농산물과 유기농 우유 등 친환경 식품만을 취급하는 엄격하고 깐깐한 회사다. 이 거대 유통체인은 480개 이상의 점포와 9만 명의 직원을 고용하고 있는데 철저하게 팀 중심으로 일하기로 유명하다. 홀푸드는 팀을 구성해서 마켓 내부에서 독립적으로 숍을 운영하고 어떻게 판매를 촉진하고 무슨 상품을 판매할지를 결정한다. 팀에서는 대략 제품 구매의 50% 정도를 의사결정하고 진열할 수 있다.[1]

홀푸드의 팀은 팀원을 충원할 때 적극적으로 참여한다. 처음 면접을 치르고 선출된 후보자들은 몇 달 동안 함께 일하며 팀원들의 투표로 최종 선출된다. 팀에게 이런 자율권을 제공한다는 건 유통 산업뿐만 아니라 대부분의 경우에도 찾아보기 어렵다. 왜 이렇게 팀에게 많은 권한을 주고 적극적으로 팀 중심의 조직구성을 하는 것일까? 그것은 팀 중심으로 보상을 하기 때문이다. 그들은 실적과 관련된 모든 정보를 공개한다. 팀원들 모두에게 팀의 실적과 성과를 공유하고 다른 팀들과도 모든 정보를 공유한다. 그래서 손발이 잘 맞는 팀원들이 모여 있는 팀에 새로 누군가를 뽑는다는 건 매우 중요한 일이다.

홀푸드 전체를 구성하는 것은 팀들이지만 결국은 개개인들이 홀푸드를 대표하는 구조다. 그렇기 때문에 서로가 서로에게 충실해야 한다. 팀 리더에게만 잘 보인다고 팀원들 개개인이 인정받는 게 아니라 팀원들 서로가 인정하고 존중해야 한다. 그렇다면 2017년 홀푸드와 합병한 아마존의 일하는 방식은 어떨까? 2004년부터 2015년까지 아마존에서 일했던 이지온 글로벌의 박정준 대표는 성과주의 중심 문화가 가득하다고 이야기한다.[2] "아마존의 조직문화를 한마디로 이야기하면 축구팀과 비슷해요. 가장 잘하는 선수들이 모여 국가대표팀을 구성하는 것처럼 아마존은 능력 있는 사람을 영입하고 실력으로 서로 경쟁시켜요."

아마존은 여타 미국 기업처럼 쉽게 직원을 해고한다. 그러다 보니 직원들이 해고당하지 않기 위해 열심히 일하게 된다. 결국 팀이라는 구조보다 개인들이 얼마나 우수한가를 중심으로 일하는 문화가 존재한다. 그 사람이 우리 팀에 도움이 될 것인가, 아닐 것인가에 따라서 얼마든지 바꿀 수 있다고 생각한다. 실력 중심의 문화에서는 자연스럽게 '워라밸Work Life Balance'과 같은 다른 가치를 추구하는 팀원들은 떠날 수밖에 없다.

홀푸드는 팀이 중심이 되는 문화이고 아마존은 개인의 실력이 먼저인 문화이다. 그런데 아마존은 왜 홀푸드를 인수한 것일까? 아마존에는 홀푸드를 인수해야만 하는 사업 전략적 이유가 있다. 우선 아마존은 오프라인 사업을 확대하려는 전략적 방향성을 가지고 있었다. 그들은 '아마존고'라는 혁신적인 마켓 서비스를 하고 있다. 이것은 사물인터넷과 인공지능이 최적화된 서비스의 시작점이다. 이것을 가장 효과적으로 서비스해볼 사업이 필요했다. 최근 시작한 아마존 프레시 픽업Amazon Fresh Pickup은 교보문고 책드림 서비스처럼 주문 후 찾아가는 서비스다. 다양한 방법으로 서비스를 확대하는 아마존에 홀푸드는 자신들의 서비스를 구현하는 데 최적의 공간이다.

아마존의 시작은 온라인 서점이다. 그리고 지금도 미국 최대의 온라인 쇼핑몰이다. 즉 온라인을 통한 개인들의 소비 성향 데이터를 가장 많이 갖고 있고 가장 효과적으로 활용할 줄 아는 기업이다. 그들에게 필요한 것은 오프라인에서 자신들의 고객이 어떻게 행동하는지를 아는 것이다. 그런 점에서 식료품 유통기업은 매력적일 수밖에 없다. 특히 식료품 유통은 거의 대부분 사람들이 일하는 곳이다. 매장의 진열장을 정리하는 직원들과 수납원들이 끊임없이 상품을 나르고 계산한다. 만약 이곳을 인공지능이 대신한다면, 만약 이곳에 로봇이 일한다면, 만약 수납원들이 없는 아마존고처럼 된다면 서비스 혁명은 엄청날 것이다. 여기에서 홀푸드의 팀 문화는 매우 큰 영향을 주게 된다.

아마존과 홀푸드의 문화는 다르다. 그러다 보니 서로가 가진 강점을 서로 이식하기 위해 합병했지만 현재 다른 조직으로 운영하며 서로를 학습하고 있다.

팀은 여러 단계를 거쳐가며 성숙해진다

본격적으로 팀을 만들어보자. 팀이라는 조직은 시간이 갈수록 진화하고 있다. 현재 팀은 정보기술을 인프라로 자연스럽게 받아들이고 있다. 조직 형태도 다양하고 디지털 활용도 잘하고 팀도 역동적으로 변화한다. 그럼에도 팀이 가장 먼저 고려돼야 하는 건 변하지 않았다. '왜 팀이 필요한 것인가?'라는 질문에 대한 답변이다. 과거부터 현재까지 성공적으로 운영된 팀은 명확한 목표를 가지고 있다. 감당할 만한 난이도의 목표는 팀원들에게 강한 동기부여를 해준다. 특히 개인들의 능동적인 활동과 참여를 불러일으킨다. 팀이 어떤 방향으로 갈 것인지 알지 못한다면 절대 능동적으로 참여할 수 없다. 그래서 방향성이 중요하다.

가장 먼저 팀의 목표를 설정하자. 이때 주의해야 할 것은 집단사고로 매몰되지 않는 것이다. 방향성을 설정했다고 해도 집단사고에 매몰되면 의사결정을 할 때마다 다른 의견을 제시하지 못할 수 있다. 심리적으로 그냥 따라가야만 하는 조직문화가 만들어진다. 그래서 목표를 설정하지만 절대적이지 않고 항상 바뀔 수 있다는 가능성을 열어놓아야 한다. 팀은 여러 단계를 거쳐가며 성숙해진다. 단계마다 팀의 프로세스에 변화가 일어나고 해야 할 일의 변화가 발생한다. 단계별로 발전한다는 것은 초기에는 효율적인 팀으로 운영되기 어렵다는 걸 뜻한다. 팀이 제대로 만들어지기 위해서는 구성 단계별로 발생할 수 있는 문제를 해결해야 한다. 만약 시스템 개발 프로젝트팀을 만든다면 팀을 제대로 작동시키는 데 충분한 시간이 필요하다. 그 이유는 팀을 만든 이유를 확정하고 해야 할 일의 범위를 정하고 규칙을 맺어야 하기 때문이다. 더불어 팀원들을 확보하고 일을 부여해서

터크만의 팀 발전 단계 이론

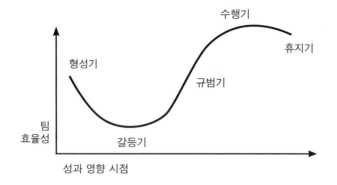

협의하는 것도 큰 노력이 필요하다. 따라서 단계별로 무엇을 할지 미리 알고 대응해야 한다.

팀 발전 단계 이론Team development model은 팀이 발전하기 위해서는 갈등과 성장을 거치면서 진화한다는 관점에서 출발한다. 첫 번째 단계는 형성기다. 팀을 처음 구성하는 시기다. 팀원들은 매우 독립적으로 행동한다. 보통 팀원들은 팀 목표와 해결할 문제에 대해 상대적으로 이해가 부족하다. 이 단계에서는 팀원들이 서로를 조금씩 알게 되고 하나의 집단으로 움직이는 방법을 배우기 시작한다. 그래서 서로의 눈치를 보게 된다. 일부는 서로 알고 지내기도 하고 서로 전혀 모를 때도 있지만 대부분 많이 드러내지 않는다. 그래서 리더들이 상대적으로 통제하기 쉽다.

두 번째 단계는 갈등기다. 시간이 조금 흘렀다. 팀원들이 팀 내에서 자신들이 어떤 위치인지를 자각하기 시작한다. 갈등이 발생하고 팀의 목표에 대해 서로 다른 이해관계가 발생하게 된다. 일하는 방식에 대해 불만을 드러내기 시작하고 팀 목표가 성취하기 어려울 수 있다는 걱정이 생긴다. 이런 현상은 본격적으로 팀원들이 자신을 드러내기 시작하면서 발생하는 것이다. 갈등기에는 리더가 중심을 잡고 있어야 한다.

세 번째는 규범기다. 이제 갈등이 충분히 드러나고 나서 내부적으로 규칙이 자리잡기 시작한다. 서로가 어떻게 팀에서 행동하면 될지가 정리된다. 또한 일하는 방법들이 자리잡기 시작한다. 서로의 성격과 특성을 알게 되고 사회적 관계에서도 충분히 조절이 가능한 단계다. 아직도 이견과 갈등이 존재하지만 이제는 충분히 논의하고 토론해서 일을 만들어 갈 수 있다.

네 번째 단계는 수행기다. 팀은 성숙해졌다. 알아서 움직이는 법을 안다. 팀원들이 갈등을 자체적으로 소화할 수 있고 사회적 관계를 통해서 충분히 극복할 수 있다. 팀 목표에 대해 함께 성취할 수 있는 협력이 작동하게 된다. 수행기에 접어든 팀은 성과를 충분히 만들어낼 수 있다. 어려운 문제도 충분히 극복할 수 있고 다양한 방식으로 문제를 해결할 수 있다. 일상적인 팀에게 수행기는 지속해서 유지해야 하는 단계다.

마지막 단계가 휴지기다. 프로젝트 목표가 달성된 팀은 해산해야 한다. 최상의 경우는 성과가 잘 마무리되는 것이다. 경우에 따라서는 프로젝트가 중간에 중단되기도 한다. 이 시기에 팀은 평가를 받는다. 미래를 위해서 팀에 대해 피드백을 하게 되고 자체적으로 논의하기도 한다. 휴지기를 어떻게 마무리하는가에 따라서 훌륭한 동료들과 계속 같이 일할 수 있을지가 결정된다. 마지막까지 사회적 관계가 충분히 잘 형성되도록 노력해야 한다.

글로벌 팀은 더 큰 어려움을 겪으며 발전한다

이런 발전 단계 이론이 기술 발전으로 조금 다른 양상을 보이기도 한다. 글로벌 팀원들이 참여한 프로젝트팀은 발전 단계별로 더 큰 어려움을 겪게 된다.[3]

첫 번째 단계인 형성기에서 사전에 작업에 대한 이해나 준비를 위한 기회가 매우 적다. 한 번도 본 적 없고 이야기해본 적도 없는 사람들과 일을 하게 된다. 온라인에서 만나는 팀원들에 대해 검증할 방법이 많지 않다. 이 경우 프로토타입을 제공하는 사이트를 통해서 상대방을 이해할 수밖에 없다. 소프트웨어 개발자들은 깃허브를 활용하고 연구자들은 구글스칼라 같은 연구자 데이터베이스를 통해 자신의 경험을 공유한다. 종종 프로젝트 경험을 공유하기 위해서 링크드인linkedin 같은 곳에 자신을 드러내놓는 사람들도 있다. 먼 거리에 있는 사람들과 이메일을 통해서 충분히 사전 교감하는 것도 필요하다. 가상 팀의 어려움은 초기 단계에 대부분 나타난다.

두 번째 단계인 갈등기에서는 혼란이 더 커질 수 있다. 말이 통하지 않는다. 언어 문제가 발생할 수도 있고 문화적 차이가 발생할 수도 있다. 규범을 확정 짓기가 매우 어렵다. 그래서 가상 팀은 갈등기에 최대한 룰을 먼저 정하고 팀에서 발생하는 문제점을 조정하기 위해 노력해야 한다. 역할을 명확하게 제공해주는 과정이 필요하다.

세 번째 규범기에서는 규범이 어느 정도 자리를 잡는다. 이 시기에 프로젝트 문제를 해결하기 위해 프로젝트 관리 툴을 더 적극적으로 활용한다. 지라JIRA와 같은 협업 관리 툴은 갈등관리나 해결을 위한 다양한 케이스를 담고 있다. 프로젝트 진행 중에 발생하는 다양한 의견이 서로 공유되도록 시스템을 적극적으로 활용해야 한다.

네 번째 단계인 수행기에서는 가상 팀 역시 성숙하다. 하지만 조금씩 일을 안 하고 넘어가려는 팀원들이 존재한다. 이것을 방지하기 위해 자발성이 필요한 시기이기도 하다. 상호 간 업무가 의존적으로 진행되도록 잘 관리해야 한다. 누군가의 업무가 이루어지지 않으면 다음 사람에게 피해가 갈 수 있다는 것을 인식시켜야 서로가 상대를 의식하면서 일할 수 있다. 작은 화상회의를 진행하는 빈도가 높아진다. 스마트폰 등으로 중간중간 업무 진도를 이야기해야 한다. 이제 성과를 내야 할 시점이다.

기술 발전이 이루어진다고 해도 팀원들 간의 사회적 관계가 형성되지 않으면 안 된다. 그럴수록 팀원들이 업무를 잘 이해하고 제대로 역할을 할 수 있도록 지속적인 관심을 가져야 한다. 팀이 최고의 결과를 내도록 이끄는 가장 좋은 요건은 확실한 지원과 협조적인 환경을 조성해주는 것이다. 훌륭한 성과에 대해 적절한 보상을 하고 데이터에 접근할 수 있도록 정보 시스템을 제공해야 한다. 물리적으로 떨어져 있고 디지털상에서 일하는데 협력을 끌어내는 것은 쉽지 않다. 팀원들이 다양한 상황에 놓여 있어 이용 가능한 자원이 매우 다를 수 있기 때문이다. 팀의 형태가 변화함에 따라 가장 중요한 것은 공유, 소통, 교류다. 팀을 만들 때 어떤 기술적인 요소들을 포함해야 할지를 평가하는 주요 기준들이다.[4]

물리적 거리보다 심리적 거리가 중요하다

우리는 일상생활에서 특정 사물이나 사람에 대해 가깝게 느껴질수록 구체적으로 인식하는 반면 멀다고 느껴지면 추상적으로 인식하거나 희미하게 생각한다. 사람들 관계가 그렇다. 같은 사무실에서 일하는 팀원들 간에도 평상시 친밀한 관계일수록 민감하게 반응하고 심리적으로 먼 관계일수록 잘 모르는 경우가 많다. 근접성 이론 proximity theory에 따르면 근접성이 높다고 인식하면 서로 유사한 생각과 관점을 갖고 일할 수 있다.[5] 이와 같은 심리적 근접성을 이해하려면 거리의 세 가지 유형을 알아야 한다. 그 세 가지는 공간적 거리, 시간적 거리, 그리고 사회적 거리다.[6]

첫 번째, 공간적 거리는 물리적 공간에 대한 거리감을 뜻한다. 심리적 근접성에서 공간적 거리감은 상대적으로 낮게 인식된다. 카네기멜론대학의 박사과정생인 잔느 윌슨Jeanne Wilson은 분산된 팀들의 신뢰 구축 연구를 하면서 은행 내부 팀들이 어떻게 일하는지를 분석했다. 팀원들이 분명 같은 장소에서 업무를 수행하고 있다고 해도 팀원들 간 인식하는 공간적 거리감이 매우 먼 것으로 나타났다. 그 이유는 팀원들 간 사회적 관계가 낮았기 때문이다. 사회적 관계란 서로를 믿거나 의지하는 정도다. 서로에 대한 믿음이 부족했기 때문에 심리적 거리가 매우 낮다고 느낀 것이다.[7]

우리는 비슷한 경험을 많이 한다. 직장 내 같은 공간에서 일하면서도 이야기 한 번 나누지 못한 사람들이 많다. 아무리 같은 공간에 있다고 해도 얼굴 보고 이야기할 기회가 없을 정도로 바쁜 경우가 많다. 얼굴 보면서 이야기하기보다는 온라인 SNS로 의사소통하는 것이 더 편안하고 쉬운 경우도 많다. SNS로 이야기가 많았던 사람들에게 오히려 친밀함을 느끼는 것이다. 가상환경에서 오픈 소스 소프트웨어를 개발하는 팀에서는 지리적으로 먼 거리에서 프로젝트를 수행하고 있음에도 공간적 거리감은 잘 인식되지 않는다고 한다. 소프트웨어 전문가들은 온라인에서 일하는 것에 익숙하다. 온라인 가상 공간에서 정보를 찾고 활용하고 공유하기 때문이다. 그들에게 온라인에서 일하는 것은 일상이다. 정체성이 명확하고 익숙하기 때문에 가상환경의 공간적 거리감을 잘 인식하지 못 한다.

두 번째는 시간적 거리다. 본인이 인식하는 현재now라는 시간과 특정 행동이 발생한 시간의 차이를 말한다. 먼 미래에 있는 일은 매우 멀다고 느끼는 반면 내일 일어날 일은 명확하게 기억하고 매우 가깝다고 느낀다. 대표적인 예가 온라인으로 물건을 살 때다. 요즈음 대부분의 쇼핑몰은 구매 후 1일 배송이라 물건을 사자마자 바로 쓸 수 있다. 그러다가 특별한 일 때문에 일주일씩 기다리게 되면 매우 멀다고 느껴지는 현상이 그렇다.

사람의 심리가 똑같은 일도 그걸 인식하는 시간에 따라 더 구체적으로 생각하고 고민하게 된다. 따라서 팀의 목표나 비전을 설정할 때 시간적 목표가 매우 중요하다. 10년, 5년, 1년의 목표도 좋지만 1개월, 1주일, 1일의 짧은 기간의 목표는 더 구체적으로 인식하고 일할 수 있다. 그것이 온라인에서 움직이는 가상환경 팀에게는 특히 그렇다.

세 번째는 기술 발전에 따라 가장 중요한 것으로 주목받는 사회적 거리다. 나와 상대방과의 관계를 중요도에 따라 거리감으로 표현한 것이다. 사회적 거리감은 사회적 자본 이론에 근거한다. 사회적 자본이란 개인이나 집단이 보유한 관계망에 내재된 상호관계를 통해 접근 가능한 실질적, 잠재적 자원의 합계다.[8] 사회적 네트워크를 보유할수록 다양한 자원을 동원하거나 활용할 수 있는 이점이 커진다. 가상환경에서 일할 때는 물리적 네트워크의 중요성이 점차 줄어들게 된다. 따라서 가상 네트워크가 커지고 폭넓을수록 의사소통이 강화되고 친밀함을 느끼게 된다.

LG전자는 전 세계 100개 이상의 사업장을 가진 기업이다. 대표적으로 한국, 러시아, 미국, 독일, 프랑스, 영국, 브라질 등 전 세계 거의 대부분의 국가에 사업체를 운영한다. LG전자에는 독특한 운영체계가 존재한다. 기간 운영 시스템(ERP와 같은 기업전반을 운영하는 시스템)을 전 세계 하나Single Operation로 운영하는 체계다. 즉 생산, 영업, 물류 등 주요 기간 시스템을 전 세계 동일한 솔루션에서 운영하고 처리하는 것을 말한다. 그러려면 운영 팀과 각 국가에 존재하는 개별 팀이 하나의 팀처럼 가상환경에서 운영돼야 하고, 그것이 국가 간 시간 차이를 극복하면서 유기적으로 운영돼야 한다. 과거에는 몇 가지 기술적 한계에 때문에 이런 체제를 꿈꾸기 어려웠다.

첫 번째는 네트워크 속도가 국가마다 지역마다 다르기 때문에 시스템 접속과 네트워크 유지를 위해서 큰 비용이 들었다. 두 번째는 시스템 자원에 접속하는 요구가 월말과 월초에 집중돼 시스템 부하에 대응하기 위해서 하드웨어 자원을 충분히 구매해야 했다. 마지막으로 시스템은 항상 문제가 발생할 수 있다. 그것을 정기적으로 업데이트하고 유지보수해야 한다. 그런데 전 세계적으로 연결된 시스템에서 시스템 정기 보수작업이 프로그램 업데이트를 했을 때 추가적으로 발생할 위험에 대해서 대응이 어렵다는 한계가 존재했다. 이런 어려움에 추가적으로 운영팀 사람들은 단순 문의에 대응하는데 매일 20시간 이상을 써야 했다. 영국이나 브라질 법인같이 한국에서 12시간 이상 먼 법인의 경우에는 낮과 밤이 바뀌는 경우가 대부분이었고 담당자들에게 수시로 문의가 왔기 때문이다.

기술적인 어려움은 시간이 지날수록 해결되고 있다. 아마존과 마이크로소프트 등에서 전 세계를 상대로 네트워크와 시스템을 빌려주는 서비스, 즉 클라우드 컴퓨팅 서비스를 통해서 자원 분산 효과뿐만 아니라 시스템 부하 시 자동으로 부하 해결도 가능해졌기 때문이다. 이제 하드웨어를 보유하지 않기 때문에 정기 보수작업은 없어지고 있고 소프트웨어 정기 업데이트도 모듈화 등을 통해서 훨씬 원활한 환경으로 바뀌고 있다. 무엇보다 사람이 하던 업무 대응을 챗봇과 같은 인공지능 서비스로 전환하고 있다. 아직 초기단계에 불과하지만 조만간 전 세계 모든 언어로 서비스 대응이 가능할 것으로 기대된다.

시스템 운영팀 간의 협업은 계속되고 있다. 시스템뿐만 아니라 업무도 끊임없이 진화되고 있기 때문이다. 지역별 담당자들이 서로 다른 언어로 서로 다른 사고방식을 가지고 있기 때문에 가상환경에서 하나의 팀처럼 운영하기 위해서는 사회적 관계망을 적절하게 유지하는 것이 중요했다. 평상시에 꾸준히 온라인이나 전화 등을 통해서 접촉을 했던 관계는 문제 발생 시 대응속도가 매우 빨랐고 법인의 시스템 문제도 곧바로 해결되곤 했다. 반면에 담당자가 수시로 바뀌거나 사회적 관계가 거의 없는 경우는 서로 간의 의사소통조차 제대로 되지 않는 경우가 대부분이었다. 결국 팀원들 간 심리적인 거리감이 업무 성과를 좌우했던 것이다.

팀의 사회적 자본은 리더의 역량에 영향 받는다

사회적 자본Social Capital이라는 단어는 하버드대의 로버트 퍼트넘

Robert David Putnam 교수가 널리 알려 유명해졌다. 그는 저서 『나홀로 볼링』에서는 미국 사회가 1960년대 이후 지속적으로 관계가 쇠퇴하고 있다고 지적한다. 그 결과로 볼링 리그의 숫자가 줄어드는 것을 데이터로 제시하고 있다. 연결적 관점에서 지역사회의 전통적인 모임이 줄어드는 것은 사회적 자본의 퇴조를 이야기한다고 주장한다. 그는 다양한 조직에서 유대감을 형성하고 지속하는 것을 설명하기 위해 사회적 자본이라는 단어를 도입했다. 사회적 자본이 작동되는 조직은 사리사욕보다는 다른 사람을 도와주는 개인들이 더 존중받게 된다.

사회적 자본은 단어 자체에서도 볼 수 있듯이 자본이라는 단어를 사용했다는 점이 중요하다. 통상 자본이라고 하면 금융이나 부동산과 같은 실물자산이다. 자본은 투자를 영위하는 기본 단위가 된다. 이것은 축적돼야 하고 지속해서 커져야 큰 힘을 발휘한다. 마찬가지로 사회적 자본 또한 한순간에 형성되기 어렵다. 오랜 기간 축적돼 커져야만 더 큰 위력을 만들어낼 수 있다. 강한 위험 혹은 도전이 발생할 때 팀의 생존을 결정짓는 요인은 결국 사회적 자본이 얼마나 잘 구축돼 있는가이다.

최근까지 조직 단위에서 사회적 자본의 형성은 오랜 기간 상호관계를 가져야 가능한 것으로 인식됐다. 팀이라고 해도 단기간에 만들어진 팀이 아닌 역사를 가진 조직이거나 서로가 기존부터 같은 문화를 가진 경우에 가능하다고 생각했던 것이다. 나는 이혜정 박사와의 프로젝트 팀에서 사회적 자본의 작동 방식에 관한 연구를 진행했다.[9] 연구는 프로젝트에서 중요한 인적 자원이 팀 리더라는 점에서 시작한다. 팀의 리더가 어떤 성향을 지녔는지에 따라서 사회적 자본이 축적되고 그것은 팀 전체 성과에 영향을 줄 것이기 때문이다.

실제로 팀의 사회적 자본은 리더의 역량에 따라 영향을 받게 되지만 정말 짧은 기간에 축적이 가능할 것인가 하는 것은 조금 다른 문제다. 사전에 함께 일했던 경험이 있는 팀원들과 리더들과의 협업이라면 당연히 그 기간만큼 사회적 자본은 축적될 것이다. 반면에 처음 만나는 사람들과의 사회적 자본은 축적이 가능할까? 우리는 소프트웨어 개발과 IT 서비스 개발을 신규로 하는 팀을 대상으로 실험을 진행했다. 신규로 서비스 개발이 이루어지는 경우 팀은 새로운 목표로 조직되고 짧은 기간만 유지된다. 그 짧은 기간에 사회적 자본이 생성되려면 리더의 역량이 가장 중요하다. 팀 유지 기간은 평균 6개월로 조사됐다. 따라서 6개월보다 기간이 짧은 팀과 그보다 긴 팀으로 구분해서 사회적 자본의 형성을 조사했다.[10]

두 팀은 성공적인 팀 성과를 만드는 동인으로서 사회적 자본의 형성은 차이가 존재하지 않았다. 리더가 팀원 간의 연결을 지원해주는 사회적 역량이 높고 명확한 성과에 대한 피드백을 주는 인지적 역량이 높으면 기간에 관계없이 사회적 자본은 형성됐다. 팀이라는 조직이 형성되면 그 순간부터 사회적 자본을 형성할 기본적인 토대가 마련되는 것이다.

사회적 자본이 든든할수록 조직 친밀도가 높다

같은 팀에 친한 사람이 많을수록 일의 성과는 더 커지게 될까? 사회적 자본의 중요한 핵심은 단순히 서로가 알고 지내는 것이 아니라 서로가 신뢰하고 의지하는 방향으로 간다는 것이다. 그 전제는 팀 전체가 가져야 할 명확한 비전과 전략적 목표가 있다는 것이다. 대다수 팀들은 합리적인 목표를 가진다. 그렇다면 친한 사람들이 많을수록 분명 성과는 더 좋아질 수 있다. 언뜻 맞는 듯하다. 하지만 만약 집단 이기주의를 발휘하거나 개인들이 가진 악의적 목표가 더 중요해진 다면 아무리 친한 사람이 많다고 해도 오히려 성과는 낮아질 수 있는 것 아닌가?

미국 펜실베이니아대 와튼스쿨의 낸시 로스바드Nancy Rothbard 교수팀은 「효용이 없는 친구들: 직장 내 친구라는 것의 부정적인 면 이해하기」라는 논문을 통해 친하게 지낸다는 것이 좋은 것이 아니라고 주장한다.[11] 직장 내 친밀도는 의사결정 과정에서 감정적 '부담'을 주게 된다. 친한 사람들이 결정해야 할 문제와 관련이 있거나 직접적인 협상 대상자라면 상대방 눈치를 보게 된다. 합리적 의사결정 구조가 사라지고 패거리 문화가 나타날 수도 있다.

낸시 로스바드 교수는 직장의 친밀도가 가족이나 학창시절 친구들과의 친밀도와 다른 것은 직장은 덜 견고하기 때문이라고 진단한다. 학창시절 친구들과는 싸우고 논쟁해도 금방 다시 관계가 회복될 수 있다는 확신이 존재한다. 사회적 자본이 매우 굳건하기 때문이다. 반면 팀에서는 동료와 분쟁이 생기는 경우 쉽게 화해할 수 없다. 사회적 자본의 수준이 매우 낮기 때문이다. 결국 사회적 자본이 든든한 조직일수록 조직 내 친밀도가 건강하게 작동할 수 있다. 개인보다는 팀을 중심으로 사람들 간의 관계를 더 바라봐야 한다.

로버트 퍼트넘은 『나 홀로 볼링』에서 사회적 자본을 결합Bonding과 연결Bridging 두 가지로 구분해서 제시하고 있다. 팀 내에서 팀원들 간의 유대감을 중심으로 사회적 자본을 설명할 때 결합 사회적 자본이라 말한다. 반면에 연결은 팀 간의 연대와 유대감을 이야기할 때 나오는 단어다. 따라서 팀을 중심으로 내부는 결합이고 외부는 연결이 사회적 자본을 움직이는 작동원리로 본 것이다. 로버트 퍼트넘은 조직 전체에서 충분한 사회적 자본을 만들려면 팀 내부의 결합과 팀 간의 연결이 매우 중요하다고 주장한다. 사회적 자본 관점에서 살펴보면 팀 내에서 형성될 수 있도록 팀 구조와 크기가 만들어져야 한다는 의미다.

그렇다면 가상화된 환경에서 팀원들 간의 유대는 어떻게 될 것인가? 온라인 환경에서 일하는 사람들 간에 유대감은 형성될 수 있는 것일까? 그들이 팀의 사회적 자본을 만들 수 있는가? 조지아대의 조파우Joe Phua는 페이스북, 트위터, 인스타그램, 그리고 스냅챗과 같은 것들이 사회적 자본을 높이고, 오히려 온라인에서만 보는 경우에 상대방에 대한 유대감을 더 강화시킨다고 한다.[12] 가상화된 환경은 현재 팀과 미래의 팀을 더 강하게 만들 수 있다.

팀워크의 구성요소는 의사소통, 협업, 조율, 응집성이다

센트럴플로리다대의 엘도라도 살라스Eduardo Salas 연구팀은 "팀워크는 여러 개인의 성과를 효과적으로 조율하는 데 필요한 성과의 상호의존적인 요소들이다."라고 정의했다.[13] 나사NASA에서 진행하는 연구에서는 "팀워크는 공동의 목표를 성취하기 위해서 인지적Cognitive, 언어적Verbal, 그리고 행동Behavioral 프로세스들을 통해서 업무를 만들어 투입물을 산출물로 전환시킬 수 있는 상호의존적인 행동이다."라고 정의하고 있다.[14] 또한 영국 애버딘대의 연구팀은 "팀워크는 각자 정해진 역할과 기능을 수행하는 두 명 이상의 개인들이 공통적인 목표와 미션을 가지고 역동적, 상호의존적, 적응적으로 상호작용하는 과정이다.”라고 정의하고 있다.[15]

이처럼 팀워크를 몇 가지로 정리하려는 노력에도 불구하고 다양한 접근들이 있다 보니 전체를 종합적으로 묶어서 정리하려는 노력이 진행됐다. 기존 연구결과들을 묶어서 그 영향 관계를 살펴보는 것을 보통 메타 연구라고 부른다. 엘도라도 살라스의 연구팀은 지난 20년간 팀워크 관련 연구들을 조사해 ‘빅 파이브The Big Five’를 제시했다. 빅 파이브는 팀워크의 질을 결정하는 주요 요소들을 문헌조사를 통해 추출한 것으로 구성요소들 중 가장 많이 인용된 것이다. 즉 팀 리더십Team Leadership, 팀 지향성Team Orientation, 상호성과 모니터링Mutual performance Monitoring, 지원활동Backup Behavior, 적응성 Adaptability이 그것이다.[16]

엘도라도 살라스는 이후 추가연구를 통해서 9C라는 것을 제시하고 있다. 그중에 핵심 프로세스에서 도출된 것으로는 6C로 구분했다. 협력cooperation, 갈등conflict, 조율coordination, 소통communication, 코칭coaching, 인식cognition이다. 나머지 3C 구성composition, 문화culture, 맥락context은 상황을 나타내는 요소들로 제시하고 있다.[17] 엘도라도 살라스가 정리한 것은 팀을 둘러싼 요소들을 전부 나열한 것이기 때문에 영향 범위가 너무 넓은 것으로 보인다.

팀워크는 조직 행동의 방식이기 때문에 직접 수준을 측정하기 쉽지 않다. 따라서 측정이 가능한 품질이라는 개념을 도입하기 시작했다. 마틴 호겔Martin Hogel은 팀워크의 구성요소를 의사소통, 업무조정, 팀원의 기여도 균형, 상호협력, 응집성, 노력 등의 총 여섯 가지로 구성해 팀워크 품질Teamwork Quality로 측정한 바 있다.[18] 마틴 호겔의 접근 방식은 팀원들의 상호작용에 집중해서 정리했다는 점에서 의미가 있다. 팀워크의 다차원적 구조 개념을 정리하기 위해서 학자들의 팀워크 구성요소를 재구성했다. 팀워크 구성요소를 살펴보려면 팀을 구성하는 개인들이 어떻게 상호작용하는지를 세밀하게 살펴봐야 알 수 있다. 재정리된 팀워크의 구성요소를 크게 세 가지 영역을 기준으로 구분했다.

첫 번째로 고려해야 하는 영역은 팀원들의 행동에 관한 것이다. 어떻게 팀워크를 만들어가는가 하는 방법에 관한 것이다. 상호 간 소통하는 것이 커뮤니케이션이다. 커뮤니케이션은 언어적 형태와 비언어적 형태로 구성된다. 커뮤니케이션을 통해 실제로 상호작용이 이루어지는 행동이 협업이다.

두 번째 영역은 리더십이다. 팀에서 발생하는 다양한 역할과 갈등을 조정하고 협업이 촉진되도록 하는 활동을 조율이라고 부른다. 일반적으로 리더가 하는 활동이다. 그렇다고 꼭 리더가 한 명일 필요는 없다. 때에 따라서는 팀원 모두가 각각의 영역에서 리더로 활동해 다른 팀원들을 이끌기도 한다.

세 번째 고려 영역은 인식 부문이다. 팀이 명확한 정체성을 가지고 움직이는 경우와 그렇지 않은 경우는 성과에 차이가 난다.[19] 특히 팀 정체성에 따라 갈등관계가 팀을 붕괴시키기도 하고 팀을 더 강하게 만들기도 한다. 따라서 명확한 비전과 목표는 팀을 강하게 만드는 응집성을 만들어낸다. 이를 종합해 도출해낸 팀워크의 구성요소는 의사소통, 협업, 조율, 응집성이다.

팀워크 작동환경은 4가지로 구분된다

조직은 경쟁 환경에 노출돼 있다. 영리 조직이든 비영리 조직이든 생산 효율성을 추구해야 한다. 따라서 다양한 문제에 직면하고 해결책을 찾기 위해서 팀을 구성한다. 팀의 크기와 내용과 관계없이 팀이 만들어진 목적을 달성할 때까지는 열심히 뛰어야 한다. 이렇게 목적에 부합하고 목표를 달성하는 팀에는 항상 좋은 팀워크가 존재한다. 그렇다면 모든 팀이 똑같은 방식의 팀워크 유형으로 작동할 것인가에 대한 의문이 생길 수밖에 없다. 자원을 투입하고 인원이 충원되면 팀워크가 잘된다고 보장하기는 어렵다. 그런데 현실은 팀에 투입되는 자원이 절대적으로 부족하다.

팀워크 유형을 살펴보기 위해서는 팀원들이 주관적으로 인식하는 것을 살펴보는 것이 가장 효과적이다. 팀 형태마다 제약 요인이 다를 수밖에 없고 작동하는 유형도 다를 수밖에 없기 때문이다. 특히 기술을 많이 활용하는 가상환경에서 개인들이 인식하는 주관적 관점이 더 크게 작용될 수밖에 없다. 팀원들 관점에서 도출된 팀워크 작동 환경은 네 가지로 구분된다.[20] 첫 번째는 커뮤니케이션 중심형이고 두 번째는 목적 지향형이고 세 번째는 공감 지향형이고 네 번째는 지식 공유형이다.

첫 번째 유형인 커뮤니케이션 중심형은 팀원 간 의사소통이 팀워크를 만드는 핵심 요소로 본다. 이 집단의 특성은 의사소통을 통해 정보나 목표가 원활하게 공유되는 것을 중시한다는 것이다. 특히 개인에게 정보가 원활하게 전달되고 공유돼야 팀워크가 원활하게 작동된다고 믿는 유형이다. 흥미로운 부문은 개인이 중심이 되다 보니 업무 수행 규정, 정책, 일정과 팀에 대한 기여나 책임감에 대한 고려는 중요

팀워크 인식 유형을 4개로 분리

팀워크 인식 유형	강한 긍정	약한 긍정
커뮤니케이션 중심형	명확한 의사소통 공개적 의사소통 명확한 목표 이해 상호 보안적 정보	구성원 전체 미팅 팀에 대한 소속감 팀에 대한 책임감 규정과 절차 준수
목적 지향형	명확한 목표 이해 상호 간 피드백 팀에 대한 기여 상호 보완적 정보 목적의 공유	개인 간 의사소통 팀에 대한 책임감 구성원 간의 인간적 관계 규정과 절차 준수
공감 지향형	경청 명확한 의사소통 상호 피드백 긴밀한 협력과 조율	수행정책 수행 타 분야 전문성 활용
지식 공유형	정확한 정보 명확한 의사소통 적시에 정보 공유 유용한 정보 공유	개인 간 의사소통 업무 조율 팀에 대한 특별함

하게 생각하지 않는다는 것이다. 커뮤니케이션 중심이 '개인'으로 구성된 이런 특성은 컨설팅, 서비스 영역, 마케팅과 같은 직무에 속하는 영역에서 주로 나타난다. 팀으로 일하지만 개인의 성과가 중요할 때 커뮤니케이션을 가장 중요한 요소로 보는 것이다. 이 유형의 팀은 자유롭고 투명한 분위기에서 의사소통이 일어날 수 있도록 환경을 조성해야 한다. 형식과 절차로 의사소통을 강요하거나 제한하는 것은 팀 또는 팀 구성원에게 도움이 되지 않는다.

두 번째는 목적 지향형이다. 목표에 대한 명확한 이해, 프로젝트에 대한 기여, 팀의 목적을 공유하는 것이 팀워크를 유지하고 강화하는 것이라고 보는 유형이다. 팀의 규정, 절차, 업무 수행에서 유연한 사고를 요구한다. 반면 첫 번째 유형과 다르게 구성원 간의 의사소통을 중요하게 생각하지 않는다. 목표가 명확하다면 팀원들이 적절하게 잘하면 팀의 성과를 충분히 확보할 수 있다고 생각한다.

이 유형의 팀원들은 주로 내부통제, 재무, 전략, 영업과 같은 직무에 종사하고 있다. 목표를 계량화하기 쉬운 영역이다. 목표 지향적인 팀워크 인식을 가진 것으로 볼 수 있다. 따라서 팀이 작동할 때 팀원들에게 효과적으로 역할을 부여하고 적절하게 평가해주는 것만으로도 팀워크를 잘 만들어낼 수 있다. 가상환경의 경우 목적 지향형이 강조되는 경우가 많다. 정확하게 목표를 공유하고 해야 할 일을 상호 간에 잘 조정해서 할당해야 한다.

세 번째는 공감 지향형이다. 첫 번째 유형인 커뮤니케이션 중심의 목표나 정보 공유와 달리 공감 지향형은 팀원들 간 상호작용의 방향이 서로를 향하고 있다. 팀원들이 상호 간 성격과 장단점 등을 파악하고 피드백과 협력을 중요하게 여기며 서로가 구성원으로서 참여하고 관리되는 것을 추구하는 유형이다. 팀을 중시하는 관점이다. 이 유형은 주로 시스템을 운영하거나 업무를 꾸준히 진행하는 직무에 종사하는 사람들로 구성돼 있다. 자신이 팀원으로서 명확하고 정량적인 목표를 부여받았다는 것보다는 상호 간 공감과 지원을 바탕으로 협업이 이루어질 때 강한 팀워크를 느끼게 된다. 이 유형의 팀원들은 감성적 교류나 공감을 중요하게 생각하기 때문에 관계 갈등관리가 중요한 과제가 될 것이다.

마지막 유형은 지식 공유형이다. 정보의 적시성과 유용성을 중요하게 생각하며 정보 공유를 팀워크의 최우선 순위에 둔다. 팀 소속감, 정체성, 그리고 개인별 의사소통을 중요하지 않게 생각하는 유형이다. 이 유형은 실질적으로 팀워크를 효과적으로 하는 데 방점을 둔다. 의사소통을 중요시하지만 정보의 적시성과 유용성과 같은 품질을 강조한다. 또한 팀원들과의 관계나 공감을 추구하지도 않는다. 이 유형에 해당하는 직무들에 주로 엔지니어들이 많다. 정보를 다루는 것이 성과를 좌우하고 논리적 접근이 가장 중요하기 때문이다. 이런 유형의 팀들은 기술을 활용한 정보 공유를 가장 효과적으로 활용하는 경향이 있다.

팀이 중요하게 인식하는 것이 성과를 만든다

연말이 되면 기업마다 성과를 축하하고 그중 일부는 승진과 더 많은 성과급을 주는 축하행사를 진행한다. 특히 훌륭하게 마무리된 프로젝트나 업무는 많은 금전전 혜택을 강조하며 많은 사람에게 널리 알리려고 노력한다. 2018년에 가장 큰 성과를 낸 기업은 삼성반도체와 SK하이닉스이다. 반도체 호황으로 반도체 관련 팀들과 개인들은 엄청난 금전적 인센티브가 제공됐다. 기업의 전체 영업이익 대부분 여기서 나왔다. 당연히 연말연시에 상을 받는 부서는 대부분 반도체 개발, 영업, 제조와 관련된 팀들이 싹쓸이 할 수밖에 없었다. 직장인에게는 익숙한 환경이다. 이렇게 고성과 팀들의 팀원들은 자연스럽게 중국이나 유럽의 반도체 관련 회사들의 적극적인 인재 영입대상이 된다. 그들의 경력은 삼성과 SK에서 반도체 업무를 해봤다는 점만으로 최상의 경력이다. 성공 조직에서 일했다는 것은 조직 관점에서는 목표 달성, 개인 관점에서는 경력 개발, 그리고 팀원들 간에는 사회적 유대 관계가 잘 구축돼 있다는 것을 나타낸다.

하지만 현실에서는 팀 성공을 측정한다는 건 쉽지 않다. 팀이라는 단어를 바라보는 두 가지 관점이 있다. 관계를 나타내는 '조화'의 관점과 성과를 이야기하는 '목표'의 관점이다. 조화는 일반적으로 팀원의 관점이다. 팀 안에서 서로가 열심히 일하면 성과를 만들 것이고 성과를 내기 위해서는 조화롭게 일해야 한다. 반면에 팀을 만든 목적을 생각하면 목표를 성취하는 것이 중요하다. 그렇기 때문에 팀에게 목표와 조화는 항상 같이 가져가야 할 과제이다. 그래서 목표를 달성했다고 해서 팀이 성공했다고 이야기하기란 어렵다.

그렇다고 팀원들 간에는 조화롭게 일했는데 목표가 달성되지 않았다면 성공했다고 이야기할 수 없다. 결국 팀에 속한 사람들이 인식하는 성공은 주관적일 수 있다. 그러다 보니 팀에 대한 성공을 누구의 눈높이에 따라 맞춰야 할지를 결정하기가 쉽지 않다. 가장 명확한 성과는 팀이 설정했던 목표 혹은 성과지표를 달성하는 것이다. 일반적으로 목표는 핵심성과지표KPI, Key Performance Indicator로 정리하고 다양한 도구와 방법을 통해서 과업을 달성했는지를 평가하게 된다. 정의는 매우 단순하지만, 실제로 달성하는 것을 수치화로만 확정하기란 쉽지 않다. 복잡한 과업의 경우는 팀 전체가 팀워크로 처리해야만 가능하다. 이 경우 팀원들이 얼마나 팀워크를 발휘했는지를 평가할 지표로 성과만을 측정하는 것은 어려울 수 있다.

최고 인력들이 모여서 성과를 만들어내는 아마존과 팀원들의 관계를 중심으로 팀 커뮤니티의 극대화된 역량을 보여주는 홀푸드의 결합을 보면 성과 또는 관계에 우선순위를 두는 것은 자연스러운 것 같기도 하다. 하지만 현실에서는 성과나 관계를 최우선으로 두게 되면 '이것 아니면 저것'과 같은 극단적인 관점으로 팀을 운영하게 된다. 파레토 법칙(80:20 법칙)에 따르면 팀 성과를 달성하기 위해 팀 전반에 걸쳐 연계된 부분들은 모두 동등하게 중요하지 않다. 중요한 핵심이 되는 20%가 전체를 대변할 수 있다. 그러나 항상 그 20%가 무엇인지를 식별해서 결정하기가 어렵다.

『더 골』이라는 책에서는 제한된 조건에서 목표를 달성하기 위해서는 가장 극단적으로 방해되는 제약요인Critical Point에 모든 역량을 집중하는 것이 효과적이라고 보여주고 있다. 보통 제약 이론TOC, Theory of Constraints라고 부른다. 팀워크를 인식하는 네 가지 작동 환경에 대해서 이해하고 있다면 핵심 20% 목표설정은 그것에 집중해야 한다. 예를 들면 커뮤니케이션 중심형의 경우는 정량적 성과와 더불어 의사소통의 용이성을 팀 성공의 핵심요소로 제시해야 한다. 반면에 지식공유형은 팀이 추구하는 수치화된 성과 목표와 더불어 지식공유 활동을 성공의 고려사항으로 반영해야 팀워크가 긍정적으로 반응하게 된다. 팀 성과를 창출하는 사람들은 팀 구성원들이다. 결국 그들이 중요하게 인식하는 것들에 더 집중하는 것이 성과를 더 빠르게 창출하는 첩경이다.

실수는 용인되지만 반드시 실수에서 배워야 한다

종종 "성과가 전부이다."라고 하는 팀 리더를 보게 된다. '모든 것은 숫자만으로 평가될 수 있다.'라고 생각한다. 하지만 숫자라는 건 시간이 걸리게 마련이다. 어떤 제품은 1년 만에 이익이 날 수도 있지만 다른 제품을 죽이고 전체 이익을 마이너스로 만들 수도 있다. 또 어떤 제품은 몇 년간 이익이 나지 않지만 3~4년 이후에 큰 이익이 날 수도 있다. 이 경우 숫자로 평가가 가능한 것일까? 매우 어려운 부분이다. 그렇다고 관계에 집중하기에는 집단적인 모럴 해저드 문제가 발생할 수도 있고 또 때때로 능력이 부족한 팀원들을 정리하기가 매우 어려울 수 있다.

팀 리더가 관계를 중요하게 생각하지 않으면 팀원들은 관계를 피상적이고 관리적인 것으로 여긴다. 팀의 사회적 자본이 생기기 위한 기본조건인 신뢰가 충분히 발휘되지 않는다. 픽사는 이런 상황을 다르게 봤다. 픽사는 능력이 조금 부족한 경우에도 성급하게 조정하지 않는다. 만약 특정한 업무에 잘 맞지 않는 팀원이 있다면 조금 더 기다려준다. 그렇게 함으로써 팀원들의 일에 대한 불안을 최소화하고 스스로 그 일을 감당할 수 있는지를 알도록 시간을 준다. 이것을 통해서 팀 전체가 심리적 안정감Psychological Safety을 가지게 된다.

심리적 안정감이 필요한 환경은 대인관계를 맺을 때의 환경, 구체적으로 '위험을 감수할 수 있는 환경'을 의미한다. 실패나 잘못된 경우에도 또 다른 기회가 있다는 것을 알게 되는 환경이다. 구글은 지난 몇 년 동안 '일하기 좋은 직장'으로 꼽혀왔다. 왜 구글은 좋은 회사가 됐을까? 그들은 팀워크를 분석해서 그 주요 요소를 찾아봤다. '아리스토텔레스'라 불리는 프로젝트의 결론은 매우 단순했다. 팀원이 누구인지보다는 팀원들 간의 관계, 균형, 그리고 서로에게 기여하는 방법에 대한 것이었다. 그중 첫 번째가 바로 '심리적 안정감'이었다.[21]

팀원들이 회의실에 모여서 한 번도 겪어보지 못한 어떤 문제를 해결하기 위해 노력하는 상황을 상상해보자. 늘 해결하던 방식이나 기존의 전문 지식만으로는 해결방안이 도저히 떠오르지 않는 침묵의 순간이 온다. 여러 명이 모여서 문제해결이 안 되면 조금 다른 이야기도 하고 잡담도 하고 때에 따라서는 전혀 엉뚱한 이야기를 하기도 한다. 그래도 괜찮은 팀인가? 조금 엉뚱한 이야기를 하는데 누군가 편잔을 주는 팀은 심리적으로 불안한 팀이다. 누군가 답을 해주는 사람을 기다리기만 한다면 창의력은 발휘할 틈도 없는 것이다.

결국 중요한 것은 실수하는 것이 용인되는 팀이어야 한다는 것이다. 레이 달리오Ray Dalio는 저서 『원칙』에서 "실수를 하는 것 자체는 괜찮다. 그러나 실수를 덮거나, 분석하지 않거나, 실수로부터 배우지 않는 것은 용납하지 않는 문화를 만들어야 한다."라고 이야기하고 있다.

감성적 '조화'보다는 이성적 '갈등'이 낫다

팀을 조화 혹은 하모니 같은 단어로 생각하는 것은 인간의 본능과 관련된 것이다. 팀을 감정적 실체로만 대할 수 있기 때문이다. 조화롭게 일한다고 하면 누구나 오케스트라를 지휘하는 마에스트로를 생각하게 된다. 평화롭게 곡이 연주되도록 하는 것이다. 조화를 깨는 건 갈등이다. 갈등을 일으키는 사람은 문제적 인물이라고 판단하고 조직에서 밀어내려고 한다. 조화롭게 일하고 싶어하는 심리의 기저에는 인간은 조화롭지 못한 존재라는 인식이 있을 수 있다.

팀 내에서 서로에게 친절하고 잘 대해야 한다고 생각하는 것은 인간의 두뇌를 살펴보면 자연스러운 활동이다. 인간은 자신의 이해만 추구하는 게 아니라 '친절한' 행동을 추구하는 것이 더 이익이라고 생각하기 때문이다. 뇌는 이타적인 행동을 하면 긍정적 호르몬이 나온다. 반대로 불공정한 행동을 인식하면 뇌에서 공포와 같은 감정을 담당하는 부위가 활성화된다. 결국 친절한 행동을 해야 기분이 좋다.

그렇기 때문에 공감을 잘해야 생존에 유리하다. 상대방에게 잘 반응하고 서로의 요구사항을 잘 충족하며 갈등을 만들지 않고 잘 유지해가는 것은 매우 중요한 능력이다.

사실상 누군가와 조화롭게 지내야 한다는 감정은 팀에는 위험하다. 협업하면서 자연스럽게 생기는 의견 차이와 새로운 아이디어를 다양한 방식으로 논의하다 생기는 갈등은 조화롭지 않은 현상이다. 이런 갈등을 피해야겠다는 생각은 팀에서 '나'를 감추는 행동을 하게 한다. 다른 팀원과 다른 생각을 하고 있다고 해도 굳이 이야기하지 않고 서로에게 진심을 이야기하지 않는다. 누구에게도 상처 주지 않고 상처받고 싶어하지 않는다. 타인에게 친절하게 대한다. 나도 그들에게 그렇게 하면 기분이 좋다. 잘 지내야만 손해보지 않는다고 생각한다. 팀에서 조화만을 추구하면 기회주의자로 변하게 된다. 우리가 생각하는 이성적 판단을 거스르고 팀 전체 관점이 아닌 나 혼자라는 생각으로 팀을 바라보게 된다. 하지만 이성적 접근이야말로 팀을 생각하는 것이다. 따라서 건전한 갈등이 존재해야 한다.

최근 조직문화는 더 빨리 바뀌고 있다. 밀레니얼 세대가 자신들의 이야기를 있는 그대로 표현하지 못하는 건 조직 자체의 잘못이 된다. 그들에게는 자신의 생각을 표현하고 그대로 받아들일 수 있는 통로가 많아졌기 때문에 조화롭게 지내야 한다는 전제가 작동하지 않는다. 그들은 내가 하고 싶은 말은 유튜브나 소셜 미디어에라도 표현하는 것이 특징이다. 그들에게 친절을 강요하거나 친절하기만 한 문화는 소위 '꼰대' 문화가 됐다. 정정당당하게 대하고 자기 의견을 충분히 제시하고 논의할 수 있는 팀 문화가 필요한 이유다.

팀과 팀원이 함께 이기는 것이 진정한 승리이다

성공적인 팀은 성과 못지않게 사회적 자본을 축적한다. 즉 팀원들 간 관계가 매우 좋다. 처음 맡은 과업이라고 해도 함께할 수 있는 사람들이 있기에 주눅 들지 않고 과업을 하게 된다. 집단 전체의 신뢰 지수가 높아서 믿음을 가지고 서로에게 일을 나누어 그 결과를 믿게 된다. 팀원들 간 좋은 관계를 맺게 되면 일을 계속하고 싶은 강한 욕구를 갖게 된다. 컨설팅이나 IT 개발과 같이 전문성을 바탕으로 프로젝트를 진행하는 팀은 특히 민감하다. 회사를 옮길 때도 컨설팅 팀 전체가 움직이거나 특정 프로젝트를 수행할 때 과거의 팀원들하고만 하려는 것이 대표적인 현상이다.

팀의 성공은 결국 팀원들에게 다양한 혜택이 존재한다는 것이다. 팀원들이 참여하고 싶은 팀, 팀원들이 발전할 수 있는 팀이어야 한다. 팀워크는 개인들 간의 사회적 관계를 향상시켜 주는 데 도움을 주어야 한다. 함께 일하는 사람들이 전문성을 가지고 있어 배울 것이 존재한다면 서로 팀원으로 참여하려고 할 것이다. 그에 못지않게 훌륭한 평판을 가진 사람이 포함된 팀에도 참여하고 싶어한다. 개인들에게는 무엇보다 사회적 성장 욕구와 자기계발 욕구가 존재한다. 팀원들이 팀 내에서 그것을 충족할 수 있다면 팀은 선순환하게 된다.

일반적인 경우 팀 성공은 목표완수, 팀원들의 혜택(경력개발), 사회적 자본 확보라는 세 가지 정의에 기반한다.[22] 인공지능 시대에도 팀의 성공을 측정하는 방식은 비슷할 것이다. 다만 그 측정 방법이 변화하게 된다. 팀원들은 인공지능 활용으로 만들어낸 성과의 수혜를 받게 된다. 컴퓨터를 이용함으로써 업무 속도가 개선된 것을 업무 생산성으로 계산하는 것과 같다. 팀 목표는 더욱 구체화되고 데이터 중심으로 설정될 것이다. 최근에 확산되고 있는 스마트 팩토리로 만들어진 공장은 일반적으로 100% 자동화된 공장이다. 문제나 이슈가 생기면 자체적으로 분석하고 판단해서 대응 방안을 만들어낸다. 사람이 하는 일은 공장 전체를 관리하거나 특정 프로세스나 설비 등의 개선 정도다. 이 경우, 공장을 운영하는 팀 목표는 자동화를 통해서 생산 가능한 제품의 생산성에 기반한다. 따라서 팀 목표는 데이터 중심으로 매우 상세하고 구체화돼 팀원들은 자동화된 현장을 관리하는 것으로 성격이 규정된다. 성공적인 팀에 필요한 사람의 수는 점차 줄어든다.

조직 관점에서 팀의 성공이 곧 개인의 성공으로 귀결될 수 있다. 하지만 정보기술은 팀을 쉽게 조직하고 쉽게 해체할 수 있도록 조직에 유연성을 부여했다. 개인이 팀보다 중요한 시대에 팀은 개인의 발전을 위한 도구로 활용된다. 팀은 실패해도 개인은 성공할 수 있다. 팀은 실패했다고 해도 팀원들은 소중한 경험을 가지고 다시 시작할 수 있다. 결코 실패한 것이 아니다. 스타트업은 아이디어 하나만으로도 쉽게 시작할 수 있다. 스타트업의 생존 확률은 5% 혹은 1% 정도로 매우 낮다. 팀 전체가 성공하면 좋지만 팀이 실패했다고 개인이 실패하지는 않는다.

미국과 중국의 스타트업 실패 횟수는 평균 2.8회 정도 된다.[23] 개인은 또 시작하면 된다. 개인의 성공만을 강조하면 팀 전체 성공에 오히려 역효과를 줄 수 있다. 하지만 개인의 성공을 장려할 수 있는 제도와 장치를 마련하지 않는다면 훌륭한 인재를 팀원으로 맞아 함께 일하기는 더욱 어려워진다. 스타트업에서 팀과 개인의 관계를 확인해보면 알 수 있는 일이다. 팀 활동에서 개인의 영향력은 더욱 커지게 된다.

페이스북의 마크 주커버그Mark Zuckerberg는 전 세계의 실력 있는 해커들을 페이스북의 가장 큰 우군으로 만들기 위해서 함께 성장할 비전을 제시하고 있다.[24] "강한 회사를 만드는 방법의 하나로, 우리는 페이스북을 훌륭한 인재들이 세상에 영향을 끼치고 서로 배울 수 있는 공간으로 만들기 위해 최선을 다하고 있습니다. 우리는 우리만의 고유한 문화와 경영방식을 계발해왔습니다. 우리는 이를 해커웨이Hacker Way라고 부릅니다."

마크 주커버그는 그들의 방식으로 팀을 만들고 같이 작업하고 함께 성장하는 방법을 제시하고 있다. 지금은 팀에 참여하는 사람을 전혀 모른 상태에서 팀을 운영해야 하는 시대다. 최고의 전문가를 일일이 확인하면서 일하기란 매우 어렵다. 최고의 인재는 도전할 만한 목표, 성장, 그리고 훌륭한 인적 네트워크를 얻기 위해서 모이는 것이다. 우리는 최고의 전문가들과 함께 블라인드가 쳐진 가상공간에서 함께 일해야 하는 팀을 운영하고 있다. 팀도 성공하고 개인도 성공하는 팀워크를 만들 수 있어야 결국 모두가 성공할 수 있다.

5장

팀워크는
커뮤니케이션으로
승부한다

팀 구성원들은 끊임없이 정보와 데이터를 만들어낸다. 그것이 유용한 것인지와 관계없다. 데이터는 의사결정을 위해서 활용되지만 진짜와 가짜가 뒤섞여서 정보가 왜곡되기도 한다. 그래서 이성적인 논리와 감성적인 스토리를 통해 서로가 커뮤니케이션할 때 이성적 접근이 먼저 이루어져야 한다. 나와 다른 문화적 배경을 가진 사람들과 커뮤니케이션할 때 나의 호의적 감정이 다른 사람에게는 불쾌함으로 느껴질 수 있기 때문이다.

팀 커뮤니케이션에는 분산형과 집중형이 있다

팀은 다양한 사람들이 모여 이루어지다 보니 각자의 전문 분야도 제각각인 경우가 많다. 어떤 분야든 자신들만의 전문용어와 언어적 뉘앙스가 있게 마련이다. 그래서 전문가들이 모인 곳일수록 커뮤니케이션이 매우 힘들다. 그렇다 보니 서로가 같은 언어(용어)로 의사소통이 가능하다는 건 팀 커뮤니케이션이 원활하다는 의미가 된다.

메시지는 콘텐츠다. 커뮤니케이션에서 메시지는 글일 수도 있고 말일 수도 있다. 그런데 말을 할 때 하는 표정, 느낌, 감정 등도 메시지다. 또한 글에서 느껴지는 감정과 뉘앙스도 메시지가 된다. 동일한 말 한마디도 어떤 표정과 감정으로 전달했는지에 따라서 의미가 완전히 달라지기 때문이다.

팀 커뮤니케이션이 이루어지는 유형은 일정한 형태를 보이는데 크게 두 가지 네트워크 형태를 가진다. 첫 번째는 분산형 패턴이다. 분산형에서 가장 일반적으로 보이는 것이 열린 모형이다. 보통 별 Star 형태로 구성된 네트워크 형태다. 구성원 상호 간에 자유롭게 의사소통이 가능한 유형으로 누구에게나 정보 접근이 열려 있다. 팀 내에서 일반적으로 자율성을 가지고 있고 상호 협력적으로 일하는 구조에서 많이 발견된다. 커뮤니케이션이 원활하게 이루어지기 때문에 대다수 구성원이 선호한다. 종종 팀원의 역할이 모호하게 정의되는 경우가 있거나 서로의 책임과 권한 설정이 명확하지 않으면 다른 사람의 일에 관여하지 않는 단점들이 나타나기도 한다.

두 번째는 집중형 패턴이다. 사슬모형이나 Y자모형 등의 형태로 나타난다. 정보를 한 사람이 집중해서 갖고 의사결정도 일부 인원에 집중해서 이루어지는 유형이다. 일반적으로 군대와 같은 상명하복이 명확한 조직에서 많이 나타나는 형태다. 상관의 명령에 절대복종하는 것처럼 행동에 제한이 발생할 때도 있다. 이런 유형의 팀은 개인들이 종종 무력감을 느끼거나 정보 접근이 원활하게 되지 않아 불만이 생기기도 한다.

가상환경에서도 두 가지 유형은 동일하게 발생한다. 하지만 가상이라는 특성으로 분산형 네트워크가 일반적이다. 빠른 시간 내에 네트워크를 통해서 정보가 확산된다. 그 속도가 매우 빠르기 때문에 종종 잘못된 정보나 왜곡된 정보가 확산되기도 한다. 때때로 가상환경이 오히려 강력한 집중화 경향을 가지기도 한다. 중앙에서 규칙과 기준을 통제하는 경우에는 의사결정과 정보를 독점할 때도 있다.

커뮤니케이션 네트워크는 업무 수행 목적과 역할에 따라서 수시로 바뀌기도 한다. 또한 방식에 따라서는 공식과 비공식인 형태로 운영된다. 최근에는 비공식 커뮤니케이션 네트워크를 더욱 주목하고 있다. 성공적인 팀일수록 비공식 네트워크가 잘 발달돼 있다.[1] 글로벌 기업인 3M은 엔지니어, 마케터, 고위 관리직, 재무관리 담당자가 일상적인 잡담을 나누듯 자주 모여서 제품에 관한 이야기를 나눈다.

구글과 애플은 비공식 네트워크가 활성화되도록 사무실 동선을 전부 재조정했다. 점심시간에 다른 부서 사람들과 만나서 잡담을 하도록 하기 위해서다. 그에 비해 한국의 몇몇 기업에서는 사람들이 일과 중에 잡담한다고 통제하는 문화가 아직도 있는 걸 보면 비공식 네트워크 효과를 거의 활용하지 못하거나 이해가 부족한 것 같다. 공식 채널은 정해진 틀 안에서 진행되기 때문에 이성적이고 기계적인 형태로 운영되는 것이 일반적이다. 따라서 문서와 정제된 언어를 활용해서 메시지가 전달되는 반면에 비공식 채널의 경우 감성적 형태로 운영되며 주로 면대면 형태로 정보가 전달된다.

집중형 네트워크가 강한 군대의 경우 다양한 형태로 비공식 채널을 운영하는 것은 경직된 공식 채널로 인해서 전달되지 않는 개인들의 불만 혹은 내부의 문제점을 해결하고자 하기 위함이다. 따라서 비공식 채널이 활성화돼 있다면 집중형 네트워크로 운영되는 팀의 경우에도 충분히 분산 네트워크의 장점을 획득할 수 있다.

'에코 챔버' 현상을 막아라

에코 챔버Echo Chamber란 인공적으로 소리의 잔향감을 만드는 공간을 뜻한다. 작은 방에 들어가서 노래를 부르거나 소리를 지르면 메아리가 잔향처럼 남는 현상을 말한다. 대부분 음향기술에 관련된 용어지만 디지털 매체 시대에는 내 목소리를 다시 듣는 현상을 강조해서 '제한된 환경 안에서 특정 정보나 신념들이 교환될수록 증폭돼 다르거나 반대되는 것들은 제거되는 상황'을 표현하고 있다. 이 현상은 소셜 미디어가 일반화되면서 오히려 더 강화되고 있다. 맞춤형 서비스 혹은 추천이라는 말로 내가 찾아본 콘텐츠를 분석해서 보고 싶고 듣고 싶은 것만 더 강조해주는 상황이다.

그런데 사정이 그렇다면 팀 커뮤니케이션은 매우 큰 위험에 처하게 된다. 나와 반대되는 의견을 가진 팀원들의 의견이 묵살되는 것과 마찬가지로 오히려 의견 자체가 없는 팀이 될 수도 있다. 집단적 편향이 발생하는 것이다. 팀원들이 비슷한 생각을 하는 사람들로 채워지게 되면 실제 사실이나 정보 흐름과는 전혀 다른 것을 사실로 인지할 수 있다. 확실치 않거나 문제가 있거나 심지어 터무니없는 거짓도 그 집단 안에서는 사실로 흡수된다. 그 때문에 누구도 진실을 인식하지 못하는 결과를 맞게 된다. 작은 팀일수록 다양성의 정도는 작아지게 되고 집단편향은 한두 명의 입김에 좌지우지될 수도 있다.

노스캐롤라이나대의 이은 박사는 우정역설friendship paradox과 의사형성opinion formation에 관한 연구에서 편향적 의사결정이 만들어지는 현상이 인간관계human network의 연결구조 변화에 따라서 생기는 현상이라고 설명하고 있다.[2] 예를 들면 비슷한 생각을 하는 사람이 많은 경우와 그렇지 않은 경우 상대 의견에 대해 개인들이 인식하는 방식은 '편향'이 발생하는 방식으로 간다는 의미다. 팀에 소속될수록 팀이 가진 방향성에 자연스럽게 동조하는 현상이 발생하게 된다. 같은 목표와 같은 용어를 사용할수록 더 빠르게 동질화가 발생하는 것이다. 비슷한 정도가 넘어서 조직 편향은 약물에 중독된 사람들처럼 자신들이 필요로 하는 것 이외에는 전부 무의미한 것으로 만들어버리는 중독 조직을 만든다.

앤 윌슨 섀프Anne Wilson Schaef와 다이앤 패설Diane Fassel은 저서 『중독 조직』에서 조직이 인간을 병들게 하는 원인으로 폐쇄적 시스템을 제시하고 있다. 폐쇄된 시스템 안에서는 사고와 인지 방식까지 구성원의 자율성은 사라지게 된다. 더 무서운 현실은 편향된 시각을 가진 사람들이 대부분을 차지하고 중독된 사람들이 정상적인 사람으로 대우받는 상황이 된다는 점이다. 그들이 가진 획일성과 폐쇄성은 큰 울림이 돼 전체를 바꾸어버리게 되는 것이다.[3]

에코 챔버 현상은 팀원들 간의 관계를 이상하게 바꾸게 된다. 서로를 의식하고 서로에게 잘 보이려 하는 착한 사람 콤플렉스를 발동시킨다. 속마음은 그렇지 않은데 겉으로는 고분고분해져야 한다고 생각하게 한다. 이런 상태가 진행되면 팀 전체적으로 커뮤니케이션이 사라지는 현상이 생긴다. 이런 현상이 강화된 조직일수록 외부 사람들에게는 매우 공격적 반응을 하기도 한다. 내부에서는 착한 이미지로 변신하지만 외부에 대해서는 변화나 혁신에 대해 강한 저항을 표출하고 팀 전체의 뜻과 다른 의견을 제시하거나 다른 방법을 제시하는 경우에 반발하게 된다. 결국 팀 관계에 종속돼 강한 의존성을 보여주지만 팀워크가 좋은 상태는 아니다.

구글은 에코 챔버가 발생하는 현상을 막기 위해서 회의문화를 오픈하고 상호 간에 논의하고 다른 생각이 공유될 수 있도록 사내 문화를 변화시켰다. 구글에서 회의는 의사결정을 하는 곳이며 구성원들이 동기부여가 되고 열정을 받을 수 있는 시간이다. 회의가 진행되는 시간에 방향성을 명확하게 하고 정보를 공유한다. 특히 정치를 지양하고 데이터를 통해서 의사결정을 한다. 누군가 의견을 제시할 때 항상 데이터를 기준으로 해서 사람과 사람의 관계가 개입되지 않도록 하는 데 주력한다. 서로 다른 의견을 가진 사람이 데이터에 대한 다양한 의견을 공유하게 된다는 것이 장점이다. 또한 다른 의견을 제시할 때도 데이터로 의견을 제시함으로써 착한 사람이 될 가능성을 줄여준다.

인간은 보고 싶은 것만 보고 믿고 싶은 것만 믿는다

우리에게 익숙한 『별주부전』 이야기를 보면 토끼를 용궁에 데려온 별주부와 용왕은 토끼의 말에 점차 현혹돼 간다. 제3자가 보기에는 어이없는 상황이다. 하지만 별주부와 용왕은 토끼의 현란한 말솜씨에 넘어가 토끼 간이란 게 뗐다가 붙일 수 있는 것으로 믿게 된다. 용왕에게는 토끼 간이 자신의 병을 고칠 특효약이라 매우 절실한 상황이다. 용왕과 신하들 그리고 토끼 모두에게 이 정보는 공통 지식common knowledge이다. 하지만 토끼의 '간 출입' 여부는 오직 토끼만 알고 있는 정보로 숨겨진 특성hidden characteristics이다. 이때 간에 대한 정보를 가진 토끼는 용왕과의 협상에서 더 우월한 위치에 있게 된다. 이런 경우가 정보 비대칭 상황이다.

조직 운영에서 정보 비대칭은 흔한 일인데 여러 가지 문제를 일으킨다. 특히 글로벌 팀이 가상환경에서 근무하는 경우는 심각한 역선택adverse selection과 도덕적 해이와 같은 문제점이 발생한다. 역선택은 상대방에 대한 정보가 명확하지 않은 상태에서 잘못된 선택을 하는 경우를 말한다. 경제적 현상으로 많이 알려진 예는 노벨상 수상 자인 조지 애커로프George Akerlof가 1970년에 발표한 레몬시장The Markets for Lemons에 관한 사례다. 중고차 시장에서 판매자는 좋은 차와 그렇지 않은 차를 구분하지만 구매자는 알 수 없기 때문에 나쁜 차를 평균 가격에 구매하게 된다. 따라서 결국 시장은 항상 형편없는 차만 거래되는 시장이 돼 기능이 마비된다는 것이다.

소규모 팀일수록 구성원들 간의 벽이 형성되기 어렵다. 그러다 보니 정보를 투명하게 공유할 가능성이 높지만 대규모 팀의 경우는 팀 내에 또 다른 그룹들이 만들어질 수 있다. 개별 그룹들은 팀 전체에 영향을 줄 수 있는 정보를 가지게 되고 특정 그룹의 문제점은 다른 그룹에게 문제를 일으킬 수도 있다. 예를 들면 생산 관련 협의를 진행 중인 팀에서 재고나 제조를 담당하는 부문과의 정보교류가 원활하지 못하면 재고 정보를 잘 모르고 의사결정을 하게 되는 경우가 있다. 그러면 생산을 못 하는 경우가 생기거나 과잉 생산을 하게 된다.

또 다른 문제인 도덕적 해이는 정보 비대칭을 이용해 상대방에게 손해를 끼치면서 자신의 이익을 늘리는 행위다. 팀 내에서 정보를 독점함으로써 자신의 성과를 높이는 경우가 발생한다. 대부분 업무 수행 효율성을 무시하고 특정 영역의 일을 줄일 목적으로 정보를 독점하게 된다. 이런 현상이 프리 라이딩Free-riding이다. 자신의 이익을 극대화하기 위해 다른 사람을 이용하는 행위다.

가상환경에서는 정보 비대칭이 자주 발생한다. 원격에서 협업하는 프로젝트 팀의 경우 팀원들이 각자 해야 할 것에만 집중하기 때문에 정보 비대칭을 경험하기 쉽다. 그러나 현실적으로는 아무리 투명하게 정보를 공개한다고 해도 문제가 쉽게 사라지지 않는다. 아이러니하게도 정보가 많은 경우에도 정보를 취사선택함으로써 자발적 정보 비대칭성이 생기기도 한다. 또는 정보를 이해하는 데 필요한 맥락을 정확하게 모르기 때문에 생기기도 한다. 인간은 자신이 보고 싶은 것만 보고 믿고 싶은 것만 믿게 마련이다. 따라서 가상환경에서 팀원들이 효율적으로 커뮤니케이션하도록 지원하는 일이 필요하며 정보의 맥락도 같이 공유해야 한다.

매력과 진정성이 커뮤니케이션을 촉진한다

2000년 7월 29일 경기도 진양시 소재의 한 초등학교. 외톨이였던 어린 박해영에게는 같은 반의 김윤정이라는 친구가 있었다. 그러나 그녀가 갑자기 사라졌다. 어린 박해영은 김윤정이 사라진 날 그녀가 묘령의 여인과 함께 가는 것을 목격했다. 죄책감으로 진짜 범인이 따로 있을 수 있다는 말을 해도 경찰들은 귀를 기울여주지 않았다. 김윤정은 결국 주검이 됐고 사건은 미제 상태로 15년이 흘렀다. 15년 후, 경찰이 된 박해영은 2015년 7월 27일 쓰레기통에 버려져 있던 배터리도 없는 무전기에서 들려오는 다급한 목소리를 듣는다. 과거에 존재하는 '이재한'이라는 경찰과 소통하게 되고 선일정신병원 뒤편 하수구에 김윤정 사건의 용의자 서형준의 시체가 있다는 이야기를 듣는다. 현재의 박해영은 그곳에서 백골 사체를 발견한다. 그는 실제로 서형준이었다. 이 사건을 계기로 차수현 형사와도 만나게 된다. 이렇게 연결된 세 명의 관계는 과거-현재라는 긴 시간의 틀 속에서 미제 사건을 해결하는 하나의 팀으로 움직이게 된다.

타임 슬립 드라마인 〈시그널〉의 시작 부문이다. 드라마 주인공인 박해영(이제훈), 차수현(김혜수), 이재한(조진웅)은 무전기 하나로 과거와 현재가 이어진 팀으로 서로에게 중요한 정보를 주고 서로에게 영감을 주면서 문제를 해결해간다. 가상 시공간에서 커뮤니케이션이 어떻게 이루어져 있는가에 따라서 개인의 운명이 바뀐 것이다.

커뮤니케이션은 객체(사람)가 다른 객체(사람)에게 어떤 정보를 보내는 과정이다. 이 과정에는 보내는 사람Sender, 받는 사람Receiver, 그리고 정보Information의 커뮤니케이션 3요소가 꼭 필요하다. 다급한 목소리의 이재한은 보내는 사람이고 당황하며 내용을 듣는 박해영은 받는 사람이다. 그들은 무전기를 연결 매체로 해서 살인 사건 정보를 공유하게 된다.

듣는 사람은 메시지를 보내는 사람의 말하는 능력과 관점에 따라서 영향을 받는다. 또한 듣는 사람이 받아들이는 자세에 따라서 메시지 해석이 달라지고, 메시지에 대한 신뢰는 변할 수 있다. 메시지를 보내는 사람에게 꼭 필요한 것은 그래서 상대방이 믿어줄 수 있는 진정성이다. 이재한과 박해영은 둘 다 경찰이었다. 그들은 자신이 경찰이라는 사실을 상대가 정확하게 알았기 때문에 과거-현재라는 황당한 상황에서도 상대를 믿을 수 있었다. 또한 상대방의 신뢰를 얻는 데 목소리 톤이나 단어의 선택 등이 중요한데 그런 것들을 매력이라 부를 수 있다. 박해영은 무전기의 내용을 그냥 무시할 수도 있었다. 하지만 이재한의 목소리에 영향을 받고 호기심을 느끼게 된 것이다.

커뮤니케이션에서 진정성이 커질수록 메시지를 신뢰하는 사람은 많아진다. 진정성은 곧 전문성과 신뢰성에 밀접하게 관련이 되기 때문이다. 화자가 전달하고자 하는 내용에 대해서 정확한 정보를 바탕으로 확신을 가지고 전달한다면 청자는 내용을 쉽게 이해하게 된다. 마찬가지로 믿을 만한 행동과 말을 했던 사람이 하는 말은 듣기 전부터 신뢰가 생기게 마련이다. 매력 또한 듣는 사람에게는 큰 영향을 준다. 잘생기고 깔끔한 인상을 가진 안성기 같은 배우가 이야기하는 것과 너저분한 얼굴로 이야기하는 사람을 만났을 때 누가 더 잘 끌릴지는 말할 필요도 없다. 그들의 외모뿐만 아니라 배경, 태도, 라이프스타일이 듣는 사람들과 비슷할수록 더 매력을 느끼게 된다. 매력적인 사람을 더 신뢰하는 이유다.

메시지를 청취하는 청자 또는 수신자들도 커뮤니케이션 과정에서 영향을 주게 된다. 메시지 수신자가 가진 정보 습득 수준 혹은 경험은 메시지를 취사선택하게 만든다. 〈골목식당〉에서 요리 전문가인 백종원이 작은 식당을 운영하는 사장님들에게 도움을 주는 과정을 보여준다. 식당을 오랫동안 운영했던 나름의 고수들일수록 백종원의 말 한 마디 한 마디에 집중한다. 요식업을 했던 백종원의 경험을 충분히 공감했던 것이다. 반면에 음식 만들기를 얼마 하지 않은 사람들에게 백종원은 그저 무서운 사람으로 비추어지는 것 같다. 그들에게는 식당을 운영했던 경험도 지식도 부족하기 때문이다. 백종원의 의도를 알아듣지도 못하고 실천하기에도 벅차기만 하다. 수신자의 준비가 돼 있지 않기 때문이다.

커뮤니케이션의 문제는 품질이다

회의나 대면 미팅 등에서 의사소통이 잘된 경우 커뮤니케이션 품질이 좋았다고 말한다. 커뮤니케이션 품질이란 '상호성' '합리성' '공정성' '표현성' '예절' 등 커뮤니케이션이 이루어지는 것에 대한 질적 차원을 포괄적으로 지칭하는 개념이다. 팀 커뮤니케이션 품질이 괜찮을수록 의사결정 전반에 긍정적 영향을 주게 된다.[4]

커뮤니케이션 품질 평가는 크게 정보의 질, 상호작용 정도, 시스템(수단)으로 구분해서 하게 된다. 가장 먼저 고려할 대상이 정보의 질이다. 정보의 질은 팀원들 간 교류를 가능하게 하는 본질적 수단으로 커뮤니케이션을 해야 하는 대상이 된다. 전달하고자 하는 것이 신뢰할 만하고 유용해야 하며 정확한 콘텐츠로 구성돼야 정보의 질이 적절하게 확보됐다고 할 수 있다.

두 번째는 팀원들 간 상호작용 정도다. 상호작용은 연결 강도를 유지하기 위한 것이다. 여기서 중요하게 고려하는 것이 비언어적 커뮤니케이션 효과다. 콘텐츠가 아무리 좋아도 머리에 남지 않으면 무용지물이다. 똑같은 말을 해도 슬픈 표정, 화난 표정, 말투들을 통해서 전달력은 배가 된다. 이처럼 몸짓, 얼굴 표정, 눈 마주침, 자세, 상호 인간적인 근접성 등을 잘 응용하면 상대방에게 언어적 메시지를 더욱 효과적으로 전달해주는 보조 역할을 하게 된다.

마지막이 커뮤니케이션 수단이다. 어떤 도구와 시스템으로 정보를 전달했는가에 따라 품질을 인식하는 수준이 다르다. 통신 속도가 급격하게 변화되면서 최근 VoLTE(Voice over LTE, LTE망을 이용한 음성 통화)라는 LTE 기반 통신 속도에 맞게 HD 수준으로 또렷하게 목소리가 들린다. 화상 장비가 업그레이드돼 최근 회의에는 바로 옆에 있는 것 같은 수준으로 원격화상이 가능하다. 기술이 발전할수록 커뮤니케이션 수단은 기술적 진화를 거듭하고 있다. 바로 앞에 있다는 느낌이 들 정도로 완벽한 장비를 사용하면 비언어적 커뮤니케이션도 충분히 가능하다. 통신이 5G 수준으로 발전하면 커뮤니케이션은 실시간으로 이루어지는 상황이 될 것이다. 차 안에서도 바로 옆에 사람이 있는 것처럼 커뮤니케이션이 가능해진다.

캐나다 문화비평가 마셜 맥루언Marshall McLuhan은 인간을 '해석하는 존재'가 아니라 '감각적인 존재'로 설정했다. 인간이 가진 감각 전체가 상호의존적 관계로 상호 균형 상태를 유지한다. 특히 시각과 청각은 상대적인 균형 비율을 가진다. 이것을 '감각 배합 비율sense ratio'이라고 부른다. 감각을 전체적으로 자극할 수 있는 커뮤니케이션이 효과적으로 상대방을 설득하는 방법이다. 원거리를 사이에 두고 만들어진 팀에서는 마셜 맥루언이 예상한 대로 커뮤니케이션 방식이 진화하고 있다. 시각과 청각을 개별적으로 확장하는 방식과 더불어 오감을 전체적으로 사용해서 커뮤니케이션이 될 수 있도록 진화하고 있다. 이제는 컴퓨터-스마트폰, 스마트폰-스마트폰으로 이루어지는 커뮤니케이션에서 이미지, 텍스트, 동영상, 음성이 모두 통합적으로 전달되고 있다. 바로 옆에서 이야기하는 것처럼 목소리의 감정적 변화와 얼굴에서 보이는 미세한 변화도 함께 느낄 수 있다.

가상환경이 자연스러울수록 한 가지에 집중하는 커뮤니케이션 스타일도 나타나고 있다. 예를 들면 카카오톡과 같은 SNS 텍스트 중심 커뮤니케이션이다. 텍스트 중심으로 진행되다 보니 정형화된 문장 형식을 따르는 산문과는 다르게 문법에 맞지 않는 문장과 단어의 나열로 구성돼 있다. 이모티콘이나 약어·축어 등을 사용해서 빠르게 의사소통하고 그것 자체를 즐기는 것이다. 문자로 시작했지만 실제로는 시각적 감각에 더 초점을 두는 형태로 발전하는 것이다. 이런 이유로 텍스트 맥락을 이해하지 못하는 경우에는 완전히 엉뚱한 방식으로 해석되는 경우가 존재한다.

커뮤니케이션 효율성을 어떻게 높일 것인가?

팀 커뮤니케이션은 대부분 '일 대 다' 혹은 '다 대 다'의 소통 구조이기 때문에 집단적인 오해와 왜곡을 불러올 수 있다. 따라서 팀은 문화 구조를 공유하고 정착시키는 노력을 해야 한다. 가상환경 비중이 높을수록 언어적 동질성을 높일 수 있도록 부가적인 오프라인 미팅을 해야 한다.

팀 커뮤니케이션이 효율적으로 진행되기 위해서 커뮤니케이션 품질만큼 중요한 것이 커뮤니케이션 방식이다. 지시나 명령의 경우와 같이 일방향One-Way으로 이루어지는 것을 커뮤니케이션이라고 보기 어렵다. 기본적으로 커뮤니케이션은 양방향Two-way으로 이루어져야 효율적이다. 양방향 커뮤니케이션은 메시지를 전달하는 사람이 얼마나 들으려는 자세가 있는지가 중요하다. 조직에 상대방과 이야기하려는 열린 문화가 있다면 양방향 커뮤니케이션이 잘 이루어진다. 소통을 쉽게 하려는 노력은 열린 문화의 토대 위에서 일어난다.

집단 토의가 있는 경우처럼 여러 명이 모여서 함께 이야기하는 경우에는 모두가 한꺼번에 커뮤니케이션에 참여하기 어렵다. 누군가는 말하는 걸 듣고 표정과 태도를 살피고 해석한 후 내 이야기를 다시 전달하는 과정이 진행돼야 한다. 이때 감각 자원이 많이 사용된다. 반면에 가상환경에서 진행되는 경우는 보통 텍스트 기반으로 발생한다. 상대적으로 감각 자원이 적게 사용된다. 그래서 쉽게 집단 토론이나 대화에 참여하고 반응할 수 있다. 또한 커뮤니케이션 속도

영화 「마션」은 가상환경에서 팀 의사소통 사례를 잘 보여준다. 영화에 등장하는 나사의 통제 담당 구성원들과 화성에 남겨진 마크 와트니(맷 데이먼)는 지구로 돌아갈 해법을 찾아 협업한다.

가 매우 빠르게 진행된다. 양방향성이 쉽게 나타나고 즉각적으로 반응하는 속성이 있다. 이 경우에는 SNS와 같은 메신저를 사용하는 것이 더 효과적이다. 반면에 단순히 정보를 공유하거나 실시간일 필요가 없는 메시지는 단방향 성격이 강한 이메일이나 문자 메시지와 같은 도구가 좋다.

영화 「마션」은 가상환경에서 팀의 의사소통 사례를 잘 보여준다. 영화에 등장하는 나사의 통제 담당 구성원들과 화성에 남겨진 마크 와트니(맷 데이먼)는 지구로 돌아갈 해법을 찾아 협업한다. 화성과 지구는 전파 신호가 도달하는 데만도 10여 분이 넘게 걸리는 먼 거리에 떨어져 있다. 통신조차 매우 힘든 상황이다. 초기에는 변변한 통신수단 없이 제한적인 메시지를 일방향으로 보내는 것에 만족해야 했다. 그러다 가까스로 지구와 교신하는 데 성공해서 양방향으로 의사소통이 가능해진 이후 빠르게 문제를 해결할 방법을 연구하기 시작한다. 화성에 있는 마크는 현지의 조건과 가용 자원에 대한 정보를 전달하고 지구 팀은 그 정보를 토대로 화성에서 탈출할 방법을 제공한다. 제한된 시간과 자원은 철저하게 콘텐츠 자체에 집중하게 했다. 나사 팀원들은 전문성을 바탕으로 해결 방법을 찾아냈고 화성을 탈출하는 각 단계에서 상황에 맞는 커뮤니케이션이 효율성을 발휘했다. 미디어 환경이 제한적이라고 해도 효율적인 커뮤니케이션 방법은 비슷한 것이다.

현재와 마찬가지로 미래에도 팀들은 가상성virtuality을 가지게 된다. 그래서 미디어 활용은 모든 팀에게 중요한 이슈다. 팀 가상성 정도는 팀 형태와 상황에 따라 다르다. 직접 대면해 협업하는 전통적 팀이라고 하더라도 외근이나 출장같이 일시적으로 팀원들이 떨어져 일하는 경우가 자주 발생한다. 일하는 시간이 달라서 부분적으로 가상환경에서 협업해야 하는 팀도 있다. 글로벌 가상 팀global virtual team처럼 가상환경이 기반이 된 경우에는 시차나 언어의 문제까지 고려해야 한다. 따라서 가상환경에서 어떻게 미디어를 활용하는가에 대한 고려는 커뮤니케이션 효율성을 좌우하는 일이 된다.

살아 있는 팀은 서로에게 질문한다

업무효율이 높은 팀들은 궁금한 것이 많다. 서로를 자극하려고 벌떼처럼 달려들기도 한다. 치열하게 논쟁한다. 반면에 죽어 있는 팀은 팀원들끼리 질문을 하지 않는다. 서로에게 궁금해하지 않는다. 일면 팀원들이 서로에게 관심이 없어서이기도 하다. 하지만 실상은 암묵적으로 서로가 잘 모르는 것을 건드리지 않는 분위기가 자리잡아서이다. 내가 잘 모르는 것에 대해서 남 탓을 하는 자기합리화 현상 때문이다.

사람들은 특정 상황에서 의사결정을 해야 할 때 대체로 자기 자신의 결정에 대해서는 관대하다. 독일 쾰른대의 빌헬름 호프만Wilhelm Hoff-mann 교수팀은 2015년 미국과 캐나다의 성인 1,252명을 상대로 진행한 연구에서 얼마나 자신이 도덕적인지를 확인해봤다. 참가자들은 사흘 동안 무작위로 스마트폰의 신호를 받았다. 그 신호를 받으면 그 시간을 기준으로 1시간 동안 자신이 어떤 도덕적인 일과 비도덕적인 일을 했는지와 그 시간 동안 관찰한 다른 사람의 도덕적인 행동과 비도덕적인 행동을 적도록 했다.

연구결과 참가자들 자기 자신이 도덕적인 일을 했다고 보고한 빈도(7%)가 다른 사람들이 도덕적인 일을 했다고 보고한 빈도(3.5%)보다 두 배가 높았다. 결국 자기 자신에게는 관대했다는 뜻이다. 이러한 이중적인 관점이 일반적으로 내가 하면 로맨스이고 남이 하면 불륜이라는 뜻의 '내로남불'이다. 이러한 자기합리화 행동을 자기중심성 편향Self-serving bias이라고 부른다. 내가 잘 모르는 것이라고 해도 내가 아는 범위만으로도 충분하다고 느낀다. 바로 편향성 때문이다. 여기에 더해서 내가 과거에 경험했던 것이 추가되면 굳이 다른 사람과 커뮤니케이션을 하려고 하지 않는다. 그리고 한 번 말하거나 주장했던 것에 대해서 맞는 것만 듣거나 확인하려는 성향, 즉 확증편향 Confirmation Bias이 발동하게 된다.

확증편향이란 어떤 가설이 주어지면 그것이 맞다는 증거를 찾는데 몰입하는 경향이다. 만약 그 가설이 내가 경험했던 것이거나 내 주장이 담긴 것을 기반으로 했다면 그 편향은 심해진다. 자신의 기대와 판단에 일치하는 정보에 더 무게를 두기 때문에 기존 생각에 반대되는 객관적 증거를 제시한다고 해도 무시하고 왜곡하려는 성향을 지니게 된다. 이런 편향성의 위험을 회피하려고 만들어낸 것이 '무죄추정의 원칙'이다. 판사가 판결을 내릴 때 같은 법조인인 검사가 다양한 증거를 가지고 주장한다고 해도 피고인은 무죄라는 사실에 근거해서 검토해야 하고 변호사가 주장하는 것을 최대한 객관적으로 확인해서 고려하는 것이다. 자기중심적이고 확정적인 팀원들이 모여 있는 곳에서 누군가 질문한다면 질문자는 매우 곤혹스러울 것이다. 그것도 모르냐는 핀잔, 뭐 하려고 물어보냐는 반문, 그리고 굳이 알 필요 없다는 무시 등 다양한 것을 경험하게 될 것이다.

　다양한 배경을 가진 팀원들 사이에서 소통을 높이는 길은 서로에게 질문하는 것이다. 하지만 팀원들 간에 질문을 잘하기란 쉽지 않다. 팀원들이 서로에게 잘 물어보지 않는 이유는 다양하다. 하지만 굳이 물어볼 필요가 없다고 느끼는 것은 자기중심성 편향과 확증편향으로 인한 자기 확신 때문이다. 이런 자기합리화는 결국 서로에게 질문하는 것에 부담을 느끼거나 질문을 하더라도 서로에게 자기가 가진 생각만 주장하는 결과로 나타난다. 자기가 옳다는 것만을 주장하는 것을 심리학에서는 허위 합의효과False Consensus Effect라고 부른다. 자신의 주장을 지지하는 팀원들이 팀 내에 더 많을 것이라는 생각을 가지게 되면 더 강하게 한다. 혹은 자신의 주장에 대해 다른 사람들도 좋아할 것이라는 확신을 하게 된다. 하지만 실제로는 그렇지 않다.

　심리학자 리 로스Lee Rose는 1977년에 학생들에게 '조스 레스토랑 샌드위치Sendwich in Jose Restrant'라고 쓰인 큼직한 간판을 샌드위치맨처럼 앞뒤에 걸치고 30분간 돌아다닐 수 있는지 묻는 실험을 했다. 조스 레스토랑에 대한 정보도 없고 그렇게 매고 다니면 민망할 수밖에 없다. 실험자들의 반응은 유사했다. 긍정적인 사람들은 다른 사람들도 자신들과 같이할 것이라고 한 사람이 60% 정도 됐다. 반대로 부정적인 사람들은 27%만 다른 사람들이 민망하게도 광고판을 매고 다닐 것이라고 생각했다. 대부분 자신들의 생각이 다른 사람들과 같을 것이라 믿은 것이다.

질문은 효과적인 커뮤니케이션의 시작점이다

질문을 어떻게 하는가에 따라서 내가 가진 정보를 재확인하기도 하고 상대방이 가진 정보를 정확하게 이끌어내기도 한다. 질문을 잘하면 상대방의 호감을 사기도 한다. 런던대의 댄 케이블Dan Cable 교수는 면접 상황에서 대부분의 사람들은 자신을 알리려고만 노력할 뿐 상대방에게 질문을 하지 못한다고 했다. 그러나 실제로 질문을 면접관에게 많이 한 사람일수록 더 호감을 산다고 주장했다. 면접관에게 질문을 함으로써 자신이 알고 있는 지식과 역량을 더 각인시킬 수 있다고 한다. 특히 면접자가 '혹시 제가 놓치고 질문하지 않은 것이 있는가?'라고 물어보면 자신감을 드러내고 친밀감을 표현하는 일이 된다고 이야기한다. 이처럼 질문은 적극적인 의사전달 도구이다.[5]

팀원들 서로에게 질문을 몇 번만 해보면 지식 수준과 전문성을 확인할 수 있다. 그렇다고 질책하려고 질문하면 오히려 방어적 기제를 작동시켜 수동적 환경을 조성할 수 있다. 좋은 질문자가 되는 것이 중요하다. 질문을 잘하기 위해서는 무엇보다 질문을 많이 해봐야 한다. 무작정 많이 한다고 질문의 품질이 높아지지는 않는다. 대화는 보통 경쟁 중심 대화와 협력 중심 대화로 구분된다. 경쟁 중심 대화는 제한된 자원을 자신이 유리하게 가져가는 것과 같이 자기가 아니면 다른 사람이 이익을 얻을 수 있을 때 한다. 반면 협력 중심 대화는 상호 간에 이익이 존재하지 않거나 그 가치가 낮은 경우에 하기 때문에 갈등 상황에 놓이는 경우가 많지 않다. 팀 내 커뮤니케이션은 이 두 가지 대화 환경이 복합적으로 작동하게 된다. 따라서 각 상황에 맞게 질문하는 훈련을 해야 한다.

질문은 SNS와 같은 온라인 환경에서는 필수적인 대화 시작점이다. 어떻게 질문하는가에 따라서 상대방의 대화 태도가 달라질 수 있다. 일반적으로는 질문자가 내용을 많이 아는 경우일수록 세세하게 들어가게 되고 SNS와 같은 도구를 사용하는 것이 효과적이다. 반면에 질문자가 잘 모르는 내용일 때 SNS는 오히려 정보를 왜곡하는 일이 발생하기 때문에 조심해야 한다.

베스트셀러인 『세일즈 혁명』의 저자 래리 윌슨Larry Wilson은 조직의 전략이나 사업 방향을 수립할 때 세 가지 질문의 힘을 즐겨 사용한다고 한다. 첫 번째는 우리가 어디에 와 있고 이미 어떤 일이 일어났는지 등의 사실 확인을 위한 질문이다. 사실을 확인해야 그다음 질문으로 다가설 수 있다. 정보가 정확한지 그렇지 않은지를 알아야 의사결정을 명확하게 진행할 수 있기 때문이다. 두 번째 질문은 결정을 내릴 때 영향을 주는 두려움, 불만, 자아도취 등의 감정을 점검해보는 것이다. 정확한 정보를 가지고 전략을 확인했다면 그다음에는 감정에 치우쳐서 결정된 것이 아닌가를 스스로에게 질문하는 것이다. 팀 내부에서 의사결정을 위해 다양한 사람들의 의견을 듣는 것도 감정적 결정을 줄이는 방법이다. 마지막으로 '우리 조직이 완벽하다면 어떤 모습일까?'처럼 미래를 상상하며 질문을 한다. 팀의 미래를 위해 꼭 필요한 결정일까를 다시 한 번 질문하는 것이다.

메시지 전달에 어떤 미디어를 사용할 것인가?

미디어 풍부성media richness이란 개념에는 조직에서 어떤 미디어를 사용하는가에 따라 업무 적합도가 다를 것이라는 전제가 있다. 대표적으로 스마트폰 문자메시지나 카카오톡 메시지로 이루어지는 업무는 직접 대면으로 행해지는 것과 커뮤니케이션 수행 능력에서 차이가 있을 것이다. 반면 미디어 동시성 이론media synchronicity theory은 미디어 특성을 다차원으로 분석하는 틀을 제공해준다.

미디어 풍부성은 피드백feedback, 복수의 요청multiple cues, 언어 다양성language variety, 개인 지향성personal focus이 가진 속성에 따라 정도를 구분할 수 있다. 반면에 미디어 동시성 관점은 미디어 간 협력이 가능한 정도를 나타내는 것으로 팀워크를 확인하는 데 적합하다. 미디어 동시성은 '의사소통 환경이 동일한 경우 개인들이 동일한 정보로 동일한 시간에, 즉 공통된 관점shared focus에서 함께 일할 수 있도록 만드는 정도'를 말한다. 동시성에 영향을 주는 미디어의 능력을 다섯 가지인 전송 속도transmission velocity, 병렬성parallelism, 상징 기호 형태symbol sets, 예행 가능성rehearsability, 후처리 가능성reprocessability으로 구분한다.

첫 번째, 전송 속도는 메시지가 미디어를 통해 수신자에게 전달되는 속도다. 빠른 속도는 많은 양의 정보를 전달가능하게 만들기 때문에 기술 발전에 민감하게 반응한다. 정보의 양에 대해서 피드백은 속도에 비례하게 된다. 5G 시대는 사람과 사람뿐만 아니라 사람과 기계 그리고 기계와 기계의 상호작용이 실시간으로 가능한 사회가 된다.

두 번째, 병렬성은 동시에 여러 수신자에게 전달할 수 있는 정도다. 일대일로 대화하는 전화의 경우 병렬성이 낮은 반면에 단체 채팅방 같은 경우 병렬성이 높은 미디어라고 할 수 있다. 이제 페이스북과 카 카오톡과 같은 소셜미디어에서도 화상회의는 필수가 되고 있다.

세 번째, 상징기호 형태는 메시지를 전달할 때 문자, 음성, 이미지 같은 다양한 형태의 기호를 사용할 수 있는지를 말한다. 대다수 기초 적인 메시지 전달 미디어에서는 문자와 숫자를 기본으로 한다. 단순 한 형태로 기호를 제공하는 반면 식별성은 높다. 하지만 정보가 많아 질수록 문자는 복잡하고 많다. 그림으로 의사소통하는 것이 더 효과 적인 전달수단이 되고 있다.

네 번째, 예행 가능성은 메시지를 보내는 송신자가 메시지를 보내 기 전에 검토하고 정제할 수 있는지 가리키는 것이다. 메시지 적절 성을 평가하고 검토해서 빠르게 변경할 수 있는지를 확인하는 방법 이다. 상대적으로 상징기호를 많이 사용하면 변경이 어려울 수 있 다. 반면에 매우 단순한 문자인 경우 검토가 빠를 수 있다. 콘텐츠 품 질을 보장하기 위해서 필요한 것이 예행 가능성이다. 마지막으로 후 처리 가능성은 메시지를 받은 수신자가 메시지를 되새기고 재처리 할 수 있는지를 가리킨다. 전화통화를 할 때는 송·수신자 양측이 빈 번히 전환되고 즉각적인 대화가 이루어지므로 사전에 말할 것을 검 토하거나 들은 내용을 되새길 시간이 없다. 즉 전화는 예행 가능성과

미디어 동시성에 따른 미디어 유형별 비교

미디어 유형	전송속도	병렬성	상징기호 형태	예행 가능성	후처리 가능성
면대면	●	◐	◕	○	○
화상회의 (줌, 웹엑스 등)	●	◐	◔	○	○
전화 콘퍼런스	●	◐	◔	○	○
SNS 서비스	◔	◔	◔	●	◕
이메일	◔	●	◕	●	●
전화통화	◔	○	○	○	●
문서	○	●	◔	●	●

역량 중요도
낮음 ○ ◔ ◐ ◕ ● 높음

후처리 가능성이 낮은 미디어다. 반면 문자메시지나 이메일은 보내기 전에 검토와 수정이 얼마든지 가능하며 메시지를 받은 쪽에서도 그 내용을 곱씹고 의미를 신중하게 해석할 수 있다.

팀의 성장 단계에 따라 적합한 미디어가 다르다

미디어 동시성에서는 커뮤니케이션을 전달과 융합이라는 두 개의 관점으로 살펴보고 있다. 첫 번째는 전달이다. 전달은 새롭고 다양한 정보를 전달하는 과정이다. 정보를 받은 수신자의 생각을 변화시키거나 새롭게 만들 수 있다는 점에서 많은 시간이 필요하다. 전달 과정에서는 대량 정보와 다양한 형식의 정보 전달이 기본이다. 반면에 융합 과정은 조금 다르다. 융합은 정보 그 자체보다는 상황에 따른 정보의 해석을 처리하는 과정이다. 융합의 목적은 정보가 가진 의미에 대해 서로에게 동의를 이끌어내는 것이다. 구성원들이 공통된 이해를 해야 한다. 이것을 맥락context이라고도 한다. 대체로 적은 양의 정보가 빈번하게 오고가는 것이 효과적이다.

전달과 융합이라는 프로세스는 어떠한 미디어를 사용하느냐에 따라 촉진될 수도 있고 제약받을 수도 있다. 전달이 목적인 경우에는 높은 품질의 다양한 기호 형식과 여러 정보 소스가 필요하다. 병렬성, 기호의 다양성, 예행 가능성, 후처리 가능성이 요구되기 때문에 상대적으로 미디어의 동시성이 덜 요구된다. 반면 융합 프로세스는 특정 정보 소스와의 커뮤니케이션이 빠르게 일어나야 한다. 따라서 상대적으로 정보 품질이 낮다고 해도 특정 형식의 정보를 다룰 수 있는 미디어가 적합하다. 이 경우는 정보 전송 속도가 높고 예행 가능성과 후처리 가능성이 낮은 미디어, 즉 동시성이 높은 미디어가 필요하다. 그러나 실제 팀 내 협업 과정에서는 전달과 융합의 프로세스가 복합되는 경우가 대부분이다. 그래서 어떤 특정 미디어가 절대적으로 우위에 있다고 보기 어렵다. 여러 미디어를 복합적으로 활용해야 한다.[6]

실제로 팀 내에 업무 갈등이 있는 과업 갈등 상황에서는 팀의 성장 단계에 따라 적합한 미디어가 다르다. 초기 팀에게는 미디어의 즉각적인 피드백과 기호의 다양성과 병렬성이 필요하다. 성장한 팀에게는 병렬성, 예행 가능성, 후처리 가능성이 유리하다. 팀에서 지식을 공유하는 경우에도 과업 갈등 수준에 따라 적합한 미디어를 선택

하는 것이 필요하다.[7]

과업 갈등이 높은 경우 커뮤니케이션 과정에서 이해도가 떨어지거나 오해가 발생하지 않도록 정확하고 풍부한 정보가 전달되는 프로세스가 적절하다. 따라서 비동시적 미디어를 활용해 신중하게 전달할 메시지를 다듬고(예행 가능성) 받은 메시지를 충분히 해석(후처리 가능성)할 수 있어야 한다. 반대로 과업 갈등이 낮은 팀은 상대적으로 커뮤니케이션 과정에서 발생할 수 있는 정보 해석이나 의도 파악에서 격차가 적다. 따라서 즉각적 반응과 다양한 기호 사용이 가능한 동시적 미디어를 사용해 공감대를 형성할 때 지식 공유가 잘 일어난다.

가상환경에서 팀의 리더는 사용 미디어를 다양하게 유지하고 팀원 간 갈등의 종류와 정도 등 상황을 민감하게 파악해야 한다. 이에 맞춰 적절한 미디어를 통해 커뮤니케이션을 할 때 팀을 효과적으로 관리할 수 있다. 미디어 동시성이 제안하는 다섯 가지 미디어 능력 차원은 적합한 미디어 활용에 유용한 틀이 된다. 팀원 역시 자신의 상황에 적합한 미디어를 선택해 민첩하게 의사결정할 수 있도록 유연성을 가져야 한다.

커뮤니케이션이 중요한 이유는 직업만족도와 직결되기 때문이다. 팀원들은 전달되는 메시지가 모호하거나 왜곡되면 혼란에 빠진다. 리더는 항상 자신이 전달하고자 하는 바를 명확하고 확실하게 그리고 가장 왜곡이 적은 미디어를 통해 전달해야 한다. 언어적·비언어적 방법을 골고루 활용하고 여러 미디어를 동원하고 공식적·비공식적 형태를 전부 활용해서 명확한 메시지를 전달해야 한다.

정보가 많아질수록 가짜 정보도 많다

지금 세상은 유언비어가 넘쳐난다. 도널드 트럼프Donald Trump 대통령이 취임했던 2017년 한 해 동안 '가짜뉴스'라는 단어를 무려 106회 사용했다. 그 이후에 가짜뉴스는 평소에 누구나 사용하는 단어같이 됐다. 한국에서도 청와대에서 가짜뉴스 관련 대책을 내놓겠다고 할 정도로 모두가 가짜뉴스에 홍역을 치르고 있다.[8]

가짜뉴스가 만들어지는 이유는 결국 경제적 이득이나 특정한 영역에서 이익을 얻기 위해서이다. 미국 대선이 한참이던 2016년에 『뉴욕타임스』에는 가짜뉴스에 관한 한 사람의 이야기를 올렸다. 그는 트럼프가 당선되면 멕시코는 국경을 폐쇄할 것이라는 글을 썼다. 이 글은 2016년 5~7월까지 3개월 동안 페이스북 트래픽 3위에 올랐다. 기자가 왜 그런 이야기를 썼냐고 묻자 그는 돈을 벌려고 그랬다는 답변을 했다. 구글 광고를 통해서 6,000달러의 수익을 올렸다고 한다. 돈을 벌 수만 있다면 자극적인 글과 내용으로 무엇이든 만들어서 공개한다.[9]

유튜브와 페이스북에는 이런 가짜뉴스들이 사실과 관계없이 퍼진다. 2018년도 한국의 가짜뉴스를 조사한 한국언론진흥재단 조사에서는 응답자 1,050명 중 69.2%가 '소셜미디어에서 유포된 뉴스 형식의 조작·거짓 정보를 보거나 들은 적이 있다.'라고 답하고 있다. 특히 북한, 난민, 탈원전에 관한 뉴스는 아직도 유튜브에 넘쳐난다.[10]

가짜뉴스나 유언비어들은 그럴듯한 근거를 내세우고 있지만, 결국 과학적으로 밝혀진 사실은 없는 '카더라'일 뿐이다. 이런 음로론이 쉽게 발생하는 건 정보를 알고자 하는 '욕구'에 비해서 정보 자체가 '부족'하기 때문이다. 정보 부족은 불확실성을 만든다. 팀원들과 대화 중 무심코 언급했던 말 한 마디가 어느 순간 팀원들 전체에서 중요한 내용으로 퍼지는 경우가 있다. 팀 리더가 팀원들이 충분히 납득하도록 설명하지 못한다면 그건 의도치 않은 방향으로 굳어진다. 초기에 설명되지 않으면 그것이 아무리 사실이라고 해도 믿어주는 사람이 한 명도 없는 상황이 생기기도 한다. 정보 비대칭성을 막기 위해서는 모든 내용을 투명하게 공개해서 모든 팀원이 공통된 인식을 갖도록 해야 한다.

팀 외부에서 접하는 데이터가 많아질수록 가짜 정보를 접하게 되는 빈도는 커진다. 문제해결을 가장 먼저 찾는 곳이 유튜브와 인터넷이다. 구독자가 많고 댓글이 많다는 이유로 콘텐츠가 사실이라고 확신하는 경우가 있다. 잘못된 콘텐츠로 팀원들과 논의하거나 팀원들 중 누군가 정확한 정보를 가지고 있음에도 가짜 정보에 의해서 의견이 묵살될 수도 있다. 중요한 의사결정에 사용되는 정보는 과학적 근거나 충분한 데이터 그리고 전문가들의 의견이 존재하는지 학인해야 한다.

정보 공유 이전에 정보를 읽어라

팀에서 정보 비대칭은 자주 발생한다. A부문은 기술개발 전문가들이고 B부문은 디자인 전문가들이라고 하자. A부문과 B부문은 같이 일하지만 전혀 다른 언어로 이야기한다. 기술개발자들은 개발언어와 코드 그리고 함수 등으로 이야기를 하고 처리결과에 초점을 맞춘다. 반면에 디자이너들은 제품과 고객과의 상호작용을 중요하게 생각하고 초점을 맞춘다. 고객 관점에서 정보가 인식되는지와 적절하게 프로세스가 이루어지는지를 확인하고 계속 디자인을 변경하게 된다. 따라서 정보를 공유하는 방식이 다르다. 상대가 필요한 정보가 아닌 내가 아는 정보를 제공한다. 그것 때문에 정보가 왜곡되는 경우가 생긴다. 개발이 성공적으로 완료됐다는 신호를 준다고 해도 실제로는 디자인과 전혀 안 맞거나 디자인이 변경되면 무용지물이 되는 경우도 발생한다. 반대의 경우도 많다. 신호만으로 전체를 판단해서는 안 되는 이유다.

정보 비대칭 발생을 줄이는 방법으로 선택되는 것이 선별Screening 이다. 정보를 가진 쪽에서 미리 정보를 제공하고 그것을 가지고 상대방이 선택할 수 있도록 하는 방법이다. 통상적으로 상품의 정보를 여러 개 제공해서 고객이 선택하는 것이다. 예를 들면 다양한 자동차의 옵션을 전부 제공하고 가격과 구매자들의 만족도 등을 제공해서 고객이 스스로 상품을 선택하도록 유도하는 것이다. 커뮤니케이션이 원활하게 이루어지기 위해서 사전정보를 충분히 제공해야 하는 이유가 효율성 때문이다. 정보 비대칭을 없애는 좋은 방법은 반복된 경험이다. 팀 구성원들과 기존에 일했던 경험은 정보를 공유하는 데 판단기준이 된다. 신뢰할 만한지, 기존에도 충분히 정보를 공유하는지, 팀 구성원들의 전문성은 믿을 만한 것인지 등이다. 그렇다고 해도 정보 비대칭 혹은 정보의 왜곡은 없어지기 어렵다. 누군가 의도적으로 정보를 숨기거나 왜곡할 수 있기 때문이다. 이것을 조직 차원에서 새롭게 설계하고 정보가 비대칭적인 현실에서 효율적으로 자원배분이 이루어지도록 하는 것이 메커니즘 디자인 mechanism design이다.

메커니즘 디자인의 목적은 신뢰성을 확보하는 것이다. 제도가 잘 설계돼 있지 않다면 정보의 신뢰성을 확보하기 어렵다. 대표적인 조직 운영 방법인 대통령 선거를 봐도 그렇다. 미국의 선거제도를 보면 50% 이상 국민에게 지지받은 대통령이 연방제 기준의 선거제도로 승패가 바뀌는 경우가 있다. 제도 설계가 중요한 이유다. 팀 운영에서도 마찬가지다.

팀 리더가 새로운 기법으로 프로젝트를 진행하겠다고 팀원들에게 이야기하면 처음부터 반대에 부닥치기 쉽다. 기존에 하던 방식이 아닌 다른 방식으로 일하는 것을 배워야 하고, 또 팀에서 내몰릴 수도 있기 때문이다. 메커니즘 디자인에서 활용하는 대표적인 것이 경매제도와 내부고발제도다. 특히 내부고발제도는 정보를 소수가 독점할 경우 내부에서 리더에게 알리도록 하는 제도다. 팀 구성원들이 서로에게 잘못된 것을 공유하거나 그렇게 해서 문제가 되면 팀 전체가 불이익을 받는 체계가 되도록 하는 것이다.

반대로 생각해보면 개인들의 인센티브도 존중돼야 한다. 네트워크 팀에서는 정보 공유 이전에 정보를 읽어내야 한다. 팀원들이 서로에게 정보를 제공하고 싶어도 적시에 공유한다는 것은 쉽지 않다. 특히 정보가 많고 다양한 경우에는 어떤 것이 어느 시점에 필요한지 알 수가 없다. 그래서 누가 어떤 정보를 소유하는지가 공유돼야 한다.

신뢰는 목표가 아니라 기본 과정이다

인공지능이나 로봇을 믿는다는 것은 결국 인간이 그 대상물에 대한 어떤 감정적, 인지적 과정을 거쳐서 신뢰라는 결과를 만들어내는 것이다. 우리는 새로운 신뢰 메커니즘에서 살아가고 있다. 사람들이 누군가 혹은 무언가를 신뢰한다는 건 결국 자기가 기대하는 것을 그대로 해줄 것이라는 믿음과 안정적인 기대심리를 갖는 일이다. 안정적이라는 말은 보통 지위, 권한, 규모 등과 같은 것에 기반을 두었다. 대통령, 장관, 대기업, 공무원 등 신뢰의 원천은 제도적인 체계에 기반을 둔 것이다. 대마불사라는 말도 이런 기대심리를 그대로 표현한 것이다. 그 신뢰가 조금씩 바뀌고 있다.

지금은 기존에 전혀 몰랐던 사람들에게 열광한다. 유튜브에 개인들이 만들어서 올린 영상에 수십만 명이 몰리고 그 콘텐츠를 반복해서 보게 된다. 뷰티 크리에이터 이사배는 자신의 콘텐츠 매출이 월 5,000만 원 정도 된다고 고백했다. 그녀가 하는 일은 화장품 같은 제품을 사용해보고 정보를 제공해주는 것뿐이다. 그런데 이 콘텐츠를 신뢰하는 개인들은 관련 제품을 구매한다. 과거에는 신문과 잡지에서 간단하게 정보로 제공하던 것들이거나 화장품 방문 판매원들이 이야기해주던 것들이다. 그 콘텐츠로 대기업 임원들보다 많은 연봉을 받는다. 유튜버들은 지위, 권한, 규모 등에 기반을 둔 신뢰가 아닌 네트워크상에서 콘텐츠 매력만으로 신뢰를 만들어냈다. 신뢰가 제도적으로 주어진given 신뢰에서 네트워크 상호작용을 통해 획득한 earned 신뢰로 변화하고 있는 것이다.

제도에 기반을 둔 신뢰는 '주어진' 권한이 중요하다. 소속과 자리가 신뢰를 만들어준다. 이러한 제도 기반 신뢰가 오랜 기간 사회적 지위와 믿음을 만들었다. 하지만 그것만으로는 부족하다. 최근 판사에 대한 신뢰가 급격하게 추락했다. 우리가 판사라는 직업에 가졌던 믿음, 즉 법을 정당하게 집행하는 사람들이라는 믿음과 법을 지키는 마지막 보루라는 신뢰가 무너졌기 때문이다. 판사들이 '법'을 권력과

거래 대상으로 활용했다는 사실이 밝혀지고 나서부터다. 이제 더 이상 판사라는 직업만을 보고 신뢰라는 말을 하기란 쉽지 않다. 더욱 개인들이 중요하다. 똑같은 변호사라고 해도 그가 어떤 길을 걸었고 그와 사회의 관계가 어떠했는지를 알아야 신뢰가 만들어진다. 그렇기 때문에 더욱 상호작용이 신뢰를 형성하는 데 중요한 요인이 된다. 신뢰는 달성해야 하는 목표가 아니라 지속적으로 관계를 유지하는 과정이다.

성과가 높은 팀의 팀원들은 일반적으로 소속감과 의무감을 느끼며 매우 강한 자부심을 가지고 있다. 팀에 대한 신뢰도 매우 크다. 협력적이고 포용적이며 상호 이해해주는 커뮤니케이션이 발달할수록 이런 감성을 키우게 된다. 메시지의 힘은 매우 크다. 협력이 잘 유지될수록 다양한 아이디어를 표현할 수 있고 여러 의견을 공유할 수 있다. 내용이 결정되면 실행은 확고하게 진행된다. 반면에 서로가 신뢰하지 않는 분위기에서는 방어적인 활동을 하게 된다. 부정적인 커뮤니케이션으로 인해 폐쇄적이 되고 서로를 탓하게 되며 사기는 떨어진다.

팀이 효율적인 커뮤니케이션을 만들고자 할 때 방향성은 신뢰를 구축하는 것이다. 신뢰는 공통의 가치와 태도 그리고 감성적 반응을 통해서 만들어진다.[11] 사람들은 나와 비슷한 생각과 유사한 경험을 가진 사람을 더 신뢰하는 경향이 있다. 또한 그렇게 신뢰받는 사람들이 더 타인을 잘 신뢰하게 된다. 신뢰는 이러한 사회적 관계 속에서 만들어진다. 사람들은 신뢰를 유지하기 위해서 많은 시간과 에너지를 쓴다.

흥미로운 사실은 사람들은 자신들이 만든 인공물Artifact도 신뢰한다는 점이다. 대표적인 것이 온라인 사이트다. G마켓이나 11번가에서 물건을 살 때 실제로 물건을 판매하는 제조사나 유통회사가 있음에도 G마켓과 같은 중간의 온라인 사이트를 신뢰하게 된다. 누구나 거래하고 명성이 있는 대형 온라인 쇼핑몰을 통해서 구매하면 문제가 없을 거라 믿는다. 하지만 실제로 G마켓과 11번가는 물건 자체의 품질은 전혀 책임져주지 않는다. 배송이나 판매자의 신용도 보장하지 않는다. 그러다 보니 종종 신발이나 옷 등의 유명 상품들이 가짜로 밝혀져 곤란을 겪는 경우도 있다. 그럼에도 지금 이 순간에도 누군가는 G마켓이나 11번가 같은 사이트에서 물건을 구매한다.

인간은 인간이 만든 인공물에 대해 쉽게 신뢰하는 경향이 있다. 오히려 인간에게 갖는 신뢰보다 인공물에 갖는 신뢰가 더 쉬울 수 있다. 인공지능을 신뢰하는 것은 수학과 같은 고도의 계산 결과에 오류가 없다는 믿음에 근거한다. 그것들 역시 컴퓨터이기 때문이다. 우리는 컴퓨터를 통해서 계산할 때 그 결괏값에 대해서 검증하지 않는다. 당연히 그 값이 정확하다고 생각하기 때문이다. 마찬가지로 인간은 인공지능이 주는 결과물이 믿을 만하고 또한 그것을 반복으로 경험했다면 매우 신뢰하게 될 것이다.

반복적인 경험이 신뢰를 만든다

신뢰라는 건 '아는 것'과 '모르는 것'을 확인하면서 만들어지는 것이다. 내가 몰랐던 것을 알아가는 경험의 과정에서 검증을 하게 된다. 미시간대의 맥나이트 해리슨McKnight Harrison 교수는 신뢰 형성 모델trust building model을 통해서 인공지능과 같이 인간이 만든 인공물에 대한 신뢰 형성 과정을 설명하고 있다.

신뢰가 쌓이기 위해서는 신뢰를 만드는 지렛대levers가 있어야 한다. 첫 번째 요소가 명성이다. 우리는 로봇이든 인공지능이든 누군가 그것을 사용했다는 것을 알게 된다. 알파고가 유명해진 것은 유명한 프로기사인 이세돌 9단과의 세기적인 대결을 통해서다. 보통 사람들은 알파고를 통해서 인공지능이라는 것이 어떤 것인지 알게 됐다. 깃허브는 유명 해커들이 소스를 공개하고 다양한 프로젝트에 참여할 수 있다. 그러다 보니 개발자들이라면 누구나 가입하는 커뮤니티로 명성을 얻고 있다. 그곳에서 활동한다는 것 자체가 명예가 된다.

두 번째는 인공물의 품질이다. 품질은 기본적으로 기대하는 성능이 원할 때 나올 수 있어야 한다. 알파고가 바둑에서만 높은 품질을 유지하고 의료 분야에서는 그렇지 않다면 의사들은 알파고를 사용하지 않을 것이다. 11번가가 결제 서비스를 제대로 제공하지 않거나 물건을 쉽게 찾지 못한다면 사용자가 인식하는 품질은 매우 떨어지게 마련이다. 반면에 서비스가 원활하게 제공된다면 다시 경험하고 싶은 욕구는 만들어지게 마련이다.

신뢰를 확보하기 위한 세 번째 요건은 구조적 요소들structural factors 이다. 예컨대 인공지능을 통해서 나의 개인정보가 쉽게 노출된다든지 쉽게 다른 사람에게 제공된다면 상대방에 대한 믿음은 만들어질 수 없다. 사람이 인공물을 사용할때 예상 할만한 위험이 있다면 인공지능이 수행하는 어떤 활동도 적절하다고 인식하기 어렵다. 이런 과정을 통해서 믿음belief이 형성된다. 그리고 반복적인 경험이 신뢰를 만든다. 신뢰는 인간에게 피곤한 의사결정을 단순화시켜주는 유용성이 있다. 그래서 인간은 누군가를 의심하고 잘 믿으려 하지 않지만

한 번 믿게 되면 매우 쉽게 의사결정하는 경향이 있다.

그런데 네트워크 발달은 온라인 환경의 신뢰를 형성하는 데 구조적 위험을 증가시키고 있다. 누군가가 내 정보를 노출하는 것에 대한 위험뿐만 아니라 실제가 아닌 가짜로 정보를 왜곡하는 경우도 있다. 따라서 정보의 '투명성'을 높이는 장치가 필요하다. 누군가에게 내가 정보를 받는 과정도 있지만 내가 누군가에게 정보를 제공할 때도 투명하게 제공돼야 한다. 잘못된 정보 한 번으로 전체 신뢰가 깨질 수 있는 것이 네트워크 커뮤니티가 가진 특징이다.

한 번은 세계 최대 소셜 미디어 페이스북의 사용자 아이디ID, 패스워드, 계정명, 리액션(반응), 코멘트 등 약 5억 4,000만 건의 데이터가 아마존 클라우드 서버에 무방비로 노출돼 있었던 것으로 밝혀졌다. 이와 유사한 보안사고가 2018년에 일어났는데 22억 3,000만 명의 활동 사용자 중 최소한 5,000명의 계정이 해킹된 것이다. 이러한 보안사고가 반복해서 일어나 사용자가 다른 서비스로 대규모 이탈하는 등 치명적인 신뢰 문제가 제기됐다.[12]

유튜브를 보고 들을 때와 내가 유튜버가 되는 것은 다르다. 유튜버가 돼서 콘텐츠를 만들 때는 점점 더 그 정보가 맞는 것인지 확인하게 마련이다. 그만큼 네트워크의 일부로 속하게 되면 관리해야 할 정보의 범위가 더 커지게 된다. 여행을 위해서 에어비앤비를 사용할 때 숙소 아래 달려 있는 다른 사용자의 평가를 꼼꼼히 보는 이유와 비슷하다. 그렇기 때문에 신뢰는 중요하다. 우리는 사람을 믿기보다 오히려 기계와 같은 인공물을 더 믿을 수 있다. 그들에게는 인간과 다르게 아직까지 감정도 없고 계산적이다. 신뢰라는 믿음이 생기면 확신을 할 수도 있다. 하지만 인공물을 만드는 건 결국 감정을 가진 인간이다.

6장

인간과 인간
그리고 인간과
기계의 협업

팀은 지능화돼가고 있다. 기술은 팀을 더 똑똑하게 만들고 있다. 기술은 정보를 취합하고 가공해 의사결정하도록 만들어주고 있다. 데이터를 잘 활용하고 협력적으로 이용하는 사람들은 팀의 지능화를 제대로 이해한 것이다. 그들은 임기응변에 능하고 환경 변화를 자연스럽게 받아들인다. 모두가 기민하게 변화할 수 있도록 팀워크가 작동해야 한다. 적자생존에서 살아남은 모든 생물이 협업을 한 이유다.

새로운 시대 새로운 협업이 필요하다

사전적으로 협업collaboration은 '모두 일하는' '협력하는 것'이라는 의미로 공동 출연, 경연, 합작, 공동 작업을 가리키는 말이다.[1] 우리는 일상적으로 누군가와 함께 일하면 협업이라고 정의한다. 하지만 기술은 사람의 만남을 가상화시키고 사람이 아닌 컴퓨터(시스템)를 통해서 일하게 만들었다. 현실적으로 한 번도 볼 가능성이 없는 사람들이 온라인에서 문서로 함께 일을 한다. 예를 들면 위키피디아 사전은 내가 만들어놓은 사전을 또 다른 누군가가 업데이트하면서 긴 시간 동안 이루어지는 협업의 산물이다. 기술과 커뮤니케이션의 진화를 통해 새로운 협업이 만들어진 것이다.

로봇과 함께 일해야 하는 시대에는 새로운 형태의 협업이 기존의 협업과 공존하게 될 것이다. 모든 객체가 연결되고 관계를 맺게 되면 우리가 하는 일들이 공유되는 것은 피할 수 없다. 기존 팀 환경에서 협업은 '참여자들과 이익이 될 만한 것들을 교환하는 과정'이었다. 즉 협업은 '주고받는 과정에서 비용 대비 효과를 얻어야 하는 과정'이었다. 연극을 하기 위해 작가, 연출가, 배우, 무대 디자이너 등은 같이 일을 하고 돈을 받고 좋은 연극을 관객에게 제공한다. 항상 노력에 대한 대가를 기대하고 협업을 한다. 이런 협업은 특정 기간 어떤 공간에서 전체 이익을 위해 적절한 비용과 노력을 제공하는 거래transaction가 기본이다. 그래서 일반적인 경우는 거래 계약을 하게 된다.

가상환경을 기본으로 하는 활동도 마찬가지다. 위키피디아나 깃허브와 같은 오픈 플랫폼에서 정보를 제공하는 것도 내가 투자한 노력(선의든 아니든)을 통해서 공유된 정보로부터 명성, 재미, 정체성(이익) 등을 얻는 과정이기 때문이다. 다만 그 과정이 과거보다 더 수평적으로 진행되고 자발적인 이유가 더 많아졌다. 하지만 거래계약은 하지 않는다. 플랫폼에서 제공하는 규칙을 지키기만 하면 된다. 따라서 이익은 감성적인 경우가 더 많다.

과거 팀은 누군가의 지시와 역할 부여에 따라 운영됐다. 군대의 경우 동일한 목적을 달성하기 위해 팀장과 팀원들이 명확한 역할 분담을 하는 구조였고 목적을 달성하기 위한 과제와 평가 규칙도 명확하게 가지고 있다. 반면 깃허브에 소스 코드를 올리는 전문가들은 강요에 의한 것이 아니고 누군가와 조직을 구성하지도 않는다. 그들의 필요와 목적에 따라 자발적으로 역할을 담당하고 자발적으로 규칙을 만들고 지킨다.

"오늘도 나는 협업하고 있다!"

협업의 방식이 바뀐 건 소프트웨어가 물리적인 하드웨어보다 더 중요해지면서부터다. 1인 기업, 지식창업, 프리에이전트, 스타트업이 많아지는 것은 바로 소프트웨어 혹은 콘텐츠로 가치를 창출하는 구조가 가능하기 때문이고 전통적 협업이 한계에 다다른 것을 말해준다. 지금의 협업은 그래서 연결할 점conneted point이 중요하다. 그것은 조직이 아니라 개인이고 더 나아가 연결할 수 있는 모든 것everything을 이야기한다. 협업은 이제 내 의지와 관계없이 일하든 하지 않든 연결되면 진행된다. 내가 만들어낸 상태, 거래 패턴, 습관, 의사결정 행동, 누군가와의 상호작용 등을 누군가는 데이터로 축적해서 사용한다. 아무도 협업해야 한다고 요청하거나 물어보지 않지만 당연히 협업이 이루어지는 환경이다. 우리는 이런 사물인터넷 환경 속에 있다.

우리가 지금까지 해왔던 협업은 그저 일부에 불과하게 됐다. 이제 내가 무언가를 하는 것만으로도 협업에 참여하고 있다. 구글은 전 세계 90% 스마트폰 운영체제인 안드로이드를 제공하고 있다. 이 스마트폰을 사용하기 위해서는 구글 메일을 필수적으로 가지고 있어야 한다. 내가 쓰는 스마트폰의 모든 공간은 구글에 가입돼 정보를 제공할 수밖에 없는 구조다. 당연히 그 중간에 보안과 법적인 동의를 받아간다. 하지만 동의하지 않으면 스마트폰을 사용할 수 없다.

구글의 스트리트 뷰가 성공한 이유 중 하나는 고객들이 올리는 다양한 스트리트 사진을 구글이 동기화해서 제공하기 때문이다. 위치정보시스템GPS을 통해서 위치정보를 알고 있는 구글은 내가 어디선가 찍은 사진이 무엇을 찍었는지 안다. 그것을 스트리트 뷰에서 제공

할 수 있도록 알고리즘을 만들어놓았다. 나는 구글 스트리트 뷰 팀의 일원이 된 것이다.[2]

가상환경에서의 협업은 결국 대상이 중요하지 않다. 나는 상대방이 인공지능인지, 사람인지, 혹은 데이터 단말기인지 알지 못한다. 그저 내가 행동하면 반드시 상호작용이 존재한다는 것만 알 뿐이다. 이 과정이 동시적으로 이루어진다. 협업이 곧 커뮤니케이션 형태로 발생하게 된다. 연결된 링크connected link는 네트워크로 묶이게 되고 관계를 만들어낸다. 팀을 구성하는 팀원들은 더 이상 사람이 아니라 대상Peer들이 된다. 물리적으로 엮여 있는 팀의 경우에도 서로가 연결돼 일하는 환경에 있다. 일대일로 단절되거나 폐쇄적인 관계가 아니라 상호 간의 새로운 맥락을 만들어가는 매개 역할을 한다. 물리적인 팀도 가상에서 다양한 외부적인 팀(데이터 중심)과 연결돼 새로운 정보를 습득하고 공유한다. 이런 행동이 결국 팀 활동에 부가적인 결과(좋은 부문과 나쁜 부문)를 가져오게 된다.

버추얼 브레인의 시대가 왔다

사람들이 사고하는 논리적 구조는 '데이터-정보-지식'으로 불리는 3단계를 거치게 된다. 1단계는 데이터를 수집하는 단계다. 인간이 가진 다양한 입력정보를 바탕으로 원시 데이터를 습득하는 과정이다. 식별되거나 구별되지 않은 정보는 전부 데이터와 동일하다. 2단계는 데이터를 처리해서 정보로 만드는 과정이다. 마지막 3단계가 인간 두뇌에서 가장 중요한 활동인 지식화다. 3단계인 사유화하는 지식 단계에 꼭 필요한 것이 1단계에 수집된 데이터다. 팀에서 이루어지는 모든 과정은 이런 '데이터-정보-지식'이 융합돼 발생하는 현상이다. 그런데 이제 데이터가 급속도로 많아지게 됐다. 팀원들이 가진데이터는 모두 한곳에서 관리하게 됐고 다양한 데이터를 전부 관리할 수 있게 됐다. 빅데이터 환경에서는 데이터를 바라보는 패러다임을 바꿔야 한다. 과거에 인간이 한정된 데이터를 사유하는 과정이었다면 이제는 정보기술을 통해서 데이터를 뇌의 한 축으로 운영하는과정으로 넘어갔다. 즉 버추얼 브레인Virtual Brain의 시대가 온 것이다.

인간의 뇌는 한계가 있다. 뇌는 많은 에너지를 소모하기 때문에많이 사용할수록 더 빨리 피곤해진다. 인지부하이론Congnitive Load Theory에 따르면, 인간이 가진 기억작동 시스템은 동시에 주입돼 가공 적재되는 데 한계가 존재한다. 꼭 제조 현장의 컨베이어 벨트 같아서 가공 작업이 순조롭게 이루어지도록 기억이 주입되는 정보량이 작동 기억의 용량을 넘어서는 안 된다. 만약 그 용량을 넘어서면기억작동 시스템은 혼란을 겪게 되고 무너지게 된다.

데이터화Dataization와 디지털화Digitalization를 종종 같은 의미로 오해하는데 전혀 다른 개념이다. 데이터화라는 것은 특정한 현상을 데이터로 분석할 수 있는 형태로 바꾸는 행위다. 즉 측정하거나 의미를부여해서 수집하는 것을 이야기한다. 그것은 암석에 새긴 글자가 될수도 있고 컴퓨터로 워드프로세서에 남긴 글이나 유튜브에 담긴 새소리가 될 수도 있다. 반면 디지털화는 가상 혹은 실물의 데이터를0, 1이라는 디짓Digit으로 구분해서 컴퓨터가 식별하고 계산할 수 있도록 한 것을 말한다. 따라서 디지털화와 이전 데이터화는 구분돼야한다.

데이터가 많아지면 많은 일이 바뀌게 된다. 어느 날 갑자기 내 주변이 바뀌는 건 복잡계Complexity 현상이 데이터가 많아질수록 발현되기 때문이다. 복잡계라는 것은 유기적이다. 자연계를 구성하는 다양한 요소들이 인체의 각 기관과 세포가 움직이듯이 연결돼 복합적으로 작동해 발생하는 현상이다. 쉽게 개미나 벌들이 살아가는 공간을 관찰해보면 된다. 벌집을 보면 벌들이 무질서하게 움직이는 것처럼 보이지만 자세히 보면 매우 규칙적으로 움직이는 것을 알 수 있다. 벌과 개미와 같이 곤충들도 유기적인 협력관계로 그 공동체를 운영하고 있다.

복잡계가 왜 그렇게 작동하는지 살펴보면 몇 가지 성질을 가지고 있다. 첫 번째는 간단한 요소들이 전체를 구성한다는 점이다. 어떤 복잡한 곳도 결국에는 단일 요소로부터 시작된다. 즉 간단한 요소들이 서로 관계를 맺고 연결돼서 시스템이 만들어진다. 두 번째는 다양한 요소들 간 연결된 것이 원인 결과가 명확하게 있는 것이 아니다. 이것을 우리는 보통 비선형적Nonlinear Interaction이라고 한다. 이런 성격상 관계들은 예측이 불가능하고 확률적으로 변하게 된다. 세 번째는 복잡계를 찾아보고 확인해봐도 명확한 중심이 보이지 않는다. 중앙을 통해서 복잡계를 통제하거나 관리하는 것이 아니라 개별 요소들의 상호작용을 통해서 시스템 전체가 통제된다. 마지막으로는 다양한 성질들이 모여서 창발현상Emergent Behaviors들이 발현된다는 것이다. 복잡계가 단순히 뒤엉켜 있는 시스템이 아니라는 것은 시스템이 창발하는지 여부로도 구분될 수 있다. 다양한 단일 요소들을 가지고 있음에도 창발이 발생하지 않는다면 그저 복잡한 시스템에 불과하다. 대량의 데이터가 모이고 인공지능과 머신러닝 기술들이 발전할수록 빅데이터는 창발적 작용을 하게 된다. 전혀 관련 없어 보이는 데이터 간의 상호작용이 발생하고 비선형적인 결과물들이 발생하는 것은 데이터가 많아질수록 필연적으로 다가올 현실이다.

개인들 컴퓨터에 있는 데이터를 하나씩 모아서 그것의 상호작용을 분석해보자. 한 사람이 가진 데이터가 10기가 정도라면 10~100명이 모이면 100기가 1테라 데이터가 된다. 그 데이터들에는 직접 만든 것도 있고 내부 외부에서 받은 이메일, PDF 정보, 이북과 같은 자료들이 잔뜩 있을 것이다. 이것들이 복잡계를 구성하는 단일 요소들이 된다. 작은 공간은 더 확대되고 데이터는 계속 모인다. 버추얼 브레인이 작동하기 시작하면 팀 협업에서 어떤 흥미로운 결과가 나올지 궁금해진다.

잘 섞으면 잘 만들어진다

"하늘 아래 새로운 것은 없다."

『성경』에 나오는 말이다. 20세기에 새롭게 나타난 포스트모더니즘 사조를 대변한다. B급 문화라고 불리던 포스트모더니즘은 잡종과 복합의 미적 감각을 추구한다. 그래서 패러디와 혼재가 만연하고 상호 모방과 콜라주 기법들이 동원된다. 디지털 세상은 그걸 완벽하게 만들어준다. 기존에 존재하는 데이터와 이미지 그리고 동영상을 통해서 새로운 것을 창조한다는 것은 일하는 방식이 포스트모던 방식으로 완전히 바뀌어감을 의미한다.

영화 제작만 해도 그렇다. 영화는 일반적으로 스튜디오에서 제작한다. 스튜디오 제작 방식은 시나리오를 스토리보드에 옮기는 사전제작, 실제 촬영, 그리고 편집이라는 사후제작의 3단계를 거친다. 그런데 필름이 디지털화되고 나서는 제작과 사후제작 과정에 들어가는 필름이 사라지면서 제작비가 대폭 축소됐다. 과거에는 대형화된 제작 방식 이외에는 영화 제작이 어려웠지만 이제는 촬영 장비가 매우 작아지고 성능 또한 우수해졌다. 그러다 보니 누구나 영화를 쉽게 촬영하게 됐다.

디지털 영상의 장점은 사전제작과 제작이 합쳐졌다는 것이다. 쉽게 찍고 바로 확인해서 그 자리에서 촬영 방법을 바꾸거나 새로운 접근 방법을 고민해볼 수 있다. 그뿐만 아니라 죽은 사람을 디지털 기술로 되살려서 주연배우의 사망에도 불구하고 영화가 만들어진 사례도 있다. 제작 방식의 변화는 콘텐츠를 더 풍부하게 만들고 있다. 1인 제작 방식으로 제작된 영화가 성공하고 있다. 몇 가지 소프트웨어를 다룰 줄 알면 단 몇 명으로도 훌륭한 영화가 가능한 세상이 됐다. 영화 제작 방식에서도 포스트모던 방식이 빠르게 적용되고 있다.

이제 섞으면 새롭게 만들 수 있는 시대다. 사실 이 말의 전제는 일정한 틀이 있다는 것이다. 새롭게 만들어낸 프레임워크에서는 속도가 매우 빠르다. 전 세계에서 가장 유명한 웹사이트 제작 툴이라고 하면 먼저 워드프레스Word Press를 떠올린다. 워드프레스는 오픈소스 기반으로 PHP와 HTML 코드를 수정 없이 설치하고 플러그인Plug-in과 같은 것을 통해서 쉽게 웹사이트를 만들 수 있는 제작 툴이다. 더욱이 모바일 시대에는 PC용 웹사이트가 그것을 그대로 모바일로 최적화해서 보여준다. 플러그인이란 다양한 기능들을 사이트에 추가해서 사용하는 것이다. 대표적인 것들이 쇼핑몰 기능, 편집 기능, 결제 기능, 다양한 외부 사이트와의 연결 기능들이다. 최근에는 인공지능이나 데이터 분석과 관련된 기능들도 추가되고 있다. 이것들의 대부분은 무료로 제공된다.

웹사이트를 만드는 데 필요한 건 아이디어와 서비스다. 다양한 사이트를 참고해서 섞으면 만들 수 있다. 모르면 조금 어렵지만 알면 너무 쉬운 일이 되고 있다. 과거 어느 때보다 지금은 프레임을 이해하면 쉽게 무언가를 만들 수 있다.

협업은 곧 지식 공유다

협업은 팀 관점에서는 지식 공유다. 어떤 경우에든 정보와 지식을 공유하고 상호교류를 통해서 팀 목표를 달성하는 과정이 팀 협업의 핵심이다.[3] 전문성을 가진 개인들이 상대에게 어떻게 정보를 전달해줄 것인지는 결국 개인들의 선택이기 때문이다. 여기서 중요한 것은 협업의 결과가 아니라 오히려 협업의 과정이다. 목표를 성취할 수도 있고 때때로 원하지 않는 결과를 도출하기도 하지만 오히려 그런 의도하지 않은 결과가 더 큰 성과로 나타나는 경우도 있다. 결국 어떻게 협업을 했는지가 중요하다.

지식은 일반적으로 데이터와 정보와는 구별된다. 일반적으로 자료data란 원 자료raw data와 사실fact로 나뉘는데 정보는 가공된 자료이고 지식은 증명된 정보로 정의된다. 세계적인 경영학자인 노나카 이쿠치로는 조직은 지식 창출을 위해서 새로운 지식을 창출하고 그것을 전파하고 만들어내는 능력을 갖춰야 한다고 주장했다. 그리고 이를 위해 필요로 하는 지식을 암묵지tacit knowledge와 형식지explicit knowledge라는 개념으로 정의했다. 암묵지는 개인적 관심사나 상황 중심적 지식 등 공식화하기 어려운 지식을 말하는 것으로 내 머릿속에만 있는 지식이다. 반면 형식지는 구체적이거나 성문화된 것으로 체계적이고 공식적인 언어로 전달이 가능한 지식이다.

이 두 가지 지식 유형이 '사회화socialization → 외재화externalization → 조합화combination → 내재화internalization'라는 4개 과정을 통해 지식 변환이 이루어진다는 것을 강조했다. 이런 과정이 지속화될수록 조직의 지식역량은 높아지고 새로운 지식이 창조된다고 보았다.[4] 이러한 과정이 팀 내에서 동시다발적으로 이루어져야 새로운 지식의 생성, 축적, 학습, 공유, 활용이 발생한다. 지식 공유 프로세스는 최초에 지식을 창출하는 것에서부터 그렇게 창출된 지식을 다른 조직 구성원과 공유하며 조직 내에 저장하고 다시 재사용할 수 있도록 하는 일련의 과정이다.[5]

전문성을 가진 팀원, 팀장 리더십, 성과관리가 아무리 훌륭하다고 해도 온라인 환경에서 제대로 역량을 발휘하려면 테크놀로지를 잘 활용해야 한다.[6] 효과적인 업무 관계 개발 전문가이자 컨설팅 회사 대표인 키스 페라치Keith Ferrazzi의 조언이다. 가상환경 팀에게는 기술이 가진 각각의 특성을 고려해 커뮤니케이션 방식을 통합적으로 제공하는 플랫폼을 사용해야 한다. 지식과 정보를 일차적으로 전달하고 공유하는 협업 시스템이 협업을 도와주는 도구 활용보다 먼저 필요하기 때문이다. 정보기술은 직접적으로 정보를 만들어내지는 못하지만 정보를 조합하고 정리할 수 있도록 도와준다.

지식 접근성과 지식 풍부성이 중요하다

지식 공유를 위해서 팀에게 필요한 기술 역량은 지식 접근성knowledge

reach과 지식 풍부성knowledge richness이다.[7] 지식 접근성은 지식에 대한 포괄성comprehensiveness과 접근 가능성accessibility을 말한다. 지식은 물리적으로 보면 하드디스크와 같은 저장소로 이루어져 있는 지식 베이스와 그것에 연결된 네트워크 혹은 시스템에 부호화돼 저장된 것을 말한다. 결국 머릿속에만 존재하고 있어서 명확하게 말하기 어려운 암묵지 형태가 아니라 명확하게 표현하거나 해석할 수 있는 형식지 형태로 지식 베이스와 시스템에 저장돼 있어야 한다. 이것을 필요할 때 검색하고 추출해 활용할 수 있는지를 말한다.

지식 접근성이 지식 자체에 초점을 둔 것이라면 지식 풍부성은 사회적 상호작용에 초점을 둔 것이다. 지식 풍부성은 구성원 사이의 상호작용 체계를 가리키는 것으로 이해 형성sense-making, 관점 공유, 암묵지의 향상을 돕는다. 기술 역량이라는 관점에서 보면 지식 접근성은 지식의 저장, 검색, 그리고 추출에 관한 것이다. 지식 풍부성은 팀원들 사이의 커뮤니케이션 효과성을 지원하는 기술이다. 팀이 운영되는 데 중요한 개념이 분산기억 체계TMS, Transactive Memory System다. 분산기억 체계는 내가 다른 사람의 기억을 활용해 자아를 확장하는 수단으로 제시된 개념이다. 이때 특정인이 지닌 기억을 개체기억Individual memory이라 부르고 타인의 기억을 외부기억external memory이라 한다.

외부기억은 넓게 보면 타인의 기억뿐만 아니라 각종 매체에 저장된 것까지 포괄적으로 정의한다. 분산기억은 팀원 간 상호 기억을 공유하기 위한 기본 정보를 형성하게 된다. 팀원 중 누가 무엇을 알고 있는지에 대해 메타 정보가 체계화돼야 팀은 분산기억을 가졌다고 말할 수 있다. 그리고 이것을 분산기억 시스템이 형성돼 작동한다고 할 수 있다. 따라서 분산기억 체계 개발을 위해서는 지식을 부호화해야 한다. 저장, 검색, 추출 과정이 필수적이다. 이것을 가장 잘 지원하는 것이 정보기술이다. 눈에 보이는 지식인 형식지가 공유되고 활용되기 위해서는 지식 접근성 측면에 대한 기술이 필요하다. 또한 암묵적 지식을 공유하고 공통된 이해를 형성하기 위해서는 긴 시간이 필요하다. 따라서 팀원들 간의 지식적 맥락을 높이기 위한 커뮤니케이션을 지원해주고 지식 풍부성을 높이는 기술이 뒷받침돼야 한다.

대표적인 통신기술인 전화 회의conference calling는 손쉬운 녹음이나 자동 속기를 지원하고 참여자의 발언과 청취 시간을 모니터링할 수 있는 것이 장점이다. 화상회의는 시각적 단서 제공이 가능하고 개인별 신뢰를 형성하는 데 큰 도움이 된다. 문자메시지나 채팅은 사람들 간 관계 형성에 매우 효과적이다. 온라인 토론방이나 가상 팀 공간은 팀 전체에 이슈를 제시하고 협업이 가능하도록 지원해준다. 특히 다양한 의견들이 복잡하게 논의되는 경우에는 이슈를 논의하기가 원활하다. 이런 부문이 지식 접근성에 해당된다.

지식 풍부성은 기술적 한계가 있다. 협업 기술로 가상공간에서 파트너와 커뮤니케이션할 수 있는 환경이 갖추어진다고 해도, 강한 유대감을 형성하고 상호작용의 만족감을 형성하는 것은 전혀 다른 문제다.[8] 갈수록 팀원들 간 서로의 역할이 중요하다. 리더는 기술을 사용할수록 커뮤니케이션 방식을 바꿔야 한다. 지식 풍부성을 높이기 위해 비언어적 커뮤니케이션 스킬을 높여야 한다.

팀 협업에는 확산적 업무와 수렴적 업무가 있다

온라인을 중심으로 일하는 팀일수록 협업을 위해서 지식의 저장과 검색, 추출을 지원하는 기술, 그리고 단지 메시지 전달만이 아닌 비언어적 커뮤니케이션까지도 가능하게 하는 기술의 사용이 더욱 중요해진다. 그러려면 시스템은 기능이 다양해야 한다. 그렇다면 가상환경에서 첨단기술을 적용하는 것이 최선인가? 반드시 그렇지는 않다. 최신 기술이 팀워크를 더 안 좋아지게 할 수 있다.[9]

복잡한 기능을 적용할 때 기술 수용의 어려움은 반드시 존재한다. 이를 극복하기 위해서 많은 시간과 높은 비용이 요구된다. 높은 기술 수준을 요구하는 경우 익숙하지 않은 팀원들이나 전혀 사용할 필요 없는 팀원들이 낙오할 위험도 존재한다. 한편으로는 로봇이 팀 구성원 중 하나인 경우 전혀 할 수 없는 기술들이 존재하기 때문에 프로그램을 수정하는 등 새로운 비용이 추가될 수도 있다. 결국 기술의 복잡성 때문에 문제가 발생하는 것이다.

이런 상황을 극복하기 위해 필요한 협업 방식이 과업기술 적합도task-technology fit를 높이는 활동이다. 과업기술 적합도 이론에 따르면 과업의 특성과 기술의 특성 간 적합도가 높을 때 업무 성과가 높아진다.[10] 일반적으로 팀에서 수행되는 과업은 확산적 업무divergent task와 수렴적 업무convergent task로 구분된다.[11] 확산적 업무는 새로운 아이디어 창출과 같이 다양한 결과물을 만드는 일을 가리킨다. 이 경우 팀에서는 가용할 수 있는 정보를 시너지가 발휘될 수 있도록 엮어 쓸모 있는 지식으로 만들어야 한다.

여기서 시너지란 팀원들 간의 협업을 통해서 팀원들 개개인이 가진 지식의 양을 넘어서는 새로운 지식을 말한다. 새로운 전기차 배터리를 개발하기 위해서 배터리의 형상을 개발하는 사람, 배터리에 들어가는 재료를 연구하는 사람, 배터리 구조를 연구하는 사람, 배터리 안전을 연구하는 사람들이 모여서 배터리 전체에 대해 다양한 의견을 쏟아내고 이것을 통해 새로운 형태의 배터리 아이디어를 제출하는 노력이 확산적 업무다.

반면 수렴적 업무는 의사결정과 같이 다양한 지식과 생각을 모아 하나의 결과물을 줄여나가는 것을 말한다. 새로운 전기차 배터리에 대한 다양한 아이디어를 실험하고 최종적으로 선택해야 하는 결과물을 한두 개로 줄여가는 행동을 말한다. 그런데 팀에서 이루어지는 과업을 두고 확산적 업무나 수렴적 업무 한쪽으로 분류하기란 쉽지 않다. 팀의 성격에 따라 협업의 방식은 달라질 수 있다. 분명한 것은 해야 할 과업에 따라 기술을 어떻게 쓸 것인지를 정해야 한다는 것이다.

공유할수록 협업해야 한다

마이크로소프트가 팀즈Teams를 통해서 팀에서 일하는 방식을 획기적으로 바꾸는 시도를 하고 있다. 팀즈는 2017년 발표한 협업 툴인데 채팅, 화상 회의, 파일 저장 및 응용 프로그램 통합을 결합한 통합 커뮤니케이션과 공동 작업 플랫폼이다. PC를 사용하는 사람이면 누구나 사용하는 엑셀과 윈도를 동시에 작업할 수 있도록 지원하고 아웃룩과 같은 메일 서비스와 채팅과 화상회의까지 전부 통합해서 공유해주고 있다. 어디서든 일할 수 있는 스마트 워크플레이스를 구현함으로써 업무 환경의 통합을 추진하고 있다. 여기서 주목할 부문은 업무 데이터 통합관리다.

마이크로소프트는 팀 구성원 데이터를 통합 관리해 팀원들이 가진 모든 데이터를 분석할 수 있도록 지원해주고 있다. 팀원 데이터를 분석해서 데이터가 필요로 하는 사람들에게 누가 어떤 데이터를 가지고 있는지 추천해준다. 개인 데이터 분석은 개인들의 이메일, 일정, 그리고 자료 조회 정보 등을 포함해서 사용자 행동 패턴을 분석해서 업무 생산성을 높일 수 있도록 프로세스 제안해준다. 이 기술은 로봇 프로세스 자동화와 결합해서 불필요한 일은 줄이고 더 가치 있는 일을 할 수 있도록 시간을 확보해준다. 팀원들이 하는 모든 것이 데이터로 남는 것이다.

반면에 데이터가 많아질수록 데이터가 가진 힘들로 인해서 새로운 자료가 만들어진다. 디지털화된 데이터들은 융합 과정을 통해서 더 빠른 속도로 데이터를 만들어낸다. 디지털 세상에서 다중화된 콘텐츠는 피할 수 없는 속성이다. 그러나 그만큼 사람들은 헛갈릴 수밖에 없다. 어떤 데이터를 사용해야 하는지? 어떤 콘텐츠를 이용해야 하는지? 인공지능이 모든 것을 추천해주지 않는다. 누군가는 판단을 해야 한다. 데이터 지식의 유통 속도가 느릴 때는 알고 있는 지식을 지렛대 삼아 상대방과 협상을 하기도 했고 의사결정을 하기도 했다. 그러나 데이터가 많아질수록 상황이 바뀌고 있다. 자료를 수정할 때마다 누군가의 생각이 들어간다. 그것을 적절한 시간에 팀원들과 공유해야 한다. 오히려 어떤 데이터를 사용해야 하는지, 왜 그렇게 생각해야 하는지 팀원들 간에 논의를 해야 한다. 잘못된 데이터를 활용할 가능성은 과거에 비해 비약적으로 늘어났기 때문이다. 업무 데이터를 통합하는 건 마이크로소프트에서만 일어날 일이 아니다. 업무 환경은 더욱더 상호 의존성을 높이는 방향으로 진화되고 있다. 바로 옆에서 같이 일하던 동료들이 없더라도 내가 하는 모든 일은 결국 다른 사람들과 협업해야만 진행될 수 있는 일이 돼간다.

공간에서 벗어나면 소유가 사라진다

1990년대에 미국 정치가인 존 발로우John Barlow가 주창한 닷 공산주의dot-communism란 말은 어떤 행위를 무료로 하는 사람들로 이루어진 노동력workforce composed entirely of free agents이다. 즉 일종의 분권화된 재능이나 물물을 교환하는 경제체계이다. 소유가 중심이 아닌 무보수를 통해서 일을 하는 사람들이 경제의 주체가 되는 애드호크라시Ad hocracy 형태의 사회적 협력체제다. 이들은 기술이 기반이 되는 커뮤니티로 발전했다. 기존 기술을 활용해서 기술적 진보를 하는 데 활용하는 행위를 매 순간 일시적으로 수행한다. 하지만 그것들이 모여서 거대한 커뮤니티에서 사회적 기술의 진보가 만들어진 것이다.

소유라는 개념은 역사 속으로 사라질지도 모른다. 팀은 이제 어느 공간에서나 어느 시간대에서나 존재할 수 있다. 그것은 공간에서 벗어났기 때문에 가능했다. 공간을 소유하지 않고 즉시 빌릴 수 있다는 건 필요할 때마다 소유할 수 있는 혜택을 갖게 된다는 것이다. 이로써 소유가 가진 단점인 필요 없을 때 사용할 수 없다는 위험을 제거할 수 있다.

과학기술 전문가인 케빈 켈리Kevin Kelly는 『인에비터블-미래의 정체』에서 다섯 가지 기술 트렌드를 제시하고 있다.[12] 첫 번째는 탈물질화Dematerialization다. 시간이 흐를수록 물질Materials의 사용이 점차 줄어들고 있다. 자동차의 무게도 1970년대 이후로 평균 25% 줄어들었다. 집에 한 대씩 있는 PC만 봐도 과거보다 본체가 줄어들거나 노트북으로 바뀌었다. 무게를 줄이는 게 경쟁력이다. LG전자 그램Gram은 15인치 노트북을 980그램이라는 경량으로 만들어 고객의 기대를 뛰어넘기도 했다. 그런데 이런 탈물질화를 촉진하는 또 다른 요소가 소프트웨어다. 네트워크 시장에서 이런 현상은 두드러지고 있다.

기업이 네트워크망을 구성하기 위해서는 여러 개의 하드웨어를 이용해서 네트워크를 구성한다. 그 이유는 네트워크를 사용하는 목적이 다르기 때문이다. 예를 들어 A란 네트워크망은 연구개발을 위한 보안망이고, B란 네트워크망은 생산현장에서만 사용하는 망이고, C란 네트워크망은 인터넷을 활용하는 망이라고 한다면 A, B, C 3개의 망은 장비를 별도로 구분해서 네트워크를 구성해야 했다. 전부 하드웨어가 중심이었다. 그런데 SD-WAN(Software Defined-Wide Area Network)은 소프트웨어로 네트워크망을 구성한다. 즉 A, B, C 3개 망을 소프트웨어를 활용해서 한 개의 장비만으로 구성할 수 있다. 결국 "소프트웨어가 모든 것을 먹어치운다."라고 할 수 있다.

상품은 소유하고 싶지만 서비스는 소유를 단념하게 만든다. 서비스를 받게 되면 끊임없이 서비스에 반응하게 된다. 우리는 페이스북과 유튜브에서 '좋아요' 혹은 '구독'을 통해 서비스에 직접적인 반응을 하고 있다. 직접 콘텐츠를 만들어본 사람들은 서비스에 민감하게 반응한다. 즉 프로슈머Prosumer라고 불리는 소비자는 생산자에게 더 가까워지고 실제로는 소비자가 곧 생산자가 됐기 때문이다.

두 번째는 실시간 주문형Real Time On Demand의 확대다. 탈물질화되고 서비스화돼 갈수록 내가 필요할 때 확보해야 한다. 오늘 세 명이 새로운 팀을 만들어서 스타트업을 시작한다고 생각해보자. 위워크에서 곧바로 미팅을 시작할 수 있다. 팀을 만들고 나서 필요한 대부분의 소프트웨어를 온라인을 통해서 무료로 받을 수 있다. 마이크로소프트의 오피스와 같은 소프트웨어는 월 단위로 매우 저렴한 가격에 구독할 수 있다. 노트북도 빌려준다. 내 중요한 정보를 넣어놓을 저장 공간은 아마존에 월 10달러 정도만 내면 빌릴 수 있다. 더 이상 팀에 필요한 하드웨어와 소프트웨어를 소유할 필요가 없다. 그것도 내가 필요한 지금 바로 사용할 수 있다.

세 번째는 탈중심화Decentalization다. 복잡계 성질 중 하나는 시스템에 명확한 중심이 없다는 것이다. 즉 탈중심화는 매우 자연스러운 현상이다. 새로운 팀은 거대한 복잡계의 한 요소로 참가하게 된다. 그것이 가능한 것이 데이터의 가상화에서 비롯된다. 버추얼 브레인의 등장은 데이터를 소유에서 벗어나게 한다. 새로운 신뢰가 만들어지는 과정에는 블록체인Block Chain 개념이 도입된다. 개인 간 상호연산에 의존해서 만들어지는 신뢰는 데이터 간 연결을 더욱 촉진하고 참여자가 많아질수록 탈중앙화가 가속된다.

네 번째는 플랫폼 시너지다. 프로젝트가 동일 플랫폼에서 이루어질 때 더 큰 시너지가 발생한다. 우리는 플랫폼 사용에 매우 익숙하다. 처음 만난 컴퓨터에는 항상 마이크로소프트의 MS-DOS 혹은 윈도가 있었다. 우리는 그 운영체제 안에서 컴퓨터를 사용함으로써 플랫폼이라는 생태계에서 살아가게 됐다. 그렇게 많은 스프레드시트 중 엑셀을 사용함으로써 스프레드시트의 다양한 함수는 엑셀에서 사용되는 것으로 표준화됐다. 또한 잘 몰랐던 PDF라는 파일 확장자 사용이 이제는 대중화됐다.

최근에는 페이스북, 우버, 페이팔, 애플, 구글과 같은 플랫폼들이 생태계를 독점하고 있다. 그런데 플랫폼을 독점적으로 운영하기 위해서는 끊임없이 자신들의 플랫폼 사용자를 학습시키고 계속 머물 수 있도록 서비스를 제공해야 한다. 이들은 그것들을 무료로 제공한다. 플랫폼을 같이 사용한다는 건 새로운 비용을 제거하고 같은 기준과 표준을 활용한다는 의미다. 또한 새롭게 적용된 고도화된 기술과 관리 수준을 같이 적용함으로써 사용자들은 더욱 똑똑한 환경을 활용할 수 있다. 내가 전부 가지고 있었다면 그렇게 빠르게 똑똑해질 수 없다.

마지막 다섯 번째가 클라우드Cloud다. 클라우드는 우리 삶을 디지털화하도록 촉진하는 인프라다. 우리의 뇌 용량을 확대하는 곳이 클라우드다. 놀라운 점은 클라우드가 점점 더 커질수록 내가 가진 기억 장치의 가격은 낮아진다는 것이다. 내가 보는 모든 것은 클라우드에 있다. 따라서 모든 것을 가지고 있고 제공하는 클라우드 기업은 또 다른 빅브라더 역할을 하고 있다. 그들은 우리를 검열하고 통제하고 의존하게 만든다.

소유가 사라진 곳에는 디지털 노마드 현상이 가속화된다. 팀은 더욱 구독할 수 없는 것에 집중하게 된다. 팀은 물리적인 것들보다는 팀원들이 가진 창의성에 집중할 수밖에 없다. 가까운 미래에는 팀이라는 커뮤니티를 구성하는 객체(인간이 대표적일 수 있다)들과의 관계를 통해서 팀에 대한 소속감 혹은 애착이 소유욕을 대신하게 될 것이다.

전문가의 영역이 점차 줄어들고 있다

팀의 성공은 결국 팀원들 개개인의 역량에 달려 있다. 팀원들의 가치창출 능력을 통해서 팀 분산 기업체계를 작동시켜 지적자본을 축적하고 목표를 성취해야 한다. 여기서 지적자본 축적을 위해서는 팀원의 전문성은 필수적이었다. 현재의 팀에는 일반적인 관리자들인 제너럴리스트들의 자리가 없다. 제너럴리스트는 많은 것을 조금씩 알고 있는 사람이다. 우리가 알고 있는 전문가들은 어떤 모습인가? 전통적인 직업에서 전문가란 수십 년간 전문성을 기르고 오랜 기간 동안 훈련을 거친 사람을 말한다. 하지만 대다수 직업에서 전문가들은 어느 순간 평범한 기술에서 멈추어 있다. 이들 또한 우리는 제너럴리스트라고 부른다. 전문성보다는 관리역량을 더 중요하게 생각하는 관리자들이다. 하지만 구글과 유튜브 그리고 위키피디아가 있는 사회에서 검색 단어 선정과 내용 정리만으로 제너럴리스트가 할 수 있는 것을 대부분 대체한다.

전문가, 그들의 이름도 사라지고 있다. 미디어 산업을 보자. 유튜버가 초등학교 학생 희망직업 5위가 됐다. 51만 명의 구독자를 가지고 있는 초등학생 유튜버 '간니닌니 다이어리의 김가흔, 김리흔'은 유명인이 됐다. 이렇게 발전하는 미디어 산업에서 영상전문가의 자리는 갈수록 좁아지고 있다. 초등학생들이 영상을 편집해서 올리는 것이 수준급이다. 소프트웨어가 너무 좋다. 6개월에서 1년 정도 배우면 웬만한 편집을 충분히 해낸다. 그들은 이제 프로다. 콘텐츠의 힘만 있으면 성공할 수 있다. 영상분석 전문가보다 평범한 네티즌 수사대가 더 빨리 뺑소니 차량을 식별하고 범죄자 인적사항을 찾아낼 수 있다. 구글 영상 분석을 통해서 웬만한 무명용사들은 경찰들보다 더 빠르게 움직이는 시대다. 오히려 전문가를 버리는 사람들도 있다. 대표적인 미디어 전문매체가 디스패치다. 그들은 전문적인 탐사보도 기자들이 아니다. 오히려 연예부 기자로 일하다가 전형적인 기자 스타일을 벗어나 벤처처럼 미디어를 만들었다. 그들은 기자라는 전문성보다 새로운 방식의 미디어 접근 방식으로 아마추어리즘을 표방한다.

전문성은 유튜브 채널을 보면 어김없이 무너져 버린다. 오랫동안 한 분야를 파고들었던 소위 말하는 전문가들은 자신의 분야에 함몰돼 있다. 그러나 유튜브를 보며 공부한 재야의 고수들은 직업이 있으면서도 취미로 하는 일에서 더 폭넓은 시각을 전달해주고 있다. 20년 한 분야를 연구한 교수들보다 1~2년 색다른 시각으로 분야를 바라보는 유튜버에게 더 신선함과 통찰을 느끼는 것을 보며 전문가를 더 이상 어떻게 정의해야 할지 모르겠다. 전문가라는 단어보다는 새로운 창작자Creator라는 말이 어울리는 미디어 산업은 특수한 경우라고 한다면 가장 변화가 빠른 정보기술 분야를 한 번 보자.

정보기술 분야는 가장 많은 스타트업이 활동하는 분야다. 스타트업에 뛰어드는 젊은이들은 과거의 시각으로 보면 아마추어다. 그들은 직업적 경력도 매우 짧고 사회적 경험도 부족하다. 그뿐만 아니라 지식도 그렇게 깊지 않다. 단순히 아이디어 하나로 뛰어든다. 그런데 그런 그들이 성공한다. 수없이 많은 실패를 겪고 그들은 성장하고 또 성공한다. 전문성이 별로 없어 보이는 그들이 프로젝트를 성공시키는 것이다. 한 조사결과에 따르면 유니콘을 설립한 창업자들의 창업 당시 평균 나이는 33.4세이다. 그중 상위 14개의 유니콘 기업의 창업자들의 창업 당시 평균 나이는 30.4세로 집계됐다. 25세 이하의 나이에 창업한 창업자들도 적지 않았다. 25세 이하의 나이에 창업한 창업자는 모두 30명이다. 이들 평균 나이는 22.9세로 매우 어린 나이에 창업했다는 것을 알 수 있다.

'유연한 전문가'의 시대가 온다

인터넷과 로봇과 같은 기술을 활용하는 팀에는 바야흐로 시대적 요구를 수용하면서 팀원들을 어떻게 충원하고 성장시켜야 할지가 큰 고민이다. 팀이 가진 목적을 달성하기 위해서 필요한 기본 역량은 당연히 특정 분야의 지식을 보유한 전문성이다.

인공지능 시대에 한 가지 전문성을 가진 사람들은 아웃소싱을 통해서 필요에 따라 팀원으로 구성하는 것이 가능하다. 단기간에 팀을 운영하기에는 효과적이다. 그런데 이러한 아웃소싱의 일부는 인공지능이나 로봇이 대체할 것이다. 미래에 가장 빠르게 대체되는 것이 법조계, 세무사, 의사 등과 같은 기존 데이터를 분석하는 방식으로 활용하는 전문가들이다. 따라서 기술 발전이 빨라질수록 더 요구되는 건 한 분야 이상에서 깊이 있는 능력과 지식을 가지는 것, 즉 유연한 전문성이다. 이러한 능력은 흔히 1만 시간의 법칙과 같은 전문적인 훈련으로 시작한다. 그러나 거기에 안주해서는 안 된다. 자신의 능력이 높이 평가받는 이유를 정확하게 이해해야 한다. 그것과 연관된 기술을 한두 가지 더 가지고 있어야 한다. 그러다 보니 적합한 인재를 확보하는 문제 때문에 협력은 더욱 어려워진다.

그렇다면 팀에 필요한 유연한 전문가는 어떤 특성을 가져야 하는가? 첫 번째는 아이러니하게도 장인이 되는 것이다. 10년, 1만 시간의 법칙에 맞는 전문적인 훈련이 필요한 곳에서 장인으로 성장하는 것이다. 유튜브나 온라인 무료 교육이 넘쳐나는 세상이지만 그중 높은 품질의 전문성을 가진 사람은 여전히 매우 드물다. 전문성은 수준이 높을수록 0.1%의 차이가 성과의 전부를 좌우하는 수준으로 발전하고 있다. 이 정도의 전문성을 가지기 위해서는 오랜 시간 연습하고 장인처럼 노력해야 한다.

올림픽 금메달리스트인 피겨스케이팅 선수 김연아는 17년간 4만 9,640시간을 연습하고 나서야 피겨의 장인으로 성장할 수 있었다.[13] 전 세계에 김연아는 한 명뿐이다. 장인의 반열에 오를 수 있다면 그렇게 하는 것이 초격차를 만들어내는 힘이다. 하지만 대다수 사람에게 장인과 같은 훈련은 어렵다. 그렇다면 크리에이터가 돼야 한다. 일을 즐기며 재미있는 일을 할 수밖에 없다. 창의성은 장인의 경지와 전혀 다른 예술의 영역이기 때문이다. 광고전문가, 작가, 디자이너, 설계자, 전략가, 사업가들은 상상력과 공상으로 전문성을 만들어야 한다.

그리고 유연한 전문가가 되기 위해서는 계속 변신해야 한다. 지식융합의 시대에 한 분야의 기술을 능숙하게 다룰 줄 알게 되면 조금 다른 범위에서 새로운 전문성을 쌓아보는 것이다. 네트워크 시대에 전문가로 성장하고자 한다면 꼭 필요한 방법이다.

현실은 각본대로 움직이지 않는다

1995년에 스탠퍼드대의 캐슬린 아이젠하르트kathlen Eisen-hardt 교수와 배넘 타브리치Behnam N. Tabrizi 교수는 글로벌 컴퓨터 산업 기업의 생산 혁신에 관한 연구를 진행했다. 미국, 아시아, 유럽의 36개 컴퓨터 제조업체들의 72개 제품 혁신사례를 조사한 결과 놀랄 정도로 연구개발팀의 역량은 계획보다는 실행에 초점이 맞추어져 있었다.[14] 제품을 빠르게 생산해보는 것이 제품 혁신을 더 잘 만들어낸다는 사실이다. 결국 미래는 불확실할 것이라는 사실을 그대로 받아들인 프로젝트 팀이 우수했다는 것이다. 앞으로 갈수록 계획을 완벽하게 세울 수 없는 시대다. 끊임없이 계획은 바뀔 것이며 불확실성은 높아지고 있다.

전 세계 영상 산업의 일대 혁신을 만들어내는 기업이 있다. 넷플릭스다. 넷플릭스는 스트리밍 서비스를 하는 기업으로 월 정액제로 영화와 드라마 등을 제공한다. 더 나아가 현재는 영화와 드라마를 만드는 종합 엔터테인먼트 기업이 됐다. 이런 넷플릭스는 1년 단위 연간계획 수립을 하지 않는다. 과거에는 넷플릭스도 연간계획을 세워서 예산을 세웠지만 그 로드맵과는 전혀 다른 결과가 나타나는 것을 알게 됐다. 넷플릭스는 연간계획 수립을 폐지하고 대신 분기별 계획을 더욱 구체적으로 세우는 방식으로 전략을 바꿨다. 분기 단위 계획은 소비자 정보를 더 빨리 정확하게 피드백을 받을 수 있기 때문에 연간계획보다 더 정확하게 목표 달성이 가능했던 것이다.[15]

우리는 이런 방식을 애자일Agile 방식이라고 부른다. 애자일은 단순히 빠르고 유연함을 나타내는 단어가 아니다. 팀이 고객의 반응에 즉흥적이고 민첩하게 반응하며 일하게 하는 방식이다.[16] 그러려면 팀이 자율적으로 움직일 수 있어야 한다. 민첩하다는 건 결국 즉흥적인 대응력이다. 민첩한 팀일수록 일을 하면서 계획을 세우고 실행하는 것을 반복할 수 있다. 즉흥적으로 대응할 수 있어서 실패해도

오루페우스 챔버 오케스트라 연습 현장-지휘자는 없다

(출처: 유튜브)

빠르게 대응하고 성공한 활동은 더 발전시킬 수 있다. 이런 빠른 대응 덕분에 고객에게 적합한 솔루션을 찾을 수 있는 것이다. 그것이 시장에서 성공하는 제품과 서비스를 만드는 이유다.

지휘자 없는 오케스트라가 연주할 수 있을까? 지휘자는 곧 리더를 이야기한다. 특히 연주자는 자신들의 전문 악기를 다루는 자존심 강한 전문가들이다. 그들을 조화롭게 만드는 지휘자가 오케스트라의 명성을 좌지우지한다. 그런데 뉴욕의 오르페우스 챔버 오케스트라는 1972년 이후로 지휘자가 없는 오케스트라 연주를 계속해오고 있다.[17]

대화와 소통으로 음악을 새롭게 만들어가는 오르페우스는 결과보다 과정을 중요시하고 효율성보다는 참여와 창의성을 중요시하는 문화를 가지고 있다. 오르페우스는 모든 단원이 작품 선정에 참여한다. 여러 작품을 전부 리허설할 수는 없으니 몇 개의 작품을 가지고 리더를 정해서 핵심 멤버 리허설을 진행한다. 전부가 참여하지만 그 안에서 몇 개의 작품들을 몇 명의 핵심 멤버들이 선정해서 돌아가면서 리허설을 한다. 그래서 리더십이 계속 바뀌지만 그만큼 서로가 음악을 듣고 논의할 수 있게 된다. 누구나 리더가 되고 누구나 청자가 되는 환경이 만들어지는 것이다. 이와 같은 리허설은 생산성만을 고려했을 때는 효율이 떨어진다고 생각할 수 있다. 하지만 서로의 생각과 아이디어를 공유하고 그것을 통해서 더 풍부한 작품을 만들어가는 것이 팀원들에게 더 큰 동기부여가 된다. 이처럼 또 다른 가치가 팀 전체에 반영되는 걸 생각해보면 오히려 팀 전체 관점에서는 더 효율적이다.

오르페우스에는 리더가 없는 것이 아니다. 모두가 이 오케스트라의 주인의식을 가진 리더다. 오르페우스에서 놀라운 점은 그들의 즉흥적인 대응력이다. 그들은 리허설을 통해서 음악을 해석하고 서로에게 자신의 생각을 끊임없이 공유한다. 이를 통해 음악의 작은 변화를 서로가 빠르게 인식하고 그것에 대응하게 된다. 더 생동감 넘치는 음악은 끊임없는 불확실성을 팀의 잣대로 극복해내는 과정 중에서 구체화된다. 피터 드러커Peter Druker는 "비즈니스 세계에서는 기업이 연주하면서 적는 악보 이외에는 연주할 악보가 없다."라고 했다. 현실 세계는 각본대로 움직이지 않는다. 항상 불확실성이 있다. 미래 인재는 문제를 직접 해결할 수 있는 사람이다. 그에게는 팀으로 협력하며 일할 수 있고 해결해야 할 문제에 민감하게 반응하는 대응력이 중요하다.

인간과 기계의 협업에도 상호교감이 필요하다

인공지능이 병을 진단하고 번역 서비스를 제공하고 고객 접수를 대신하는 등 인간의 일자리를 빠르게 대체하고 있다. 그렇다고 인간을 완전히 대체할 것인가? 그런 두려움이 있지만 현실은 그렇지 않을 것이다. 많은 기업을 분석해본 결과 인간이 잘하는 것과 기계가 잘하는 것이 절충하게 된다. 단순히 기계가 인간을 대체하는 것으로는 단기간에만 효과를 나타냈다.

과거 비즈니스 프로세스 리엔지니어링BPR, Business Process Reengineering이 비즈니스에서 중요한 화두가 된 적이 있다. 엔터프라이즈 리소스 플래닝ERP, Enterprise Resource Planning과 같은 비즈니스 프로세스 리엔지니어링 도구를 도입한 회사는 비슷한 프로세스와 유사한 절차로 사람도 줄어들고 업무 효율성이 높아질 것이라 쉽게 생각했다. 하지만 현실은 달랐다. 기술이 아무리 좋아도 그것을 쓰는 건 사람이다. 기술이 모든 조직에 동일하게 적용될 것이라는 기대는 한낱 꿈에 불과했기 때문이다. 프로세스나 절차가 더 명확해지기는 했어도 그것이 차별적 경쟁력을 만들지는 못했다. 인공지능과 같은 기술도 역시 인간과 기계가 같이 창조적 협력망을 만들어야 한다.[18]

인간과 기계의 협업은 두 가지 관점에서 진행돼야 한다. 첫 번째는 인간이 기계를 협력의 대상으로 만들어야 한다. 팀에서 사용하려는 기술 혹은 기계는 그 형태와 용도가 전부 다르다. 생산현장을 혁신하는 팀이라면 현장을 분석하는 로봇이 팀의 일원이 돼야 한다. 하지만 회계업무를 하는 곳이라면 회계 데이터를 검증하는 알고리즘이 더 필요하기 때문이다. 그렇기 때문에 팀에서 필요한 핵심 업무를 기계에게 가르쳐야 한다. 기계를 팀에 최적화되도록 훈련시키는 것이 선행돼야 한다.

두 번째는 기계가 인간과 협업하는 것이다. 학습을 거듭할수록 기계는 팀에 적합한 일원이 될 것이다. 그들은 인간이 가진 상상력을 확대해줄 수 있다. 로봇과 인공지능은 대용량 데이터를 정확하게 처리할 수 있다. 인간에게 여러 개 솔루션을 제공해줄 수 있다. 우리는 자동차를 운전할 때 내비게이션이 제공해주는 추천 길을 서너 개씩 받는다. 그중 하나를 선택해서 운전한다. 비슷한 과정이 팀 내에서 반복적으로 이루어질 것이다. 내가 필요로 하는 정보는 대부분 모듈화된 함수로 제공된다.

결국 인간과 기계의 협업은 상호교감을 통해서 발생하는 과정이다. 기계는 상호작용의 산물로써 함께 일하는 팀원이 된 것이다. 이것이 가능하려면 팀이 일하는 방식은 바뀌어야 한다. 인공지능이 만들어내는 가치를 최대한 활용할 수 있도록 새롭게 설계돼야 한다. 인공지능이 모든 것을 할 수는 없다. 인공지능이 가진 수학적 능력과 예측 능력을 활용해서 인간이 합리적으로 판단해야 하기 때문이다.

가트너에서 제시한 2019년 키워드에서도 인간과 기계의 협력망을 살펴볼 수 있다.[19] 가트너는 기계와 인간의 협업을 자율이동체 Autonomous Things라고 정의하고 있다. 기존에 인간이 담당하고 수행하던 역할을 인공지능(기계)이 수행하며 영역을 확장하는 것이다. 최근까지는 다양한 형태의 자율주행이 있었으나 자동화된 프로그래밍을 기반으로 로봇 상호 간에 커뮤니케이션하고 주변 환경을 인식해서 더 효과적인 자율주행이 되도록 하는 것들이다. 로봇은 다양한 객체와 협업하는 일이 가능하다. 예컨대 로봇이 피자를 만들고 식별하는 것에서 더 발전해서 인간과 협력을 통해서 스스로 인지하고 작동하는 수준까지 발전하게 될 것이다.

머신러닝에 기반을 둔 자동화 기술을 활용해서 분석 전반에 걸쳐 인간을 돕는 활동이 가능하도록 해주는 기술이 증강분석Augmented Analytics이다. 의사결정 과정을 도와주는 기술이다. 이 기술을 활용해서 데이터 관리, 분석, 비즈니스 프로세스 관리 등을 해낼 수 있다. 증강분석을 통해 얻은 자동화된 정보 통찰력은 인력, 재무, 영업, 마케팅, 고객 서비스, 구매조달, 자산 관리부서 등에서 보통 사람이 분석을 더 쉽게 할 수 있게 한다. 팀에서 더 이상 고급 기법을 활용하지 않아도 분석을 실행할 수 있고 그것을 통해서 의사결정이 가능해진다. 소프트웨어 개발도 더 쉬워진다. 인공지능 개발을 지원하는 도구 (클라우드 같은 것)를 활용해 다양한 알고리즘을 쉽게 개발하고 적용해볼 수 있다. 이것을 인공지능 주도 개발AI-driven development이라고 부른다. 누구나 쉽게 개발하고 누구나 쉽게 분석하는 환경은 팀에서 일하는 개인들에게 더 깊은 통찰력을 요구하게 된다.

7장

리더는 팀을
하나의 목표로
'조율'해야 한다

성공하는 사람들은 자신과 함께 일하는 사람들을 성공시킨다. 그들에게 적절한 역할을 부여해주고 책임과 권한을 줌으로써 더 성장하게 해준다. 그들의 성공을 통해서 성공은 더 확산되고 강해진다. 팀이 성공하기 위해서는 팀원들에게 책임과 권한이 적절하게 부여되고 서로를 성공시키는 선순환 관계가 작동해야 한다.

팀 리더는 팀원에게 임파워먼트해야 한다

팀에서 팀 리더는 팀원들에게 권한을 부여하고 있다. 특히 팀 운영 전략으로 팀원들의 역량 강화를 중요하게 여기고 활용하는 조직일 경우에는 더욱 그렇다. 팀원들이 스스로 업무를 찾고 팀에서 해결해야 할 과제와 솔루션을 발굴하고 그럼으로써 업무 생산성이 높아질 것이다. 따라서 권한부여가 잘돼 있다는 건 팀 전체의 성과를 높이는 방법이다. 하지만 현실에서는 권한을 줬다고 하면서 실제로는 직접 할 수 있는 일이 별로 없는 경우가 많다. 권한 부여만 한다고 임파워먼트empowerment가 되는 건 아니라는 말이다.

임파워먼트란 팀원이 가진 잠재력을 증진시키기 위해 책임과 권한 등을 개개인에게 부여하고 충분히 활용할 수 있도록 도와주는 과정이다. 임파워먼트를 효과적으로 하기 위해서는 일, 리더십, 조직 전반에서 개인들이 가진 무력감powerlessness을 없애야 한다. 임파워먼트는 결국 조직에 존재하는 무력감을 제거하기 위해 힘을 불어넣는 과정em-power을 의미하기 때문이다. 그렇기 때문에 기본적으로 임파워먼트가 이루어진다면 누군가의 권한이나 역할을 뺏어 다른 사람에게 주는 것zero-sum이 아니라 팀원들 권한이 상호작용을 이루어 조직성과가 더 커진다positive-sum는 관점에서 접근해야 한다.

임파워먼트의 목적은 팀 관점에서 고객 가치창출을 위해서 팀원들의 파워를 키우는 것이다. 따라서 팀원들 개개인이 일에 몰입돼야 하고 자신의 역할을 수행할 역량을 갖춰야 한다. 그래야 권한을 받고 신뢰를 기반으로 자신의 역할을 할 수 있다. 또한 임파워먼트를 하려는 사람에게도 믿음이 생길 수 있다. 따라서 개인 관점에서 임파워먼트를 만들어내는 것이 팀 임파워먼트의 시작점이다. 임파워먼트가 작동되는 팀에서는 능동적 변화가 발생한다. 대표적인 것이 파워가 상하관계로만 작동하는 것이 아니라 수평으로 전달된다. 상대방이 가진 역량이 또 다른 상대방에게 전달돼 팀 전체의 역량이 상향 평준화되는 데 도움이 된다. 이런 과정이 반복되면 그것이 조직 임파워먼트로 만들어진다.

임파워먼트는 의사결정과 밀접하게 관련된다. 누가 어떻게 의사결정하는가. 그리고 그 결정에 대해 누가 어떻게 책임을 지는가를 보고 임파워먼트가 팀 내에서 실질적으로 발생하는지를 결정한다. 팀 활동은 매 순간 의사결정의 연속이다. 팀이 좋은 점은 리더만 의사결정을 하는 것이 아니라 팀원들이 협력해서 의사결정을 하는 구조라는 것이다. 혼자서도 할 수 있지만 의사결정을 함께할 수 있는 체계가 팀이다.

임파워먼트가 행사된 팀원이 직접 의사결정하고 책임지는 체계는 이제 필수가 돼가고 있다. 리더가 모든 것을 결정하기에 시장은 너무 불확실하다. 너무 빠르게 바뀌는 기술을 쫓아가기에도 바쁘다. 그래서 가장 현장을 잘 아는 팀원들이 직접 의사결정을 해야 한다. 그것은 그들의 역량을 높이는 데 결정적인 역할을 하게 된다.

팀에서 로봇은 인간보다 매력적이고 유능하다

임파워먼트는 결국 조직의 파워가 어떻게 작동해야 할지를 결정하는 것이다. 조직에서 권력의 유형은 크게 두 가지로 나눌 수 있다. 먼저 알 수 있는 것이 개인적 권력이다. 이는 개인이 가진 특성과 성격에서 비롯된다. 개인이 가진 전문적인 지식과 경험, 즉 전문성과 다른 사람들이 인정하는 호감이나 매력에 기반을 둔 준거적Referent 권력과 특정한 사건이나 주제에 대해 알고 있는 정보력이다.

그리고 다른 한 가지가 직위 권력이다. 팀장이나 본부장 같은 직위는 조직적 권위를 제공받는다. 예산을 집행할 수 있고 의사결정을 할 때 책임을 전가할 수 있다. 직위에서 가장 큰 부문은 새로운 직원을 고용하거나 해고하고 평가를 통해 통제할 수 있는 권한이다. 일반적으로는 개인적 권력이 직위 권력보다 더 큰 영향을 발휘한다. 직위는 매우 공식적이고 대다수 구성원이 그것을 어떻게 사용하는지 주시하기 때문이다. 따라서 팀워크를 강조하기 위해서는 더욱 개인적 권력이 잘 활용되도록 해야 한다. 직위를 가진 사람이 의사결정을 하기 위해 회의나 토론을 이끌어가기보다는 전문성 혹은 정보력을 가진 팀원이 문제를 해결하기 위해 토론을 지배하면 더 빠르게 훌륭한 결정이 도출된다. 결국 직위 권력의 효용성은 점차 줄어들게 된다.

임파워먼트가 성공적으로 운영되는 팀일수록 구성원들의 스타일은 단호해지는 경향이 있다. 구성원들은 자신의 커뮤니케이션에 책임을 진다. 그들의 목표는 최선의 해결책을 찾기 위해 노력하는 것이다. 따라서 다른 사람들의 의견에 귀를 기울이고 타협한다. 신뢰와 열린 커뮤니케이션을 중시한다. 이것이 가능하다는 것은 권력관계가 동등해 서로에게 개인적 권력이 충분히 작동되는 팀 구조가 됐다는 것을 의미한다.

그런데 만약 인공지능이 팀 일원으로 참여한다면 어떨까? 팀의 상사로 로봇이 일을 한다면 어떨까? 전문성도 없는 팀원이나 감정에만 얽혀 있는 상사보다는 더 임파워먼트를 강화할 수 있을 것이다. 영국 런던대의 토마스 차모로-프레뮤직Tomas Chamorro-Premuzic 교수는 가까운 미래에 인공지능 관리자가 리더십을 더 잘 발휘할 수 있을 것이라는 주장을 했다.[1] 팀 임파워먼트가 중요한 팀에게 인공지능 관리자 혹은 팀원은 매우 선택할 가능성이 큰 선택지다. 단호한 스타일이라는 관점에서 보면 로봇은 인간보다 더 매력적이다.

먼저 인공지능은 기술적 전문성 측면에서 특정 분야의 전문지식이 매우 뛰어나다. 어떤 인간도 다양한 분야의 전문지식을 빠르게 검토하고 대안을 제시하기 어렵다. 인공지능은 개인적 권력을 확실히 확보하고 있고 탁월한 전문성에다가 매우 빠른 정보력과 계산력으로 빠르게 리더십을 발휘할 수 있다. 준거적 매력은 상대적으로 부족할 수 있으나 미래의 인공지능은 인간이 가진 감성까지 분석해서 적절하게 제공할 가능성도 있다. 그뿐만 아니라 다양한 추론과 논리력으로 합리적 의사결정을 유도할 수 있다.

그렇다 해도 인공지능이 인간의 매력을 뛰어넘기란 매우 힘들다. 하지만 인간이 잘못된 행동과 비이성적인 결정, 편견, 차별 등의 판단을 해서 매력이 반감되는 현실에서 인공지능은 오히려 합리적으로 한다는 점에서 경쟁력이 없는 것이 아니다. 단호한 스타일의 조직 운영에서 중요한 것은 신뢰와 열린 커뮤니케이션이다. 그 점에서 인공지능이 가진 진실함은 높은 경쟁력을 확보할 수 있다. 팀원들에게 있는 그대로 정보를 제공하고 모두가 같이 논의하거나 의사결정에 참여시킨다는 점에서 더 높은 신뢰를 확보할 수 있다. 특히 인간의 탐욕과 욕심 때문에 생기는 비윤리적이고 반조직적인 행위를 못하게 할 수 있다는 점에서 최고의 팀 구성원이 될 수 있다. 특히 인공지능은 자신에게 부여된 책임과 권한에 맞게 해야 할 일을 쉬지 않고 할 수 있다.

고성과 리더일수록 직원관계에 투자한다

리더는 팀에서 벌어지는 많은 일을 책임진다. 우리는 그렇게 알고 있다. 그래서 인사조직학에서 리더의 특성 연구는 오랫동안 이루어졌다. 1920년대 연구는 리더의 생김새, 나이, 종족적 특성, 태생, 그리고 지능과 심리적 특성까지 모든 것이 다방면에 걸쳐서 영향을 줄 것이라는 가설하에 연구가 진행됐다. 하지만 리더의 성과를 특성으로 분석하기란 쉽지 않다. 그들이 어떤 조직에서 일했는가를 간과해서는 안 되기 때문이다.

1950년대가 되자 인사조직 분야는 리더의 태도를 주목했다. 그들이 업무 지향적인지 관계 지향적인지를 중시했다. 업무 지향적 태도를 보인 리더는 직원들을 조직의 일원으로 바라보고 일로만 대했다. 그 당시 대부분의 팀 리더들이 그랬다. 반대로 관계 지향적 리더는 직원들과의 관계를 중시하고 신뢰와 존중에 관심을 가졌다. 1960년대에 이르러서야 연구를 통해서 고성과 리더일수록 직원관계에 투자한다는 점이 알려졌다. 리더란 모름지기 의사결정에서 직원들을 동참시켜야 한다는 것을 알게 된 것이다. 그런데 아이러니하게도 의사결정에 참여하는 사람들이 많아질수록 그 책임은 팀 전체가 나누게 된다. 개인이 짊어지는 책임의 정도가 작아지는 것이다.

1961년 4월 17일 망명한 쿠바인을 훈련시켜 중무장한 병력 1,400명을 실은 네 척의 배가 쿠바의 피그만에 나타났다. 탱크까지 동원한 침공군의 정체는 쿠바 민주혁명전선 대원이었다. 미국에 망명한 쿠바인들로 조직된 저항세력이었다. 미 해군 항공모함 에섹스 호와 구축함 다섯 척의 호위를 받으며 3개 지점에 상륙했지만 결과는 3일 만의 항복이었다.[2] 미국의 쿠바침공은 엄청난 역풍을 겪었다. 쿠바는 이 사건을 이용해서 쿠바 군중의 분노를 이끌어냈다. 이때 체 게바라Che Guevara는 침공군과 존 F. 케네디John F. Kennedy에게 감사하다는 말까지 했다고 한다.

미국의 피그만 침공 사건은 후유증과 큰 오점을 남겼다. 이 사건을 기점으로 피델 카스트로Fidel Castro는 사회주의 국가를 선언했고 소련에 핵미사일 기지를 쿠바에 만들어달라는 요청을 했다. 그 결과 1962년 10월 쿠바 미사일 위기가 발생했다. 미국 본토에서 핵전쟁이 발생할 수도 있었다. 케네디 대통령은 피그만 침공 이후 "내가 왜 이런 바보 같은 짓을 했는가." 하고 후회했다고 한다.

심리학자 어빙 재니스Irving Janis는 특정 상황에 처한 팀 내에서 동조현상이 발생하고 극단적인 성향까지 나타나는 것을 집단사고 Group-thinking라고 했다. 케네디의 침공 작전 실패가 바로 집단사고의 악몽에서 발생한 것이다. 어빙 재니스에 따르면 고도의 응집력을 필요로 하는 팀의 경우, 팀원들이 합리적 의사결정보다는 서로 간 합의를 통해서 일을 처리하고자 하게 되고 그것이 문제를 만든다는 것이다.[3] 케네디의 백악관은 왜 그런 결정을 했을까? 어빙 재니스의 분석에 따르면 몇 가지 문제가 있었다.

첫 번째, 그들은 스스로를 천하무적이라고 믿었다. 그들은 자신들이 원한다면 어떤 전쟁도 승리할 수 있다는 자신감이 만연했다. 감히 쿠바군이 미군을 저지할 것이라는 생각은 하지도 못했다. 그것은 그들 스스로를 절대 '선'이라고 생각하게 했다. 자신들의 행동은 당연한 것이고 그렇게 해야만 한다고 확신한 것이다. 두 번째, 결정은 팀이 했기 때문에 정당화를 당연시한다. 집단이 한 것이라면 그 동기가 무엇이라도 맞다고 확신한다. 집단 합리화다. 자연스럽게 외부인과 적을 배제하기 위해 고정관념은 더 커진다. 세 번째, 자기검열을 하게 된다. 합의를 막는 사람들에 대해 의혹을 제기한다. 개개인의 의견을 물어보지도 않고 모두가 같은 의견이라고 생각한다. 더 큰 문제는 동조를 압박한다는 것이다.

피그만 침공 시에는 초반부터 반대하는 목소리가 있었으나 그것을 충성심 부족으로 몰아붙이고 비판한 경우가 많았다. 백악관이라는 모든 정보를 갖고 있는 최고 교육을 받은 팀원들로 이루어진 최고의 팀에서 벌어진 일이다. 팀은 책임을 나누는 곳이기 때문에 리더는 역할을 명확하게 해야 한다. 집단사고의 중심에도 결국 리더십이 지닌 한계가 있었다.

팀 리더는 '도우미'가 돼야 한다

조직의 성과가 좋지 않을 때 가장 먼저 생각하게 되는 방법은 리더 교체다. 가장 보편적인 방법이다. 리더가 가진 리더십만 바꾸면 해결될 것으로 쉽게 생각하기 때문이다. 실제로 리더십이 팀 성과에 결정적인 영향을 준다는 연구와 사례는 매우 많다. 누가 팀의 리더가 돼야 할까? 이런 질문이 나오게 되면 가장 쉽게 생각해볼 수 있는 것이 똑똑한 사람, 즉 지능이 높은 사람이어야 한다는 것이다. 그러나 메러디스 벨빈Meredith R. Belbin의 『팀이란 무엇인가』에서는 "성공한 리더는 언제나 팀원들의 말을 들어줄 만큼 인내심이 강하지만 부적절한 조언을 반려할 만큼 확고한 태도를 보인 사람이다."라고 정의하고 있다. 그들은 매우 긍정적인 사고방식을 가졌고 목표를 이룬 사람, 고난을 이겨낸 사람, 그리고 활동적인 사람에게 매우 후한 평가를 준다. 그렇다면 지능이 매우 높거나 낮은 사람은 어땠을까?

메러디스 벨빈은 똑똑한 리더들이 평범한 지능을 가진 리더들보다 성과가 좋지 않았다고 이야기한다. 가장 문제가 되는 사람이 너무 똑똑한 사람이라는 것이다. 똑똑한 팀장들은 복잡한 문제에 정신이 팔려서 팀을 잘 다루지 못했고 역량을 발휘하지 못했다.[4] 그들의 머리는 팀원들보다 똑똑하지만 결국 팀원들의 맥락을 놓치기 일쑤였다. 팀원들의 제안에서 결점은 빠르게 보지만 어려운 논리와 주장으로 팀원들을 묶지는 못했다. 결국 이런 팀장들은 독주하게 마련이고 팀원들은 계획이 실패하면 팀장 탓을 하기에 이른다. 그래서 리더는 유연한 사고를 할 수 있는 사람이어야 한다.

정보와 데이터가 넘쳐날수록 창조적인 협업이 필요하다. 인공지능과 로봇을 활용하는 팀에서 의사결정은 초 단위로 이루어질 수 있다. 그런데 한 번의 잘못된 결정이 전체 시스템을 붕괴시킬 수도 있다. 그러니 함께 일하는 팀원들이 사람에게 집중할 수 있고 유연하고 민첩한 사고를 할 수 있도록 하는 새로운 리더십이 필요하다. 리더는 조직을 더 개방하고 혁신적이며 창의적인 곳으로 만들어주어야 한다. 사람들의 의견과 관심사를 융합시켜서 새로운 아이디어로 팀을 자극할 수 있어야 한다.

기술 변화가 빠를수록 팀 의사결정도 변화에 민감하다. 따라서 이제 리더는 변화에 적응할 수 있도록 하는 것이 중요하다. LG의 핵심 리더인 권영수 부회장은 4차 산업혁명 시대를 맞아 권력이나 통제 성격이 강한 '결재자' 같은 리더가 지배하던 시대는 끝났다고 했다. 이제 리더는 통찰력을 바탕으로 스스로 끊임없이 변화하고 지속적인 소통을 바탕으로 구성원들이 도전하고 열정을 발휘할 수 있는 환경을 만들어주어야 한다고 했다. 이제는 리더가 '도우미'가 돼야 한다는 것이다.[5]

이제 팀 리더의 역할은 조정자이다

리더의 역할이 바뀌고 있다. CEO든 팀장이든 직위에서 비롯되는 권력을 활용하던 시대는 끝이 났다. 훌륭한 팀 리더는 일에 대해서 협의하고 감독하며 팀 방향을 정리하고 팀원들의 의견을 조율함으로써 높은 성과를 창출한다. 또한 팀원들이 효율적으로 일하고 협업할 수 있도록 한다. 뛰어난 감성을 가지고 진정성 있게 팀원들과 일한다. 팀장의 역할은 이제 조정자Coordinator로 변한 것이다. 새로운 리더십은 조정자의 역할을 잘 수행하는 사람이다.

인간이 로봇과 다른 특성은 사람과 사람 사이에 감성적 관계를 맺는다는 점이다. 인공지능 시대에 중요한 리더십은 관계다Leadership is relationship. 피라미드처럼 계열화됐던 과거 조직에서는 리더십이란 우두머리에서 나온다고 믿는 경향이 있었다. '리더' 하면 많은 사람 속에 서 있는 것으로 생각하지만 그것만은 아니다. 리더는 작은 관계, 예를 들면 가족, 친구, 동료 등 다양한 관계에서 최선을 만들어가는 것이다. 그래서 팀의 명함으로서 팀장은 존재할 수 있지만 리더 역할은 팀원들 누구나 해야 한다. 능력 있는 리더는 상대방의 의견을 존중하고 발전시켜서 최선의 의사결정이 나오도록 도와준다.

인시아드INSEAD의 드클란 피시몬스Declan Fitzsimons 교수는 공유 리더십shared leadership이 인공지능 시대에 적합한 리더십 행동 방식이라는 점을 강조하고 있다.[6] 조직 내 이벤트가 갑작스럽게 발생하고 그것을 분석해서 행동을 취하는 데 짧은 시간만 주어진다. 리더가 모든 것을 이해해야만 조직의 생존을 담보할 수 있는 시대다. 그런데 그것이 가능한가? 모든 사람은 실수한다. 리더에게 집중화된 구조는 필연적으로 큰 리스크를 감당해야 한다. 그렇기 때문에 리더십을 공유하는 것은 다양한 장점을 가질 수 있다. 공유 리더십은 팀 전체의 리더십을 팀원들이 공유하고 책임과 목적을 함께 나누는 것이다. 팀 안에서 벌어지는 모든 일에 대해 항상 같이 책임지는 구조다.

드클란 피시몬스 교수는 글로벌 기업을 통해서 공유 리더십이 어떻게 작동하는지 살펴봤다. 임원급 7명을 따라다니며 18건의 월간 팀 회의, 56회의 간부회의, 3회의 외부 팀 개발 회의를 포함한 총 250시간 이상 행동을 관찰했다. 공유 리더십이 조직에 적용될 때마다 오히려 팀원 간 관계는 매우 많이 변했다. 팀원들은 의사결정에 참여하는 것을 오히려 힘들어했다. 쉽게 문제가 생기기도 한다. 잘못됐을 때 책임을 누군가에게 전가하고 싶어도 이제는 할 수 없기 때문이다. 그럼 실제로 공유 리더십이 성과를 높여줄까? 팀원들이 책임을 같이 나눈다는 건, 오히려 아무도 의사결정을 하지 않는다는 걸 이야기할 수도 있다.

코네티컷대의 로렌 디이노센죠Lauren D'Innocenzo 박사와 동료들은 과거에 진행된 공유 리더십 43개 연구를 종합해서 살펴봤다.[7] 이런 연구방법을 메타 분석이라고 부른다. 이런 연구는 일관된 연구결과를 분석할 수 있다는 점에서 결과에 대한 확증적 성격이 있는 접근방법이다. 주제는 동일하지만 다양한 표본 집단으로 구분된 연구의 결과물을 통합해서 분석하기 때문이다. 따라서 로렌 디이노센죠 박사팀도 메타 분석을 통해서 공유 리더십의 성과를 일반화할 수 있다고 생각했다. 공유 리더십은 성과와 밀접한 관계가 있는 것으로 나타났다. 흥미로운 점은 팀의 네트워크 밀도와 집중도가 낮을수록 공유 리더십과 성과와의 관계는 오히려 커지는 것을 확인했다.

가상환경과 같이 네트워크가 넓지만 밀도는 낮아서 리더가 관계하기보다는 공유를 조정해야만 하는 팀에서는 팀원 개인이 의사결정에 참여하고 실제로 책임을 질 때 성과가 크게 나타났다. 반면에 중앙 집중도가 높은 곳에서 공유 리더십은 상대적으로 영향도가 낮다. 가상환경과 같은 분산된 업무 환경이 커질수록 리더십은 참여하고 책임지는 형태로 발전해야 한다는 것을 잘 말해준다.

팀은 필터링과 큐레이션으로 다양성을 잃었다

구글은 지메일을 통해서 수십억 명의 데이터를 소유하고 있다. 구글은 내가 하는 모든 일을 알 수밖에 없다. 내가 검색한 정보와 방문한 사이트 정보를 가지고 행동 패턴을 분석하고 나와 유사한 사람들의 행동 패턴을 분석한다. 그래서 구글은 가장 정교한 판단을 내리는 가장 효과적인 필터를 가지고 있다. 구글 이메일을 볼 때마다 스팸들은 자동으로 걸려져 있다. 내가 자주 확인하는 메일과 청구서들은 그 순서에 맞게 구분해서 메일함에 들어가 있다. 구글 스칼라에 등록된 논문 정보를 보고 관심을 가질 만한 논문들을 끊임없이 추천해준다. 논문을 읽을수록 더 정교하게 내가 필요한 논문을 알아서 찾아준다.

구글이 이렇게 행동할 수 있는 이유는 60조 개 이상의 웹페이지와 수십억 명의 행동 패턴 그리고 다양한 기기를 통해서 수집돼 얼마나 있는지 가늠이 어려울 정도의 데이터에 있다. 그럼 구글이 추천하는 것은 신뢰할 만한 것일까? 구글이 만족할 만한 페이지일까? 그건 잘 모른다. 그것에 대해서 생각해보지도 않았을 것이다. 항상 구글링을 하면 그만인 것이다. 우리는 무언가 조작된 것에 쉽게 노출돼 있다. 조작은 필터링이라는 방식으로 미화되기도 한다. 부모님들은 자식들을 위해서 일부 정보를 차단하는 것을 당연하게 여긴다. 물건을 살 때 가장 먼저 보는 건 브랜드다. 내 머릿속 필터는 브랜드로 가격과 품질을 확정한다. 중국인들에게는 들어서는 안 되는 것들이 금지된다. 지도자를 비판하면 잡혀가기 쉽고 국가를 찬양하는 것은 장려된다. 나와 내 주변 모든 것이 필터링되고 있다. 이미 우리는 조작된 사회에서 살고 있는지도 모른다.

대다수 팀들은 많은 정보와 데이터를 내부와 외부에서 습득하게 된다. 특히 구글과 같은 검색엔진과 논문과 잡지 등에서 다양한 자료를 수집해서 프로젝트를 진행하기도 하고 문제해결을 위한 솔루션을 찾기도 한다. 인공지능은 그걸 가속화하고 있다. 내가 알 수 없는 알고리즘으로 질문에 답변하는 인공지능이 탑재된 무언가에 끊임없이 물어보고 있다. 그런데 팀이 가진 정보는 정말 전부일까? 그리고 그것은 진실일까? 왜 솔루션 찾기가 편향된 방법에서 시작되고 그 결과도 엉뚱하게 나타나는 것일까? 몇 가지 원인이 있다.

첫 번째, 팀은 특정한 목표를 가지고 있으니 편향적일 수밖에 없다. 그들은 목표 성취라는 이름으로 원하는 방향에 맞는 정보와 데이터를 더 원하게 마련이다. 여기에 최적화된 것을 가장 잘 나타내는 것이 기존에 활용되는 추천 알고리즘이다. 대표적인 추천 알고리즘은 콘텐츠 기반 필터링Contents Based Filtering과 협력적 필터링Collaborative Filtering이다.

콘텐츠 기반 필터링은 기존에 선호하는 콘텐츠를 분석해서 그 값을 기반으로 추천해주는 것이고 협력적 필터링은 비슷한 성향의 다른 집단을 분석해서 콘텐츠를 추천해주는 것이다. 둘 다 내가 선호하는 것을 기반으로 한다. 어떤 경우에도 보고 싶지 않고 알고 싶지 않은 반대 의견은 추천하지 않는다. 여기서 발생하는 문제가 필터 버블Filter Bubble이다. 더 중요하게 고려할 부문들을 참고하지 못하기 때문에 특정 부문에서만 과잉 최적화되는 현상이다. 이로써 결국 목표를 달성하는 방법을 못 찾거나 잘못 찾게 된다.

두 번째, 팀에는 다양한 팀원들이 존재하기 때문에 여러 가지 충돌 의견들이 존재하게 된다. 그들이 가진 정보는 형태도 다르고 그 기반이 되는 체계도 다르다. 예를 들면 누군가는 개발 소스만을 가지고 있고 다른 누군가는 업무 프로세스를 분석한 것만 가지고 있는 것과 같다. 서로 모아놓고 분석하면 전혀 다른 상반된 추천결과가 나올 수 있는데 말이다. 데이터를 어떻게 묶어서 분석하는가는 매우 중요한 문제다. 똑같은 시장정보와 매출과 이익정보를 가지고도 누군가는 향후 매출이 확대될 것이니 투자해야 한다고 할 수 있고, 다른 누군가는 투자해서는 큰 손해를 본다고 주장할 수 있다.

이제 필터링은 더 발전해서 큐레이션Curation을 통해서 우리가 하는 의사결정 정보를 대신하고 있다. 큐레이션과 같은 맞춤형 추천 방식은 일하는 방식을 바꾸고 있다. 1992년 조지프 파인Joseph Fine은 저서 『대량 맞춤 생산』에서 맞춤 생산이 일부 부유층의 전유물이었다면 가까운 미래에는 중산층들도 원하는 제품을 원하는 옵션으로 사용할 수 있다고 했다. 그의 예측은 실현되고 있다. 개인을 위한 맞춤 생산은 개인이 디자인한 상품을 그대로 생산하는 3D 프린팅 기술의 발달로 가능해진 것이다. 게다가 생산현장에 도입된 로봇은 애자일 생산Agile Manufacturing을 가능하게 만들고 있다. 우리는 로봇이 만들어준 최고급 수제 햄버거를 6달러에 먹고 있다. 맞춤형이란 결국 객체의 데이터와 정보를 전부 가지고 있다는 의미이다. 팀 정보를 전부 공유한다면 일하는 방식은 지금처럼 무언가를 찾는 것이 아니라 무언가를 결정하는 것으로 바뀌게 된다.

팀은 큐레이션과 필터링으로 다양성을 잃어버리고 있다. 깊이 있게 주의를 기울이지 않고 있다. 그것은 서비스를 제공하는 관점에서는 매우 중요하다. 상대가 단순해져야 내가 제공하는 에너지가 더 줄어들기 때문이다. 필터링은 내가 의사결정을 하는 것인지, 인공지능이 의사결정을 해서 내가 받아들이는 것인지 헷갈리게 한다. 이제는 인공지능 동료가 데이터 분석을 통해 정보를 걸러내고 만들고 추천해주는 것을 해주기 때문이다.

과업, 프로세스, 역할을 명확히 해야 한다

기술 발전에 따른 커뮤니케이션 환경, 제품, 서비스 유형 변화로 업무는 더 복잡해졌다. 비즈니스 반응 속도를 높여야 하는 조직 내 개인은 훨씬 많은 역할을 하게 됐다. 따라서 팀에는 어떤 역할들이 있고 그것을 어떻게 배치해야 하는지 이해하고 적용해야 한다. 팀에서 개인의 '역할 정의role definition'는 팀원들이 특정 개인에게 기대하는 역할의 합이다. 여기서 기대는 사회적 통념, 관습, 때에 따라서는 법으로 규정된 것이기도 하다. 변호사나 의사는 말할 필요도 없이 법과 통념에 따라 기대하는 역할이 정의돼 있다. 반대로 역할 정의가 명확하지 않은 상황을 '역할 모호성role ambiguity'이라고 한다. 종종 역할 모호성은 팀원의 자율성을 높여주기도 하지만 대부분은 역할 스트레스를 준다.

직무 설명서job description는 역할 모호성을 줄여준다는 점에서 의미가 있다. 팀원들의 기대는 서로 모순이 발생할 수 있다. 예를 들어 팀에 두 개 파트가 있고 파트별로 팀원들이 있다고 하면 팀장은 파트 리더가 팀원들을 강하게 통제하기를 원한다. 반면 팀원들은 파트 리더가 부드러운 조정자 역할을 하기를 원할 수 있다. 이 경우 역할 모순role incompatibility이 발생한다.

역할 모순은 팀원의 가치와 조직의 가치가 충돌하는 경우에도 발생할 수 있다. 팀에서 어떤 역할을 맡는다는 건 결국 역할 스트레스를 만드는 일이다. 스트레스가 긍정적 작용을 해서 역할 자극role pressure이 되기도 하고 부정적으로 작용해서 역할 부담role strain이 되기도 한다. 역할 스트레스가 없는 팀을 만들기란 불가능하다. 오히려 적절한 스트레스를 통해 역할 자극이 높아지도록 유도하는 것이 현명한 방법이다.

어느 곳 어느 시간에서나 일해야 하는 팀에서 팀원들은 자신이 어떤 역할을 해야 하는지를 알아야 한다. 특히 이는 팀 구성 초기 단계에 더욱 중요하다. 마이클 왓킨스Michael D. Watkins는 저서 『90일 안에 장악하라』에서 유능한 리더라면 최초 90일 내에 목표, 역할, 책임을 조정해야 한다고 충고한다.[8] 그는 팀을 움직이게 하는 10가지 원칙 중 두 번째로 과업과 프로세스를 명확히 하는 것을 꼽는다. 가능한 한 업무를 단순화하고 역할을 명확하게 부여한 뒤 철저히 사후 관리할 것을 강조한다. 특히 팀이 한 공간에서 일할 때는 역할 모호성이 높아도 대면 미팅을 통해서 업무를 구분하고 빈번한 역할 재조정으로 역할 충돌의 가능성이 줄어든다. 하지만 온라인으로만 일을 하거나 원격에서 상호협의하며 일할 때는 역할 조정이 상대적으로 어렵다는 것이다.[9]

팀 형성 단계에서 규범, 역할, 의사소통 방식을 만드는 것을 구조화structuring라고 한다.[10] 효율적인 팀에게는 두 가지 인지적 구조화cognitive structuring가 필요하다. 첫 번째는 공유된 인식 모형SMM, Shared Mental Model으로 팀원들이 공유된 지식을 팀 차원에서 적합한 지식이라고 이해하는 것을 말한다. 팀원들이 공통으로 공유하는 지식의 틀이다. 그러기 위해서 팀 단위의 학습 과정은 필수적이다. 의사소통과 업무조정 과정을 통해 서로를 이해하면서 인식 모형을 확정하게 된다.

다른 한 가지는 분산기억 체계다. 분산기억 체계는 팀원들이 가지는 지식 구조의 형태인 메타 지식을 말한다. 존 홀런벡John Hollenbeck과 동료들은 팀의 구조를 크게 사업형 구조와 기능형 구조로 구분했다. 사업형 구조는 특정 영역을 중심으로 폭넓게 역할과 자원이 할당돼 있어 공유된 인식 모형을 기반으로 역할 정의를 해야 한다. 반면에 기능형 구조는 특정 범위의 한정된 역할만 팀원들이 공유하고 운영한다. 따라서 개개인들의 전문성을 더 강조하는 지식체계를 가져야 하는 분산기억 체계가 오히려 중요한 구조 모델이 된다.[11]

공유된 인식 모형과 분산기억 체계의 호응이 중요하다

분산된 환경에서 팀 운영은 기능형 구조로 작동하게 될 가능성이 높다. 개인들이 가진 지식체계를 상호 공유하는 것이 팀을 구조화시키고 빠르게 안착시킬 수 있기 때문이다. 통상적인 팀 형태에서 계층화된 역할의 경우는 기능형 구조에서도 불확실성이 낮으면 가능하지만 기본적으로 사업형 구조가 더 유리하다. 그러나 기능형 팀의 경우 개인 역량이 중요하기 때문에 분산된 환경에서는 빠르게 변화하는 경우를 생각해보면 팀 전체가 역할 충돌과 역할 모호성 때문에 문제가 발생할 수 있다. 따라서 공유된 인식 모형을 개발해 팀 역할을 공유할 수 있도록 해야 한다. 하지만 공통의 지식과 어느 정도 중첩된 역할과 책임을 지려면 상당한 노력과 기간이 필요하다.

데버라 앤코나Deborah Ancona와 헨리크 브레스만Henrik Bresman은 변화되는 환경에 처한 팀이 공유된 인식 모형을 만들어가는 과정을 잘 설명해주고 있다.[12] 그들은 X팀이라는 혁신적 팀 구조를 제시했다. X팀은 기존 기능형 조직처럼 조직 내에서 특정 영역을 담당하는 것이 아니라 별동부대처럼 새로운 제품 개발을 담당한다. 이 팀은 외부 환경 변화에 대응해 팀 자체적으로 스스로를 이끌고 혁신하고 성과를 만들어야 한다. X팀은 팀원들이 자율적으로 의사결정과 역할을 변경해가면서 프로젝트를 진행한다. 이것이 가능하도록 만든 것이 확장가능한 계층expandable tiers의 보유다.

확장가능한 계층은 팀을 내부인력과 외부조력자 중심으로 계층tier을 구분해 역할을 조정하는 방법이다. 크게 핵심 인력을 기반으로 하는 중심core, 서비스와 제품을 개발하는 운영operational, 내부에 없는 역량을 가진 외부 전문가 그룹인 외곽outer net의 세 가지 계층으로 구성된다. 중심 계층은 팀의 전략이나 주요 의사결정을 내리는 계층이다. 보통 팀 초기부터 참여한 팀원들로서 의사결정이나 팀 구조에 대한 역사와 사연을 꿰뚫고 있다.

운영 계층은 진행 중 업무를 수행하는 팀원들이다. 서로 다른 담당 영역을 중심으로 과제를 수행하고 필요하면 해당 업무를 완수하기 위해 업무 조정을 하기도 한다. 하지만 팀 전체 의사결정이나 업무 조정에 관여하지는 않는다. 외곽 계층은 진행 중인 업무와 별개로 몇몇 과업을 맡기 위해 참여하는 팀원들을 가리킨다. 파트타이머나 순환 인력인 경우도 있다. 또한 팀에 대한 소속감이 없거나 주요 회의에 참석하지 않는 경우도 있다. 중심 계층이나 운영 계층의 팀원들과 강한 업무 관계를 맺지만 외곽 계층 팀원 간에 연결성은 없는 전문 인력인 경우가 보통이다. 이런 계층 구조로 효율적 팀 운영과 더불어 인지적 구조화를 명확하게 해서 역할 충돌을 최소화하는 것이다.

X팀과 일반팀의 차이점

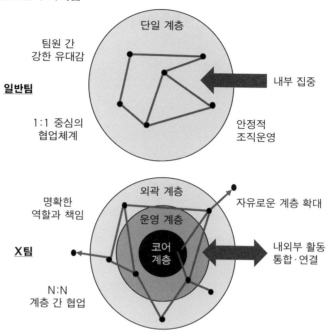

(출처: Ancona, Deborah, Henrik Bresman, and Katrin Kaeufer. "The Comparative Advantage of X-Teams." MITSloan Management Review 43.3. 2002. 참고)

프로젝트팀은 기본적으로 기능형 구조로 개인들의 역량에 기반을 둔 팀으로 구성된다. 따라서 팀 구성 초기에 역할을 정의하기 위해 계층화를 도입해볼 필요가 있다. 이것은 공유된 인식 모형을 개발하는 좋은 방법이다. 중심 계층은 팀이 가진 주요 문제에 대해 의사결정하고 조정하면서 높은 수준의 공유 인식 모형을 가지게 된다. 시간이 지나면서 운영 계층의 팀원들 역할이 조정되고 일부는 중심 계층에 참여하게 된다. 이를 통해 공유된 인식 모형은 더 확대된다. 외곽 계층은 지속적으로 전문성을 제공해 지식 공유를 촉진함으로써 분산기억 체계를 유지하는 데 도움을 주게 된다. 공유된 인식 모형과 분산기억 체계가 적절하게 조정돼서 운영될 수 있는 것은 정보기술 덕분이다. 팀원 역할이 자연스럽게 바뀔 수 있도록 지원하면 팀은 민첩하게 대응할 수 있다.

팀의 목표는 팀 전체의 의사여야 한다

의사결정 과정에 영향을 미치는 팀원의 동기적 요인이 무엇인지에 관한 연구가 활발하다. 그중 한 분야로 부각되는 것이 '인지적 종결 욕구need for cognitive closure'다.[13] 이 개념은 어떤 질문 혹은 문제점에 대해 모호함을 피하고 어떠한 답이든 확실한 한 가지 답을 내고자 하는 욕구다.[14] 쉽게 말해서 뭔가 끝내놓지 않으면 찜찜하기 때문에 결론을 정해버리고 싶은 마음을 뜻한다. 인지적 종결 욕구는 의사결정 과정에서 문제에 대한 해답을 찾기 위해 더 많은 정보를 얻어야 할지, 아니면 추가적 지식을 얻는 걸 포기하고 기존에 있는 정보만으로 확정할지를 결정해주는 분기점이다. 그렇기 때문에 인지적 종결 욕구가 강한 사람들의 경우 많은 장점을 가지고 있다.

대부분의 리더는 절제력이 강하고 명확한 결론을 가진다. 그래서 동료들이 보기에는 리더로서 적합해 보인다. 그들에게는 한 번 내려진 결론을 끝까지 밀고 나가는 추진력이 있어서 불필요한 논쟁을 미연에 방지하는 장점이 있다. 또한 스트레스가 큰 문제를 만나도 문제 해결에 집중한다. 반면에 종결 욕구가 낮은 리더는 모호함에 대해 비교적 덜 민감하고 새로운 정보에 개방적인 태도를 보인다. 그러다 보니 여러 가지 탐색 가능한 가설들을 설정하고 검증하기 때문에 의사결정이 늦어지는 경향이 있다.

인지적 종결 욕구가 강한 리더는 자존감이 매우 커진 상태라면 한 번 결정된 결론을 바꾸지 않는다. 이에 따라 잘못된 결정이라는 사실을 인정하지 않고 끝까지 밀어붙이는 경우가 발생한다. 이러한 특징적 성향을 두 가지로 정리할 수 있다. 하나는 긴급 성향urgency tendency으로 특정한 결과를 종결하고자 답을 신속하게 붙잡아 '포착seize'하려는 경향성이다. 기존의 고정관념과 경험에 따라 확보된 정보로 빠르게 결정을 내리는 것이다.

또 다른 하나는 지속 성향permanence tendency이다. 기존 정보를 기반으로 종결 상태로 머물러 있고 싶어하는 성향이다. 그러다 보니 종결 욕구로 인한 편견이 판단 과정에 개입하게 된다. 즉 팀의 목표 설정은 리더가 가진 개인적 특성에 큰 영향을 받게 된다. 리더 성향이 인지적 종결 욕구를 어느 정도 가지고 있는가에 따라서 위험 요소가 분명히 존재한다. 한 사람에게 의존하는 목표 설정은 매우 위험할 수 있다.

목표는 구체적이고Specific, 측정 가능하며Measurable, 달성할 수 있어야 하고Attainable, 현실성이 존재해야 하며Realistic, 계획적이어야 Timeline 한다. 이런 목표 설정 방법이 스마트SMART 목표 수립 방법이다. 이 방법은 1980년대부터 GE가 조직 전반에 활용한 것이다. SMART 목표 수립은 유용한 방법임이 분명하지만 때때로 종결 욕구를 다른 방향으로 자극하기도 한다. 즉각적인 성과로 목표를 한정하기도 하는 것이다. 작은 성과에 만족하고 그에 따라 무언가 해냈다는 것에 만족을 느끼는 것을 반복하게 된다. 하지만 딱 그 정도에서 멈춰버리는 것이다. 때에 따라서는 팀이 추구하는 가치와 별로 관계없는 목표를 수립하는 경우도 존재한다.[15]

따라서 팀 목표 설정 시에는 도전적인 목표를 먼저 세우고 나서 구체적인 하위 목표를 수립하는 방식으로 팀이 추구하는 가치와 연계하는 것이 필요하다.

리더는 팀 내 화성인과 금성인을 파악해야 한다

1990년대 초 존 그레이John Gray는 저서 『화성에서 온 남자, 금성에서 온 여자』에서 남성과 여성의 차이가 일반적인 생각보다 더 심각하다는 사실을 잘 알려주었다. 일반적으로 남자는 능력, 효율, 업적 중심이고 여자는 사랑, 친밀감, 대화를 중요시한다는 것이다. 남녀 차이가 행성의 거리만큼 벌어져 있으니 상호 간에 문제가 발생할 때 상대 관점에서 문제를 이해해야 해결할 수 있다는 것이다. 팀에도 전혀 다른 세상에서 온 사람들이 함께 생활하고 있다. 같이 웃고 있지만 같은 주제를 서로 다르게 이해하고 있고 다른 방향의 관점을 가지고 있다.

딜로이트 임원인 수잔 존슨 빅버그Johnson Vickberg와 킴 크리스포트Kim Christfort는 『하버드비즈니스리뷰』를 통해 매우 흥미로운 주제를 공유했다.[16] 성격이 팀을 화학적으로 결합시키는 데 매우 중요한 역할을 하기 때문에 팀원들 성격을 분석해서 활용해야 한다는 것이다. 팀원들이 어떤 성격인지 잘 모르면 자신들 관점에서 상대를 평가하게 되고 그것이 갈등으로 발전하게 된다. 상대를 이해하지 못하면 결국 생산성은 매우 낮아진다. 수잔과 킴은 팀에는 다음 네 가지 유형의 업무 스타일이 존재하고 개인별 행동 방식과 사고에서 뚜렷한 특징을 나타낸다고 했다.

조직 내 경영진 성격 유형 분포

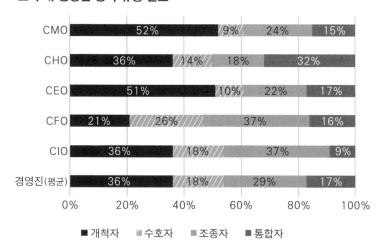

(출처: Christfort, K. and S. Vickberg (2017). Business Chemistry in the C-suite, Deloitte.)

첫 번째, 개척자Pioneer 스타일로 위험을 감수하는 유형이다. 그들은 가능성을 중요시하고 에너지를 불어넣고 상상력을 자극하는 역할을 한다. 큰 그림을 파악하는 데 주안점을 두고 과감한 새 아이디어와 창의적인 접근법에 매력을 느낀다. 떠오르는 사람은 일론 머스크Elon Musk나 소프트뱅크의 손정의 회장 같은 사람들이다.

두 번째, 수호자Guardian 스타일로 안정 중심적인 유형이다. 팀이 질서를 잘 지키고 엄격함을 바탕으로 운영되도록 한다. 기업에서는 주로 재무책임자들의 성격이 그렇다. 소프트뱅크에서 손정의 회장을 보좌하던 키타오 요시타카나 워런 버핏Warren Buffett 회장을 예로 들 수 있다. 수호자들은 매우 실용주의적이라서 데이터와 팩트만을 믿고 세부 사항을 중요하게 여긴다.

세 번째, 조종자Driver 스타일로 도전이라는 가치를 중요시하는 유형이다. 그들에게는 성과를 내고 경쟁에서 이기는 것이 가장 중요하다. 대표적인 인물이 GE 회장이었던 잭 웰치Jack Welch다. 그는 핵폭탄 잭이라 불릴 만큼 경쟁에서 승리하지 않으면 퇴출돼야 한다고 주장한 인물이다.

네 번째는 통합자Integrator 스타일로 인간관계를 중요시하고 단합에 신경을 쓰는 유형이다. 원활한 관계와 팀에 대한 책임을 중시한다. 통합자는 모든 일을 상대적으로 바라봐야 한다고 강조하고 다양한 의견에 집중한다. LG그룹의 구본무 회장이 대표적인 인물이다. 그룹 계열사들에 최대한 자율경영을 보장하지만 실제로는 통합 역할에 신경을 썼다. 관계와 팀을 중시하고 인간에 대한 애정이 깊은 최고경영자였다.

전혀 다른 스타일의 팀원들이 같이 근무하는 팀을 생각해보자. 아마도 당황스러울 것이다. 그들은 자신들의 입장에서 팀을 바라볼 것이다. 만약 수호자와 개척자가 같이 있다고 생각해보자. 사사건건 한 가지 주제로 논쟁을 벌이고 때에 따라서는 감정적인 대결조차 발생할 수 있다. 만약 통합자와 조정자가 같이 있다면 관계를 중시하는 통합자 입장에서는 조정자가 밀어붙이는 것에 매우 큰 반발심을 가질 수 있다. 그들은 흡사 구조조정이 첨예하게 발생하는 현장의 일반적인 경영진과 강성노조의 모습처럼 보일 수 있다.

확실히 조직에는 네 가지 유형의 인물들이 복합적으로 존재한다. 팀에 여러 유형이 존재하기 때문에 정반대 스타일의 인물들과 일할 때 발생하는 갈등을 적절하게 잘 조절하면 최고의 파트너십이 발생한다. 하지만 실제 팀에서는 일부 스타일이 없거나 한쪽에 치우치는 것이 현실이다. 이 경우 의사결정이 항상 특정 방향으로 흘러가게 된다. 따라서 팀에서 부족한 것이 무엇인지 정확하게 알고 있어야 한다. 가상환경과 같이 원격에서 함께하는 경우 상대방이 어떤 유형인지 파악하는 데 충분한 시간이 필요하다. 또한 갈등이 잠재된 경우가 많기 때문에 팀의 성과가 낮고 상호 간 응집되지 못할 때는 팀원의 성격을 파악하려는 노력이 더 많이 요구된다.

8장

리더는 팀원들을
응집시켜 성과를
내야 한다

개인들이 아무리 뛰어나도 서로를 위해 일하지 않으면 성과를 만들기 어렵다. 그래서 팀은 그 구성원들을 응집시켜 성과를 만들어낼 수 있어야 한다. 그 원리는 상호의존성에 있다. 혼자서 일하는 것 같지만 그 안에서는 서로가 밀접하게 연결돼 있다. 내가 일을 해주어야만 다른 사람이 그 일을 통해서 또 다른 일을 할 수 있다. 내가 마무리해준 데이터를 다른 팀원이 분석함으로써 새로운 가치가 창출된다. 서로가 밀도 있게 연결된 팀이 응집력 강한 팀이다.

응집력은 하나의 집단이 갖는 매력이다

응집성은 집단이 서로에게 매력을 느끼고 그 집단에 머물러 있기를 바라는 정도를 말한다.[1] 이걸 가능하게 하는 요소는 크게 두 가지로 구분할 수 있다. 첫 번째는 관계 요소로 팀원 개개인이 집단 구성원으로 팀에 애착을 갖는 정도라 할 수 있다. 두 번째는 과업 수행 관점이다. 팀 과제의 성취 목표와 효과적인 수행 방법에 대해 스스로 동의하는 정도다.[2] 개인과 조직의 목표가 상호 효과적으로 조화를 이루고 같은 방향성과 의지가 있다면 응집력이 있다고 말할 수 있다.

그렇다면 팀 응집력을 만드는 것은 무엇일까? 첫 번째는 팀이 가진 미션이다. 대전역에 가면 항상 줄 서서 기다리는 빵집이 있다. 성심당 빵집이다. 성심당의 임직원 선서는 "하나, 우리는 서로 사랑한다. 하나, 우리는 사랑의 문화를 이룬다. 하나, 우리는 가치 있는 기업이 된다."이다. 성심당의 가치는 고객을 위한 것이다. 60년 넘은 성심당의 가치는 매일 팔다 남은 빵을 고아원과 양로원 등에 무료로 제공한 데서 비롯됐다. 이 전통은 고향이 함흥인 임영진 대표의 선친이 1·4후퇴 때 피란 내려와 대전역 앞에서 찐빵 집을 열었던 1956년부터 시작됐다. 그날 다 못 판 찐빵을 어려운 사람들에게 그냥 줬다. 대전 사람들은 '성심당은 우리의 문화, 우리의 자랑거리'라고 좋아한다. 성심당의 신년회에서는 그 흔한 매출 목표 하나 제시하지 않는다.[3]

두 번째는 소속감이다. 대부분 팀과 팀원은 계약관계에 있다. 팀에서 팀원이 해야 할 역할을 하지 못하면 나와야 한다. 계약관계는 영속성을 유지하지 못하기 때문에 소속감을 느끼기 어렵다고 생각할 수 있다. 하지만 최고의 팀에게는 예외다. 그들은 자신들의 팀이 최고 팀이라는 강한 응집력 때문에 팀을 벗어나도 엄청난 소속감을 느끼게 된다. 혹독한 훈련을 받는 군인들에게 소속감은 절대적이다. 해병은 전원이 지원병이다. 힘들고 거칠기로 유명한데도 평균 3.5~5대 1의 지원율을 보이며 학기 말과 학기 초에는 10대 1까지 치솟는다. 해병이 된다는 건 선택된 소수라는 믿음은 '우리는 다르다.'라는 강한 소속감을 느끼게 만든다.

세 번째로 응집력은 개인들의 성향과 팀에 참여한 동기에서 비롯된다. 팀의 일원으로서 역할을 잘하는 사람도 있지만 그렇지 못한 사람도 존재한다. 개인의 성향을 크게 두 가지로 구분해보면 개인주의를 중시하는 사람과 집단주의를 중시하는 사람이 있다. 단어만 봤을 때는 집단주의를 중시하는 사람들이 응집력이 더 강할 것 같지만 시간이 흐를수록 반대 반향으로 가는 것이 보인다.

집단을 중시하는 사람들은 개인들이 가진 개성과 다름을 잘 인정하지 못하고 규범과 원칙을 더욱 강조하는 성향이 있다. 속도가 생명인 세상에서 개인들이 가진 창의성은 개성에서 발휘된다. 그들이 팀에 소속감을 느끼기 위해서는 개인들을 존중해주는 문화가 존재해야 한다. 집단주의는 더 이상 팀에 어울리지 않는 키워드가 된 것이다. 또한 팀에 참여하게 된 동기도 중요하다. 팀에 참여하는 팀원들은 팀을 통해서 얻고자 하는 것이 있다. 그들에게 원하는 것을 제공해줄 수 있는 팀이 소속감을 줄 수 있다.

네 번째, 어떤 리더십을 발휘하는지에 따라 응집력은 변화된다. 2006년 스포츠 전문 채널 ESPN은 미식축구의 명감독 보 스켐베클러Bo Schembechler의 일대기를 특별방송으로 진행했다. 그가 영웅이 된 이유는 탁월한 성적에 있다. 1969년부터 은퇴한 1989년까지 21여 년간 234승을 기록했다. 승률 85%라는 전무후무한 대기록은 특별한 리더십이 없다면 불가능하다. 무엇보다 기본적인 원칙을 강조했던 그가 가장 중요시했던 것은 팀워크다.[4] "아무리 뛰어난 선수도 팀보다 중요하지 않다. 아무리 뛰어난 감독도 팀보다 중요하지 않다. 팀, 팀, 팀만이 전부다. 무언가의 일부가 되는 것, 그것이 팀이다." 그에게 목표 설정은 감독이 하는 것이 아니라 팀원들이 함께 세우는 것이다. 그것을 달성하도록 지원하고 촉진하는 것을 보 스켐베클러 감독은 자신의 역할이라고 생각했다.

그렇다고 카리스마 넘치는 리더가 꼭 응집력을 만들지는 않는다. 팀의 개인들에게 잘 맞는 리더십 스타일을 만들어내는 것이 중요하다. 알렉스 퍼거슨Alex Ferguson 감독 시절 응집력이 강했던 맨체스터

유나이티드가 2012~2013년 시즌을 끝으로 감독직에서 물러난 뒤 데이비드 모예스David Moyes, 루이 판 할Louis van Gaal, 조세 무리뉴Jose Mourinho까지 감독 교체가 계속되고 있지만 과거의 영광은 없어지고 말았다. 그만큼 리더십 스타일은 팀을 송두리째 바꾸는 요인이다.

고정력, 응집력, 점착력은 서로 다른 힘이다

점성이 있는 풀은 끈적끈적하다. 겨울에 김장한다고 쌀이나 밀가루로 풀을 만들어놓으면 여기저기 끈적끈적 붙어서 닦아내느라 고생했다. 과거에는 이 풀로 벽지도 붙인 적이 있으니 생각보다 활용도가 높다. 그런데 풀로 붙일 수 있는 건 한계가 있다. 풀은 고정력은 높지만 접착 강도가 낮다. 접착제에는 세 종류의 힘이 작용한다. 고정력, 응집력, 그리고 점착력이다. 여기서 점착과 접착을 헷갈릴 수 있다. 점착粘着과 접착接着은 '끈기가 있어 착 달라붙는다.'라는 의미로 『국어사전』의 뜻에는 차이가 별로 없다. 하지만 『화학사전』에는 다르다. 점착은 '저압조건에서 접촉하면 바로 결합강도를 형성할 수 있는 성질'을 의미하고 접착은 '두 개의 고체 면이 접착제가 되는 제3의 물질을 사이에 두고 서로 접합하는 성질'을 의미한다고 한다. 액체에서 고체 상태로 변해 강한 접착력을 가지는 것이 접착제이고 쉽게 탈부착이 가능한 것이 점착제이다.

풀로 나무를 벽에 붙이려면 처음 작용하는 힘은 고정력이다. 고정력은 액체가 고체화돼 점착화가 얼마나 빨리 되는 것을 말한다. 작은 압력만으로 높은 접착이 가능하다면 고정력이 매우 높은 것이다. 대표적인 것이 3M 자동차용 테이프 같은 것이다. 작은 압력으로 붙이기만 했는데 다시 탈착하기가 쉽지 않다. 풀에도 고정력이 있다. 종이와 벽에 풀을 붙여놓으면 딱 그 부분은 고정돼 붙어 있다. 두 번째 힘은 점착력이다. 점착력은 표면에 붙는 힘을 설명한다. 점착의 정의는 두 가지 물질의 물리적 끌어당김 또는 접합, 특히 다른 성질의 물질들이 육안으로 보일 정도로 끌어당기는 힘이다. 풀도 점착력이 높다. 여기저기 풀 자체가 잘 붙어 있는 이유다. 마지막 힘이 응집력이다. 응집력은 나무와 벽이 강력하게 점착될 수 있는 힘의 크기다. 응집력이 높다는 것은 점착력이 그 자체로 특히 강하고 단단하며 안정적이라는 의미이다. 그리고 잘 찢어지지 않는다는 뜻이기도 하다. 나무가 벽에 붙어서 버틸 수 있는지는 응집력에서 결정된다. 두 개의 서로 다른 물질을 결합하고 서로 단단히 고정해줄 수 있어야 한다. 풀은 액성이 강하고 고체화되면 부서져버리고 쉽게 떼어지기 때문에 응집력이 낮다. 즉 풀은 응집력이 낮기 때문에 나무와 벽은 서로 붙어 있을 수 없다.

고정력, 점착력, 응집력은 조직을 운영하는 방식에도 유사하게 적용된다. 고정력은 팀 목표와 비전을 얼마나 정확하게 상호 간에 이해하는가 하는 것이다. 점착력은 팀에게 필요한 적합한 업무와 역할을 정의하고 구성해내는 것이다. 마지막으로 응집력은 상호 의존에 기반을 둔 구성원들을 신뢰하는 것이다. 짧은 기간 운영돼야 할 프로젝트팀이라면 필요한 건 고정력과 응집력이다. 여기에 점착력은 부수적이다. 아직 팀의 역할과 정의가 확정되지 않았을 수 있기 때문이다.

프로젝트팀은 대부분 전혀 다른 곳에서 일하던 서로 다른 관점의 사람들이 모여서 팀을 구성한다. 따라서 서로가 팀으로 형성(고정)돼야 한다. 그리고 나서 빠르게 일을 해나가야 한다. 응집력이 강하면 프로젝트팀이 오래 가게 되더라도 문제가 없다. 반면 오랜 기간을 운영해야 하는 팀이라면 고정력이 상대적으로 부족해도 된다. 팀을 빠르게 만들 필요가 없다. 오랜 기간 강하게 붙어 있어야 해서 응집력과 점착력이 중요하기 때문이다. 또한 팀이 특정 업무로 외부 사람을 활용하게 되면 고정력과 점착력이 중요하다. 외부 인원들이 팀 일원으로 고정될 수 있도록 만들어야 하고 초기에 붙어 있을 수 있는 점착력이 팀에 존재해야 한다.

상호의존성이 높아야 효율적이다

특히 응집력을 발휘하기 위해서 꼭 이해해야 하는 것이 상호의존성이다. 팀으로 일하는 방식을 연구하는 학자들은 일의 설계work design 방법들에 따라서 팀이 작동되는 프로세스와 성과는 크게 변화한다고 한다.[5] 일을 설계하는 요인 중에 팀원들의 상호작용 정도를 나타내는 업무 상호의존성task interdependence이 중요하다.[6] 과업 상호의존성이란 팀의 팀원들이 주어진 과업을 효율적으로 수행하기 위해 서로 의존하고 협력하는 정도를 의미한다.[7] 팀원들이 서로 의존해야만 한다면 팀 프로세스에 더 집중하게 된다. 상대방과 내가 서로 간에 도와주지 않는다면 업무를 더 진행할 수가 없다. 상대방을 알아야 내가 업무를 할 수 있기 때문에 나와 연관된 지식과 정보를 잘 흡수해야만 한다.[8] 결국 수행해야 할 일의 특성을 분석해서 어떻게 수행해야 할지 결정해야 하는 것이다.

그렇다면 업무가 상호 의존한다는 것은 무엇을 의미하는 것일까? 업무에 따라서 의존성dependency은 늘 발생하게 마련이다. 예를 들면 기업에서 회계업무를 수행한다는 건 누군가가 돈을 썼다는 것이고 그것을 잘 맞추고 정리하는 일이 생긴다는 의미다. 여기서 전제는 돈을 썼다는 것이다. 이것이 없다면 회계업무를 할 수 없다. 선행하는 회계업무가 완료돼야만 내 업무가 발생하는 것은 당연한 것이다. 이 경우 몇 가지 추가적인 고려사항이 생긴다. 선행 업무를 누가 어떻게 수행했는지에 따라서 업무의 품질에는 차이가 발생한다. 그뿐만 아니라 현재 수행해야 하는 업무에 대해 전문성과 경험을 가졌느냐에 따라서도 상대방에 대한 의존성은 차이가 발생한다.

예를 들어 생산 공정 근로자가 과업 성공을 위해 숙련도가 높은 다른 인원들의 도움을 받아야 할 때 인식하는 상호의존성은 매우 높은 수준일 것이다. 반면 과업에 익숙해서 타인의 도움이 필요하지 않을 때는 상호의존성이 낮은 수준일 것이다. 이러한 관점에 근거하면 집단 내 협력적 분위기와 개인이 인식하는 상호의존 지각 수준에 따라 동일 과업을 수행하는 조직 내에서도 집단 간 차이, 개인 간 차이가 발생한다.

업무 상호의존성이 높은 팀은 의사결정을 할 때 팀원들이 참여하려 한다. 이때는 많은 자원과 시간이 소요되고 상호 간의 업무조정이 되도록 협조가 이루어져야 한다. 결국 높은 의존성 상태가 긍정적으로 작동하면 팀원들의 내적 동기에 긍정적 영향을 주고 동료들에 대한 책임감을 높여주는 역할을 하게 된다. 업무 상호의존성 수준은 업무 복잡성과 연결 정도와 관련되며 상호의존성 없음을 포함해 다섯 단계로 구성된다.

첫 번째, 합산적 상호의존pooled·addictive interdependence이다. 팀원들이 개별적인 업무를 진행하고 그들 사이에 어떤 작업 흐름이 포함되

팀의 업무 상호의존성 수준

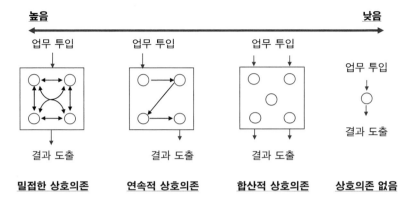

(출처: Arthur Jr, Winfred, et al. "Team task analysis: Identifying tasks and jobs that are team based." Human Factors 47.3 (2005): 654-669.)

지 않는 것을 의미한다. 팀이 정해진 규정에 따라 자신의 일만 하면 끝날 수 있는 수평적 형태로 업무가 구성된 것으로 독립적으로 일이 진행된다. 두 번째, 연속적 상호작용sequential interdependence이다. 업무가 팀원 한 명에서 시작돼 다른 팀원으로 이어지는 흐름을 가지는 것이다. 하지만 컨베이어 벨트처럼 대부분 단방향이다. 이 정도가 되면 상호작용 수준이 중간 수준이다. 입력이 없으면 진행되지 않기 때문이다.

세 번째, 양방향적 상호의존성reciprocial interdependence이다. 한 사람이 아닌 여러 사람이 업무를 시작해 진행하게 되고 순차적으로 다른 사람들에게 영향을 주는 것이다. 대부분 상호작용을 통해서 일이 진행되는 경우가 많다. 네 번째, 밀접한 상호의존성intensive interdependence은 모든 상황에서 서로 영향을 주고받는 관계다. 양방향적 상호의존과 밀접한 상호의존 단계에서 팀원들은 자신들의 문제를 직접 해결할 수 있어야 한다.

냉소주의는 전염병처럼 팀을 약화시킨다

팀이 응집력을 높이기 위해서는 제도와 시스템의 뒷받침이 필요하다. 시스템은 넘쳐나고 사람들 간의 친밀함은 카카오톡과 인스타그램의 '좋아요'로 측정되는 시대에 팀 응집력은 한순간의 사건으로 쉽게 무너질 수 있다. 응집력이 발휘되기 위해 팀원들에겐 열정과 의지가 필요하지만 냉소적인 팀원을 변화시키는 건 힘든 일이다. 팀의 냉소주의를 키우는 원인을 알고 효과적인 해결책을 찾아봐야 한다.

불확실한 환경과 경쟁은 끊임없이 혁신을 요구한다. 그렇지 못한 조직은 이제 도태될 뿐이다. 그래서 끊임없이 무언가를 해야 하지만 계속되는 구호로서 혁신은 피로감만 가중시킬 뿐이다. 혁신이라는 말을 계속하는 조직일수록 대부분 성과가 없다. 혁신이 이루어지는 조직은 대부분 습관처럼 작은 혁신들이 이루어지는 곳이다.

도요타가 세계 최고의 기업이 될 수 있었던 것은 특유의 생산 시스템TPS, Toyota Production System 덕분이다. 도요타는 기존 제조 방식을 답습하지 않기에 최고 품질의 자동차를 최저 비용으로 생산하고 신차 개발 속도도 매우 빠르다. 도요타는 두 개의 혁신 바퀴가 흘러가는 곳이다. 마치 동일한 무게를 짊어진 두 수레바퀴처럼 조직 전체의 눈에 보이는 하드hard한 혁신과 직원들 개개인들이 추진하는 소프트soft한 혁신이 회사를 변화시키는 것이다. 그렇기에 도요타를 효율성만을 추구하는 기업으로만 보면 안 된다. 도요타는 분명 과학적이고 시간관리를 중요시하는 테일러주의Tailorism를 신봉하는 기업이

다. 하지만 직원들을 단순한 일손으로 보지 않고 기업의 선두에 서서 '치에ちえ', 즉 경험에서 우러나는 지혜智慧를 축적하는 지식 노동자로 본다.[9]

도요타의 생산현장을 보러 가면 사람들이 항상 놀라는 장면이 있다. 직원들이 현장에서 로봇처럼 일하지 않는다는 것이다. 끊임없이 개선 사항을 공유하고 협의하는 학습 문화가 내재돼 있어 공장 전체가 하나의 랩lab 같고 연구하는 유기체 같다는 느낌을 강하게 받는다고 한다. 그들에게 냉소는 발붙일 틈도 없어 보인다.

도요타처럼 혁신 활동을 하는 기업도 있지만 그렇지 못한 기업이 훨씬 많다. 그 원인은 무엇일까? 준비 미흡, 역량 부족, 제도와 시스템의 지원 부족이 원인일 수 있다. 하지만 그것을 다 가지고 있어도 실패하는 기업들은 여전히 많다. 그 이유는 역시 팀원들에게 숨어 있다. 혁신을 가로막는 것은 제도나 시스템 등 하드웨어 관점의 것들이 아닌 팀원들의 무관심, 비협조, 복지부동 등 냉소주의와 같은 소프트웨어 관점의 것들이다. 조직 냉소주의Organizational Cynicism란 '해당 조직 구성원들이 경영진, 정책, 제도, 변화 및 혁신 활동 등 조직 전반에 걸쳐 이유 없는 무관심이나 적대감이나 극단적인 불신을 나타내는 것'이다.[10] 조직 냉소주의가 만연하게 되는 이유를 크게 두 가지로 구분해서 설명할 수 있다.

첫 번째가 심리적 계약 파기다. 팀원들은 조직이 공정하게 구성원들을 평가하고 신의성실하게 대우할 것으로 생각한다. 일에 대해서는 조직과 암묵적인 계약을 했다고 생각한다. 그런데 그러한 기대가 파기되거나 무너지는 과정을 경험하게 되면 조직에 대한 정서적 유대감이 사라지게 된다. 따라서 조직에 대해서 실망하고 냉소적으로

변하게 된다.[11]

두 번째는 업무요구-자원job demands-resources 관점에서 보는 것으로 업무량이 많아지고 역할 갈등이 생겨 업무 요구사항은 커지는데 상대적으로 자율성을 보장하지 않거나 조직에서 지원을 해주지 않으면 조직에 대한 믿음과 유대감이 떨어지게 된다. 이런 반복적인 감정적 소비는 조직 냉소주의를 가중시킨다.[12]

팀원들의 냉소적 반응은 감정, 태도, 행동의 측면에서 다르게 나타난다. 무엇보다 냉소적 팀원들에게는 감정적 동요가 먼저 발생한다. 무력감, 거리감, 소외감, 분노, 적대감 등 부정적 감정이 발생한다. 조직에 대한 배신감으로 어떤 이야기를 해도 조직은 들어주지 않는다는 선입견을 가지게 되고 그런 짓을 해봐야 소용없다고 느끼는 것이다. 나를 조직이 그렇게 대우해주지 않기 때문에 나 또한 그렇게 할 것이라는 감정에서 비롯된다. 이후 냉소적인 태도로 팀을 대하는 것이다. 팀원들이 정책을 만들거나 새로운 활동이나 문화를 만들기 위해 노력해도 결국은 안 될 것이라는 불신의 태도를 보이는 것이다.

이렇게 누적된 감정과 태도는 행동으로 표출된다. 일부러 일을 방해하거나 이직을 조장하는 등 팀에서 일을 못 하게 행동하는 것이다. 냉소주의는 빠르게 퍼지는 전염병 같다. 팀 전반의 분위기를 망치고 그뿐만 아니라 팀 응집력을 약화시키는 주된 원인이 된다.

지속적인 신뢰 구축만이 냉소주의를 극복한다

팀원들의 냉소주의는 누군가 일을 하는 것을 방해하는 방식으로 나타난다. 그렇다면 방해를 관리하는 방식에는 타협, 책임, 인정, 권한 활용, 불평과 대면 회피라는 다섯 가지 방법이 있다. 타협, 책임은 방해하는 사람들과 협상해서 그들이 할 수 있는 것을 하도록 해주는 것이다. 권한 활용은 부여된 권한을 이용해서 방해를 제어하거나 경고하는 것으로 권력관계를 활용할 수 있는 조직에서 작동되는 방식이다. 타협, 책임, 그리고 인정은 그나마 조직관리가 이루어지는 과정에서 통용되는 방식이다.

반면 불평과 대면 회피는 방해를 하는 대상이 노골적으로 하는 것이다. 그러다 보니 대응하면 더 큰 문제가 발생하기 때문에 무시하게 된다. 그런 팀원들을 분리하거나 일부는 해촉하는 방식으로 대응할 수밖에 없다. 극단적인 방법을 사용할 수밖에 없다. 조직 분위기를 돌이키기 어렵기 때문이다.

팀의 응집력을 높이기 위해서는 조직 냉소주의를 타파해야 한다. 그렇게 하기 위해서는 지속적인 신뢰 구축이 핵심이다. 서로를 신뢰하는 조직문화를 구축하는 것이다. 제도 관점에서는 공정성과 합리성을 만들어내고 팀 구성원들의 열정과 헌신이 인정받을 수 있도록 해야 한다. 이런 관점에서 형성되는 신뢰가 바탕이 돼야 응집력이 만들어진다.

먼저 일이 실패했어도 그것이 새로운 도전이라는 문화가 필요하다. 뿌리 깊은 냉소주의는 단순히 구성원들이 실패를 경험했기 때문에 생성되는 것이 아니다. 오히려 배움도 없이 같은 실수를 반복하는 팀에 실망한 팀원들 때문에 발생한다. 따라서 똑같은 실수는 반복하지 않겠다는 팀 전체의 도전이 필요하다. 특히 팀원들이 개인적인 성공 체험을 하는 것이 중요하다. 팀은 작지만 귀중한 성공 체험을 팀원들이 경험할 수 있도록 해주고 공유함으로써 실패는 곧 성공을 위한 좋은 자양분이라는 사실을 알게 해주는 것이 필요하다.

핀란드 게임 기업 슈퍼셀은 진행하던 프로젝트가 실패하면 샴페인을 터뜨려 자축하는 '실패 축하 파티'를 개최한다. 슈퍼셀에서는 실패보다 성공을 많이 한 직원은 도전정신이 부족한 것으로 평가받는다. 실패를 권장하는 기업문화가 슈퍼셀을 2017년 기준 연 매출 2.5조 원의 기업으로 만든 것이다.

팀원들 간 냉소주의는 커뮤니케이션이 경직되면 더 문제가 된다. 팀원들이 자신의 이야기를 쉽고 빠르게 전달하고 서로가 정보를 오해하지 않도록 만들어줘야 한다. 특히 쌍방향 커뮤니케이션이 원활히 이루어질 수 있도록 지속적인 정보 공유가 이루어져야 한다. 우리 기업 조직문화에서 가장 큰 냉소주의 요소 중 하나가 학연과 지연에 따라 사람을 줄 세우는 연고주의와 형식주의 등 겉모습을 중시하는 것이다. 실력으로 인정받을 수 없다는 분위기는 누구도 일하고 싶어 하지 않게 한다. 팀은 철저하게 팀원의 역량과 성과를 기반으로 일 잘하는 사람이 더 대우받도록 해야 한다. 그러려면 리더가 적절한 리더십 스타일을 가지고 있어야 한다. 독단적이고 무책임할수록 팀 조직문화는 그렇게 흘러가기 때문이다.

팀이 개인의 판단보다 항상 더 좋은 건 아니다

우리는 혼자서 일하기보다는 팀이라는 울타리에서 일하게 된다. 작은 회사를 시작해도 처음에는 혼자일 수 있지만 누군가는 도와주고 팀이라는 형태로 묶이게 된다. 온라인에서 진행되는 프로젝트로 서로 한 번도 얼굴을 보지 않았다고 해도 팀이 아닌 것이 아니다. 누군가와 함께한다는 생각만으로도 팀은 운영된다. 하지만 종종 팀은 우리의 기대와는 다르게 움직인다. 2대 8 법칙은 그걸 말해주고 있다. 팀원 10명이 열심히 일한다고 해도 20%가 80%의 일을 하게 되고 더 힘을 들이게 된다. 줄다리기를 해봐도 알 수 있다. 성인 한 명이 잡아당기는 힘을 측정해보면 자기 몸무게 정도인 70킬로그램인데 6명이 당기면 420킬로그램보다는 더 나와야 한다. 하지만 현실은 6명인 경우 300킬로그램 내외에 불과하다. 모두가 자기가 가진 힘을 다 쓰지 않는 것이다.

개인보다 집단지능이 우수하다는 믿음에는 몇 가지 전제가 필요하다. 우선 집단의 크기가 매우 커야 한다. 대부분 팀으로 뭉치면 지능이 높아질 것으로 생각한다. 그 이유로는 두 가지가 있다. 첫째, 똑똑한 팀원이 모여 있다면 서로 시너지가 발생할 것이고 더 좋은 영향을 줄 것이며 누군가 문제가 있더라도 잘 작동할 것으로 생각한다. 둘째, 팀원이 똑똑하다면 정보 취득이나 운영도 잘할 것이고 적절한 판단을 할 것이라 믿는다. 이렇게 운영되는 팀이라면 항상 팀원 개인의 의사결정보다는 팀의 판단이 더 좋을 것이다. 하지만 현실에서는 그렇지 않다. 팀은 매우 취약하다. 가장 똑똑한 사람들이 모여 있는 팀보다 그렇지 않은 팀이 성과를 내는 경우도 심심치 않게 보게 된다.

팀에서 집단으로 의사결정하는 경우 왜곡되는 경우는 많이 발생한다. 심리학자 솔로몬 애쉬Solomon Asch는 사람들이 타인에게 얼마나 영향을 받는지를 실험했다. 사각 탁자에 일곱 명의 실험 참가자들이 둘러앉아서 자극판을 보고 있다. 자극판에는 카드 두 개가 놓여 있다. 왼쪽에는 기준선이 그려져 있고 반대편에는 비교할 수 있는 세 개의 비교선이 그려져 있다. 이 실험은 왼쪽과 오른쪽을 비교해서 같

솔로몬 애쉬의 동조실험

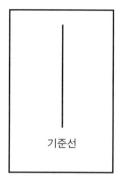
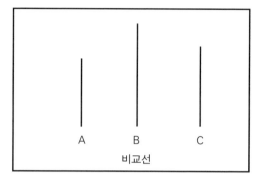

기준선

A   B   C

비교선

은 크기를 찾는 것이다. 그 차이는 매우 커서 누구나 맞출 수 있는 것이었다. 연구수행자가 일곱 명 개개인에게 시계방향으로 돌아가면서 맞춰보라고 했다.

첫 번째 사람은 고심 끝에 기준선과는 크기가 다른 선(A라고 하자)을 선택했다. 그다음 사람도 한참을 보면서 A선을 지정했다. 그렇게 6명이 A선을 지목했을 때 맨 마지막 사람은 당황했다. 그 사람은 아무리 봐도 A선은 아닌데 왜 사람들이 그렇게 지정했는지 의아해했다. 이때 맨 마지막 사람은 무엇을 선택했을까? 이 실험에 실제로 참여하는 사람은 맨 마지막 사람뿐이다. 나머지 여섯 명은 사전에 예정된 시나리오에 따라서 움직인 실험 참여자일 뿐이다. 이런 명백한 상황에서도 실험 대상자의 37%는 여섯 명과 같은 선을 선택했다. 자신의 확신을 눈치를 보면서 바꾼 것이다. 이 실험은 사람들의 동조현상이 얼마나 강하게 나타날 수 있는지를 보여준다.[13]

팀워크라는 말로 팀원들이 팀에 숨으면 안 된다

팀워크가 제대로 작동하지 않으면 팀은 팀원 개인보다 더 큰 오류를 가지게 된다. 보통 개인은 많은 실수를 하게 된다. 뇌가 가진 인지적 한계로 인해 눈에 보이는 대로 혹은 과거 행동했던 패턴대로 판단을 내린다는 것이다. 일종의 휴리스틱스Huristics를 이용하는 것이다. 휴리스틱스에 의존한 결정은 잘못된 경우가 많다. 겉모습만 보고 사람을 판단하는 것처럼 모든 것을 극단적으로 단순화시켜 의사결정을 하기도 한다. 그뿐만 아니라 종종 정보를 과대화해서 인식하기도 한다.

예를 들면 암 수술 전에 A의사는 "생존 가능성이 90%입니다."라고 이야기하고 B의사는 "죽을 가능성이 10%나 됩니다."라고 했다고 하자. 환자로서는 B의사의 말이 더 공포스럽게 느껴진다. 사실만 봐서는 같은 이야기임에도 다르게 인식하는 것이다. 이것을 프레이밍 효과Framing Effect라고 부른다. 공포를 느끼면 잘못된 의사결정을 고수하거나 실패가 예정된 일도 그대로 밀고 나가게 된다. 문제는 강한 유대감을 가진 팀도 한 번 잘못된 결정을 그대로 밀고 나가는 경우가 있다는 것이다. 다수가 실수를 저지를 경우에 나머지는 그 잘못된 실수를 바로잡기 어렵거나 그냥 동조하기 때문이다.

팀의 의사결정은 실제로 집단 지성으로 발현되지 않는 경우가 많다. 한두 사람이 주도권을 가지면 다른 사람들은 그 의견을 넘어서지 못하고 그냥 따라간다. 만약 인공지능이 다양한 정보를 가지고 분석한 다음 의견을 낸다면 반대할 수 있을까? 인간보다 더 많은 정보를 가지고 특정한 알고리즘을 가지고 데이터를 분석한 것을 목소리만 크다고 뒤집을 수 있을까? 우리는 생각보다 취약하다. 팀에서 한

두 사람의 의견을 막기 위해서 종종 브레인스토밍을 장려하는 경우가 있다. 많은 사람이 브레인스토밍을 잘하는 조직이 팀워크가 좋다고 생각한다. 하지만 실제로는 그렇지 않다.

마이클 디엘Michael Diehl과 볼프강 스트로베Wolfgang Stroebe는 22개 그룹의 브레인스토밍을 진행해보니 했을 때보다 각자 홀로 생각했을 때가 훨씬 더 많은 아이디어를 만들어냈다는 결과를 알려준다. 더욱이 놀라운 점은 집단의 아이디어 수준이 개인의 것보다 못하다는 것이다. 개인이 아이디어를 생각하고 있을 때 다른 사람의 말을 듣고 있으면 동조현상이 발생해서 자신의 아이디어를 바꾸거나 종종 순서를 기다리다가 잊기도 하고 쉽게 의견을 표출하는 것을 포기하기도 한다는 것이다.[14]

팀워크라는 것을 팀에서 조화롭게 같이 일하는 것으로만 생각한다면 악용당하게 된다. 응집력을 팀원들 간의 조화로 이해하면 안 된다. 그러면 팀은 단순히 일체감이 높아지는 방향으로 흘러간다. 일체감이 높은 팀이 성과가 좋지 못한 것은 대부분 감정적으로 엮여 있는 아부 집단에 불과한 경우가 많기 때문이다. 물론 처음에는 그렇지 않다. 팀을 만들고 일정 기간 팀원들 간에 자리를 잡는 과정, 즉 자신의 역할을 상대방에게 정확하게 인식시키는 시간을 가지게 된다. 이게 조금 더 길어지면 규칙과 질서가 생기고 본격적으로 일이 되고 손발이 맞는다. 그러다가 시간이 더 길어지면 서로의 눈치를 보면서 자리를 보전하려고 행동하게 된다. 결국 팀워크라는 말로 팀원들 전부가 팀이라는 단어에 숨어버린다. 누군가는 일하겠지만 재능 없는 사람들이 능력이 뛰어난 사람들과 같이 일하게 된다. 사회적 태만 현상이 발생하는 것이다.

과업 갈등과 관계 갈등 중 어느 쪽이 더 나쁠까?

팀원들 간에 여러 프로젝트를 진행하다 보면 크고 작은 갈등들이 계속 생기게 마련이다. 리더들은 갈등 해결을 위해 항상 고민할 수밖에 없다. 리더들은 갈등 자체를 매우 싫어한다. 있으면 안 되는 것이 발생했다고 생각하고 아예 발생되지 않도록 사전에 잘 관리해야 한다고 생각한다. 만약 갈등이 발생하면 사람들을 불러서 곧바로 해결하려고 한다. 하지만 상호관계에 의해 발생한 갈등은 오랜 기간 누적된 결과일 수도 있다. 따라서 리더가 문제를 곧바로 해결하기란 쉽지 않다.

또 다른 해결 방식은 그냥 놔두는 경우다. 갈등을 해결하는 데 익숙하지 않은 리더는 팀원들이 알아서 해결해야 한다고 생각한다. 이 경우 갈등이 발생할 때 팀원들은 리더를 신뢰하지 않기 때문에 일에 몰입할 수 없다. 그리고 대부분의 경우 갈등은 점점 심해지기 때문에 리더는 갈등에 개입해야 한다. 갈등은 팀 구성원들 간의 차이점 때문에 생긴다. 갈등 유형은 크게 과업 갈등Task Conflict과 관계 갈등 Relationship Conflict으로 구분되며 갈등 유형에 따라 조직에 미치는 영향이 다르다.[15]

과업 갈등은 구성원들 간 다른 관점, 아이디어, 의견과 생각들 때문에 과업 수행 중에 생기는 차이를 말한다. 팀에서는 업무 수행 시 목표와 내용에 대한 인식 차이가 항상 나타나게 마련이다. 반면 관계 갈등은 인간관계에 집중된다. 성격, 개인적 취향, 선호하는 방법, 그리고 가치와 대인관계 스타일처럼 정서적인 대립에서 주로 발생한다.[16] 오랜 기간 팀에서 발생하는 관계 갈등은 팀 성과를 떨어트리는 주범으로 알려져 있다. 일에 대한 만족도와 몰입에 부정적인 영향을 준다. 특히 의사결정 과정에서 관계 갈등은 매우 비합리적인 결정으로 끝나게 할 때가 많다.

우리 역사에서도 관계 갈등에 기인한 잘못된 의사결정 때문에 큰 위험에 빠진 사건이 있다. 임진왜란 직전인 1590년에 조선통신사로 일본을 방문한 황윤길과 김성일의 일화다. 일본의 침략 가능성에 대해 서인인 정사 황윤길과 동인인 부사 김성일이 서로 정반대의 예측을 한 일로 말미암아 일본 침략 대응을 사전에 하지 못한 것은 유명하다. 그들이 제시한 잘못된 의견은 두 세력 간의 정치적 이해관계에 의한 관계 갈등에서 비롯된 것이다.

가상 팀은 주로 인터넷 혹은 모바일 환경을 팀 업무 환경으로 만들어놓고 일을 한다. 대부분의 가상 팀은 기술적 이해력과 새로운 비즈니스 역량을 가지고 있어야 한다. 팀은 서로 다른 스킬과 역량을 보유한 사람들로 구성돼 있어 생각과 관점 또한 다를 수밖에 없다. 가상 팀은 특정 목적을 정해놓고 창의성에 기반을 두어서 움직인다. 장기 목표를 위해서도 움직이는데 문제해결을 위해 다양한 기술적 요건을 활용한다.

특별히 정보기술 서비스를 개발하는 경우 프로젝트 복잡성은 매우 높다. 로봇을 활용하는 제조 현장에서 진행되는 프로젝트는 더욱 그렇다. 컴퓨터와 기계를 다루고 이해하는 개발자, 기획하는 기획자, 운영 전문가, 그리고 사용자의 요구사항을 분석하고 비즈니스 환경을 이해하는 전문가가 전부 필요하다. 그들은 사용하는 용어가 서로 달라서 이해가 어렵다. 사용자 입장과 개발자 입장이 대립되는 경우가 많아 높은 수준의 갈등이 발생하게 된다.

정상적인 관계에서 발생하는 갈등은 주로 과업 갈등이다. 특정한 문제를 어떻게 해결할 것인가를 두고 두세 가지 방안으로 논의하는 과정에서 생긴다. 이 경우 정서적 문제를 빼고 논리적, 인식적 관점에서만 논의한다. 따라서 논리를 중심으로 논의가 진행되고 가장 합리적 방안을 찾기 위해 논쟁하게 마련이다. 갈등을 회피 대상으로만 보지 말고 적절하게 잘 관리하면 팀 내부 성과에 좋은 영향을 줄 수 있다.

좋은 갈등은 유지하고 나쁜 갈등은 통제해야 한다

36년간 418번의 승리, 겨우 10번 정도만 패했던 유타주 솔트레이크 시티에 있는 고등학교 럭비팀 하이랜드가 있다. 그들의 이야기를 영화로 만든 「포에버 스트롱」은 팀의 응집력에서 같은 목표와 방향이 얼마나 중요한지 잘 알려준다. 주인공인 열일곱 살 릭 패닝은 아버지가 코치로 있는 럭비팀 '플래그스태프'에 소속된 소년이었다. 그 나이의 남자들이 그렇듯 무관심한 아버지에게 반항하며 문제아가 돼버린다. 릭은 음주운전 때문에 소년원에 간 뒤 마음을 더 굳게 닫고 만다. 소년원의 감독 마커스는 릭에게 아버지의 라이벌 팀인 하이랜드에 간다면 가석방을 추천해주겠다고 제안했다. 릭은 그 제안을 받아들여 하이랜드에 갔지만 적응에 실패했다. 자신만을 위해서 플레이를 했고 그런 행동으로 하이랜드는 크게 졌다. 개인과 조직의 목표가 전혀 연결되지 못하고 따로 놀았던 것이다. 그럼에도 하이랜드 선수들과 코치인 래리 켈윅스는 릭을 포기하지 않았다. 릭은 변화하고 진정한 팀의 구성이 됐다. 팀은 드디어 응집력을 발휘한다. 미국의 럭비 명문팀인 하이랜드의 실제 사례이다.

팀원들이 많은 시간을 함께 보내거나, 작은 집단 규모로 인해 상호 작용이 활발하게 이루어지거나, 외부 위협을 받아서 서로 간에 끈끈함을 경험할 경우 조직 응집력이 높아진다. 그렇기 때문에 응집력이 강한 팀은 생산성에 영향을 준다.[17]

응집력이 높은 팀은 팀원들이 활동에 대한 만족도가 높고 자발적으로 참여한다. 팀원들 사이의 의사소통이 활발하며 집단의 사기 morale을 높인다. 그뿐만 아니라 팀원들의 자존감도 높일 수 있다. 릭은 불안감을 가지고 있었지만 점차 팀의 구성원으로 자신의 위치를 찾아간다. 코치인 래리 겔웍스는 조직의 응집력을 높이는 방법으로 갈등을 선택했다. 감정적인 갈등이 아니라 서로가 같은 방향으로 갈 수 있도록 팀원들의 생산적 갈등을 자극한 것이다. 다른 팀원들은 매우 높은 자존감으로 릭을 기다려준다. 결국 목표를 달성했고 가장 강한 팀이 된 것이다. 응집력을 높이는 방법으로 갈등은 선택이 될 수 있다.

필자와 연세대 이혜정 박사는 정보기술 분야 스타트업 142개 팀을 대상으로 과업 갈등과 관계 갈등이 팀워크에 어떤 영향을 미치는지 살펴봤는데 결과는 흥미로웠다.[18] 과업 갈등은 팀워크를 높이는 데 긍정적인 영향을 미치는 것으로 나타났다. 반면에 관계 갈등은 팀원 사이에 협업하거나 서로의 업무를 인지하고 적절하게 조율하는 업무 조정에 나쁜 영향을 미쳤다.

스타트업은 대부분 기술 중심 기업이고 높은 수준의 가상환경에서 일을 한다. 그들에게 업무와 관련된 과업 갈등은 좋은 갈등이다. 그러다 보니 리더는 과업 갈등을 자극하며 팀을 운영했다. 팀에서 새로운 것을 만들기 위해 아이디어를 내거나 어떤 문제를 해결하기 위해서 의견을 수렴할 때 서로의 생각이나 방향이 달라서 논쟁이 일어날 수 있다. 또한 각자 전문 영역이 달라서 서로의 의견이나 정보를 이해하지 못하고 어려워하는 경우도 생긴다. 이때 리더나 팀원들은 이러한 갈등 상황에 놀라거나 우리 팀이 왜 이런지 심각하게 문제 삼을 게 아니다. 오히려 더 많은 의견과 아이디어를 이야기하게 하고 구체적으로 설명하도록 해야 한다. 그래서 서로를 이해하는 기회로 삼아야 한다.

반면 관계 갈등은 나쁜 갈등이다. 관계 갈등은 당장 팀원 간의 의사소통이나 결속력을 해치지는 않는다. 하지만 팀원들 사이에 감정적인 불편함, 긴장, 다툼이 있다면 해당 업무에 최선의 인력이 배치되지 못하게 만들 수 있다. 갈등을 없애려고만 해서도 안 되고 내버려 두어서도 안 된다. 리더는 좋은 갈등은 적절하게 유지하고 나쁜 갈등은 통제해 가는 것, 바로 '조정자'의 역할을 해야 한다.

개인주의는 이기주의와 다르다

우리는 응집력이 강한 조직을 생각할 때 군대 조직이 떠오른다. 일사불란한 군인들의 군사훈련이나 집단주의적으로 칼같이 움직이는 것을 보며 그것을 응집력과 동일시한다. 대부분 조직들이 이런 집단주의 응집력을 바탕으로 빠른 성과를 만들어냈다. 아직도 많은 조직에서는 집단문화를 기반으로 움직이고 있다. 하지만 개인주의적이고 자유로운 젊은 층에게 집단주의적 사고는 매우 당황스러운 환경이다. 그들은 개인에게 최적화된 스마트폰, 소셜 미디어 환경, 그리고 개인 방송 등에 익숙하기 때문에 집단주의적 소속감과 애사심 자체를 이해할 수 없는 것이다.

　로봇과 같은 인공지능은 더욱 개인주의를 강화시킨다. 집단주의에 서나 있는 사람들 간의 친밀한 인간관계를 로봇에게 기대하기란 그 자체가 쉽지 않기 때문이다. 이제 팀원 중에는 개인주의에 익숙한 사람들이 점차 많아지고 있다. 그들과 함께 응집력을 만들어낼 수 있을까? 그들이 응집력을 가지고 팀에서 발생하는 리스크를 뛰어넘을 수 있을까?

　하나의 목표를 달성하기 위해 팀 구성원들은 같이 뛰어갈 수밖에 없다. 그렇다면 집단주의를 자연스럽게 생각하게 된다. '나'보다는 '우리'를 우선시하는 집단주의는 본래 스스로를 하나 또는 그 이상 집단의 일부분으로 간주하는 개인들로 구성된 사회 형태다. 이런 성향을 가진 사람들은 자신이 속한 집단이 부과한 의무와 규범에 따라 동기화되고 자신 개인의 목표보다는 집단의 목표에 우선권을 두고 집단 구성원들과 자신의 연결성을 강조한다. 이에 비해 개인주의는 스스로를 집단과는 독립적이라고 여기는 서로 느슨하게 연결된 개인들로 구성된 사회 형태다.[19] 집단주의 성향이 강하면 조직에 대한 몰입이 높다. 또한 집단 목표를 개인 목표와 동일시하거나 경우에 따라서는 집단 목표를 더 중요시하기 때문에 성과를 높이는 데 도움이 된다. 특히 위기에 강한 응집력을 발휘한다. 그러나 집단주의가 가지는 부작용도 만만찮다.

　집단주의로 강한 연대감을 내재화하고 규범을 따라야 하는 개인들은 불만을 품게 된다. 특히 개인의 다양성과 개성이 무시됨으로써 개인의 존엄성과 감정이 상처받는 경우도 있다. 집단에 대한 의존성이 강한 나머지 집단 자체가 이기주의에 빠져 자신들만의 리그 혹은 카르텔을 형성하기도 한다. 이런 현상 때문에 지위에 의존해서 상대방에게 군림하려는 현상이 나타나기도 한다. 반면에 개인주의는 어떨까? 개인주의는 집단보다 개인 정체성을 우선하고 집단 목표보다 개인 목표를 중요시한다. 조직은 개인들이 모여서 만든 곳이기에 그곳에 속해 있는 개인들을 존중하고 배려한다는 원칙이 있어야 한다. 집단주의에 익숙한 사람들에게 개인주의는 종종 이기주의로 오해받기도 하지만 개인주의는 이기주의가 아니다. 이기주의는 자신의 권리만 주장하는 행동을 말하는 것으로 타인을 전혀 고려하지 않는다.

하지만 합리적인 개인주의는 다른 사람을 존중하는 것에서 시작한다. 『성경』 「마태복음」 7장 12절 "그러므로 무엇이든지 남에게 대접을 받고자 하는 대로 너희도 남을 대접하라."라는 말처럼 내가 존중받고 싶은 모습으로 타인을 존중하기 때문에 상대방에 대한 배려와 공감이 비교적 높다. 개인주의 성향에 대한 편견은 개인주의는 혼자 모든 것을 한다고 생각한다는 점이다. 하지만 개인주의가 발달한 미국의 경우 높은 업무 생산성은 절대 혼자 일하는 문화로 만들어지는 것이 아니다. 오히려 자율성에 기반을 둔 공동체 의식을 통해서 만들어진다. 개인주의를 추구하는 경우 대부분 개인의 의견과 표현의 자유를 중시하는 것이지 공동체 가치를 무시하지는 않는다.

문유석 판사는 저서 『개인주의자 선언』에서 "개인주의는 인간이 필연적으로 집단을 이루어 살고 공정한 규칙이 필요하고 자신의 자유가 일정 부분 제약될 수 있음을 수긍한다. 다른 사람 입장에서 타협할 줄 알고 개인 힘만으로 바꿀 수 없는 문제를 해결하기 위해 타인과 연대할 줄 안다. 그러나 이러한 합리적 태도가 뒷받침되지 않은 것이 바로 이기주의이며 이는 개인주의와 다르다."라고 말하고 있다.

미래에는 개인화에 집중해야 한다

어느 날 호킨스의 집에 새로운 가사도우미가 왔다. 갈색 머리에 푸른 눈을 가진 아니타는 따뜻하고 상냥한 마음씨를 가졌다. 중학생 토비는 친누나라도 생긴 것처럼 따른다. 다섯 살 소피는 엄마보다 더 좋아하고 동화책 읽어주기만 기다린다. 아빠 조셉은 그녀의 수준급 요리솜씨를 칭찬한다. 하지만 아니타로 인해 집안에는 갈등이 넘쳐만 간다. 엄마 로라는 아니타의 육아실력에 질투심을 느끼고 큰 딸 매티는 아니타를 보면서 열등감을 가지게 된다. 이 이야기는 드라마 〈휴먼스Humans〉의 가족에 관한 이야기다. 미래학자인 레이 커즈와일Ray Kurzweil이 말한 '특이점singularity'이 발생한 세상의 어느 가족 이야기 같다.

합리적인 개인주의는 인공지능 시대에 필연적인 가치체계다. 기술 발전은 결국 개인을 육체적 노동으로부터 점차 해방시킬 것이다. 더욱더 인간은 자신이 가진 것들, 자신이 만든 것들, 자기 자신에게 집중할 것이다. 미래학자인 마티아스 호르크스Matthias Horx가 『메가트렌드 2045』에서 미래에는 개인화에 집중해야 한다고 주장한 이유이기도 하다.

개인주의는 소셜 네트워크와 같은 가상환경에 익숙한 밀레니엄 세대에게 중요한 가치다. 중앙대 이은진과 석효정 연구팀은 개인주의-집단주의 성향에 따라서 소셜 네트워크 사용자들의 사회적 참여 활동이 어떤지를 살펴보았다. 476명의 사용자를 연구한 결과 개인주의가 강할수록 정보에 대한 요구사항과 다양한 이벤트 참석과 구매와 판매 활동이 높았다. 그뿐만 아니라 개인주의가 강할수록 소셜 네트워크 활동을 상대적으로 활발하게 하고 자신들이 올린 정보에 대해

많은 평가와 조언을 얻는 것을 중요시하는 것으로 나타났다.[20]

팀 중심으로 일한다는 건 일의 형태가 직업Job이 아닌 개인 단위의 일Work로 변화한다는 것이다. 대표적인 활동이 깃허브에서 일하는 소프트웨어 전문가의 활동 같은 긱Gig 현상이다. 긱이란 일 중심으로 모였다가 흩어지는 방식을 의미한다. 1920년대 미국 재즈클럽 주변에서 단기계약으로 연주자를 섭외해 공연한 데서 유래했다. 최근까지 프리랜서나 1인 자영업자를 포괄하는 임시직이란 의미로 사용됐지만 플랫폼 중심의 경제체계에서는 서비스 공급자의 역할로 변화하고 있다.

예를 들면 아마존은 배송 서비스 '프라임 나우'를 높이기 위해 개인 차량을 소유한 일반인을 배송 요원으로 활용한다. 고수라는 사이트에서는 각 방면의 전문가들이 일정 금액을 받고 일을 처리해준다. 결국 팀에서도 다양한 형태의 개인들이 자신의 일을 잘 해주는 것이 중요해질 것이다. 대다수 일이 프로젝트를 기준으로 수행되는 환경이 될수록 승진보다는 경험과 전문성이 중요한 요소가 된다. 팀이 개방될수록 협업이 늘어나고 혁신의 속도는 점점 빨라지게 된다. 이 조직적 변화를 가로막는 것이 집단주의다. 집단주의는 팀 단위에서 내 팀과 다른 팀을 분리하는 장벽 역할도 하기 때문이다.

응집력에서도 중요한 요소는 신뢰다. 믿고 맡길 수 있는 사람이라는 신뢰가 응집력을 만든다. 유연성을 갖추고 있지만 능력 있는 개인들이 자신의 일을 잘해줄 때 가장 완벽한 응집력을 발휘하게 된다. 구글과 3M 등에서 진행하고 있는, 자기에게 흥미로운 일을 프로젝트로 수행하는 활동이 여러 혁신을 만들어내고 있다. 이때 팀은 전문성을 가진 개인이 내부 전문가들을 찾아서 연결하는 것이다. 그들은 자신의 일을 하지만 프로젝트 수행 시에 응집력을 발휘한다. 응집력을 강화시키는 개인주의에서 전문성은 선행 요인인 것이다.

스타트업 문화를 조직에 접목시키려는 노력이 많다. 기존 조직의 유연성을 높이고 다양한 창의성을 확보하기 위해서 스타트업 형태로 일을 하면 좋지 않을까 하는 막연한 기대에서 시작하는 것이다. 그러나 대부분 실패한다. 그것은 조직이 가진 집단주의 문화에 기인한다. 개인의 전문성을 기반으로 서로가 책임지고 신뢰를 쌓아가는 스타트업의 개인주의 문화를 이해하지 못해서이기도 하고 물과 기름처럼 섞이지 않아서이기도 하다. 크게 성공한 스타트업일수록 더 강한 응집력으로 시장에서 성장했다는 점도 기억해야 한다.

조직은 해야 할 일의 성격이나 구성원들의 성향 등을 고려해서 운영방식을 고민해야 한다. 구성원 간의 끈끈한 협력, 네트워크, 일사불란한 행동, 개인의 전문성 등등. 그러나 로봇과 일하는 문화에서는 로봇이 잘하지 못하는 창의성과 아이디어에 집중해야 한다. 개인들의 독창적인 사고와 생각에 기반하는 팀이 위험한 환경에서 더 응집력을 발휘해서 창의적인 결과물을 만들어내기 때문이다.

9장

새로운 팀과
혁신의 팀워크를
준비하라

서로를 존중하고 배려하는 팀 문화를 만들어내는 것은 인간성에 대한 깊은 고민과 신뢰가 있을 때만 가능하다. 인간을 있는 그대로 믿을 수 있는 팀을 만들어야 한다. 이제 대부분의 일이 인간을 대체하는 것들에 의해 움직여질 것이다.

실패에서 배우지 않은 성공은 없다

매년 10월 13일 핀란드에서는 실패를 기념하는 '실패의 날' 행사
가 열린다. 현재 핀란드 국민 25%가 지켜보는 국가 행사가 됐다. 실
패의 날에는 실패 경험이 있는 유명 창업자들뿐만 아니라 처음 실패
를 경험한 학생들까지 다양한 사람들이 전국에서 행사를 가진다.

핀란드는 노키아가 스마트폰에 대응하지 못하고 무너진 이후 국
가적 위기를 극복하기 위해 창업을 장려했고 크고 작은 스타트업 팀
들이 만들어졌다. 그들은 다양한 시도를 했지만 그만큼 많이 망했고
실패했다. "역사란 성공한 사람들이 쓰는 것이다."라는 격언이 있을
정도니 보통 실패한 사람들은 말이 없다. 하지만 이때 핀란드 알토대
의 알토이에스Aaltoes란 창업 동아리는 '실패에서 배우자!'라는 모토

로 실패를 홍보하기 시작했다. 2010년 10월 13일 처음 열린 '실패의 날' 행사는 이렇게 만들어졌다. 핀란드 정부와 실리콘밸리의 투자자들 그리고 유명인들의 실패 경험 공유는 실패라는 건 더 이상 두려워할 필요가 없는 것이고 오히려 그것을 통해서 많은 걸 배울 수 있다는 점을 상기시키고 있다.

팀에게 실패는 고통스러운 과정이다. 사람들은 팀워크가 무너지면 반목하게 된다. 실패한 팀은 사라지거나 이름이 남아 있더라도 새로운 사람들이 다시 그 자리를 대체하게 된다. 팀이 실패하는 원인은 곧 팀워크가 무너지는 원인과 같다. 이탈리아 튜린의 폴리테크닉대의 마르코 콘타매사Marco Cantamessa와 동료들은 214개의 실패한 스타트업 팀이 어떻게 실패의 길로 갔는지 사후 검증 방법post-mortem을 통해서 그 원인을 분석했다.[1]

콘타매사는 팀의 실패를 쉘SHELL 모형으로 구성해서 정리하고 있다. 쉘은 S(소프트웨어, 비즈니스 모델), H(하드웨어, 상품), L(라이브웨어, 고객), L(센트럴 라이브웨어, 팀 구성), E(환경)의 5가지 영역으로 정의돼 있다.

첫 번째 영역은 비즈니스 모델이다. 어떤 팀이든 실패를 하는 것은 팀이 무엇을 해야 할지 정확하게 모르는 경우다. 팀 전체가 잘못된 비즈니스 모델을 만드는 경우도 있고 시장에서 잘못된 위치를 선점하는 경우도 있다. 과거 기능조직의 경우는 팀 목표라는 것이 부서명에 정확하게 나타났다. 회계 팀이라면 회계 데이터의 무결성을 확보하고 빠른 회계 정보를 제공하기만 해도 목표를 달성할 수 있다. 그러나 X-태스크 같은 사업팀의 경우, 팀의 목표는 확장된다. 사업적 목표가 필요하고 어떤 방식으로 시장에 위치해야 할지를 고민하

마르코 콘타매사의 쉘 모델

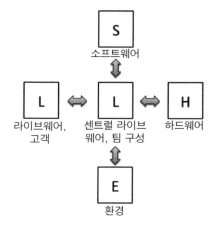

게 된다. 실패하는 팀들은 항상 잘못된 비즈니스 전략과 목표를 가지고 있고 그에 따라 잘못된 시장 위치 선정과 마케팅 전략을 수립하게 된다.

두 번째 영역은 상품이다. 팀에게 가장 중요한 건 최종 결과물이다. 결국 상품을 어떻게 만들어내는가에 따라서 팀의 존재 가치가 결정된다. 그런데 많은 팀은 자신들이 만들어낸 상품 혹은 서비스에 집중하지 않는다. 품질이 나쁜 경우에도 개선하지 않는다. 초기에는 괜찮은 결과물을 얻지만 거기서 안주하게 된다.

세 번째 영역은 고객이다. 팀에게 고객은 매우 중요하다. 우리 팀에게 고객은 누구일까? 진지하게 생각해본 팀들이 얼마나 될 것인가? 결국 팀의 존재는 고객에 의해서 결정된다. 그 고객에 집중해야 비즈니스 모델도 나오는 것이고 그 고객에 의해 상품이 평가받는 것이다. 그럼에도 고객이 불명확하다. 또한 팀들이 고객을 너무 협소하게 한정하거나 실제로 고객이 너무 적다. 그것은 고객을 획득하고 유지하는 데 큰 비용이 지불된다는 의미이기도 하다.

네 번째 영역은 환경이다. 팀은 외부적으로 경쟁 환경에 노출돼 있다. 경쟁 상대가 많은 팀일수록 팀은 쉽게 실패했다. 팀은 지원해 주는 투자자 혹은 지원자가 없으면 대부분 실패했다. 팀 역시 혼자 생존할 수 없다. 팀과 팀들 간에도 강력한 생태계를 만들어야 하며 팀에게는 든든한 후원자들이 필요하다. 하지만 실제로 어떤 팀이든 후원자들의 관심사는 계속 바뀌기 때문에 관심을 끌도록 노력해야 한다.

마지막 영역은 앞의 네 가지 부문의 뼈대가 되는 팀 구성 자체다. 팀 구성의 요체는 사람에 있다. 팀은 팀 리더나 팀원들의 역량이 부족하거나 팀 관리가 잘못되면 무너진다. 또한 예산 부족도 팀을 실패로 몰아넣는다. 팀 운영에는 비용이 소요된다. 충분한 예산확보가 이루어지지 않으면 팀을 운영할 수조차 없다. 스타트업 팀은 가장 다양한 형태로 팀을 운영하고 가상환경에서 운영되기도 한다. 그리고 내부 공유 문화나 일하는 방식이 가장 개방적이다. 그럼에도 팀은 실패하게 된다.

실패에는 다양한 원인이 있지만 팀워크 때문이라는 이야기는 잘하지 않는다. 팀이 실패했을 때 그 원인을 주로 내가 포함된 팀워크에서 찾기보다는 외부 혹은 구조적 이유에서 찾는다. 하지만 대다수 팀은 팀의 뼈대인 팀워크가 무너지는 것을 경험하게 된다. 바로 함께 창업한 사람들이 팀에서 이탈할 때이다. 건강한 조직은 팀에서 이탈한 사람들이 팀의 든든한 후원자가 된다. 반면 실패한 팀일수록 서로가 다시 보지 않는 사이가 돼버린다. 결국 팀을 구성하는 건 사람이기 때문이다.

제2의 르네상스 시대가 시작됐다

인공지능 시대에 기술은 부를 창출하는 기준이 되고 있다. 인공지능이 인간 생활의 많은 부문을 바꿀 것이라는 데 이견은 없다. 앞으로 10~20년 후에 우리는 로봇과 공생할 수도 있고 일자리를 잃어버릴 수도 있다. 인공지능과 DNA 기술은 당장 질병을 더 정확하게 예측하고 더 빠르게 치료할 수 있을 것이다. 스마트 시티는 에너지를 더 적게 쓰고 더 효율적으로 자원을 이용할 것이다. 로봇의 발전으로 위험한 현장에서 인간은 사라질 것이고 환경 문제를 해결할 수도 있을 것이다. 인간은 로봇이 창출하는 부로 노동에서 해방되고 경우에 따라서는 빈곤 문제까지도 해결하게 될지 모른다.

초기 로봇과 인공지능과 같은 기술 때문에 영향을 받는 건 대부분 제조 공장이라고 생각했다. 사람이 직접 손으로 나르며 조립하던 공장은 컨베이어 벨트로 자동화됐다. 이제 로봇이 활용되는 영역에서는 급속하게 기술이 인간을 대신하고 있다. 그러나 여기서 멈추지 않는다. 인공지능이 잘하는 영역은 산술적으로 분석하는 부문이다. 그래서 수학적으로 계산하고 분석하는 금융 분야나 수학적으로 추정이 가능한 분야들은 이제 소프트웨어가 인간을 대신하고 있다. 이렇듯 인공지능과 로봇은 우리가 일하는 환경을 송두리째 바꿀 수 있다.

MIT 물리학과 맥스 테그마크Max Tegmark 교수의 저서 『라이프 3.0』의 부제는 인공지능이 열어갈 인류와 생명의 미래이다.[2] 테그마크 교수는 인류의 진화를 3단계로 보고 있다. 제목인 라이프 3.0이 현재 인류의 단계라고 말한다. 라이프 1.0은 하드웨어와 관련한 생물학적 기원을 나타낸다. 생물학적 진화 그 자체다. 라이프 2.0은 인류의 문화적 발달로 우리 스스로가 만들어내는 소프트웨어에 의해 발전이 이루어지는 단계다. 즉 교육과 지식의 영향으로 인류의 지식은 축적되고 전달되며 지속적으로 진보해나간다. 이 과정에서 더 나은 소프트웨어가 만들어지고 역사는 발전해나간다. 라이프 3.0은 인류가 가진 기술적 발달이다. 드디어 인류는 스스로 하드웨어와 소프트웨어를 진화시킬 수 있는 단계까지 왔다. 그것이 인공지능이다. 이제 인간이 새롭게 신이 돼가는 시대가 됐다. 라이프 3.0은 인간이 제2의 르네상스 시대, 인본주의 시대로 들어가는 것을 나타내는 단어가 될 수도 있다.

중세 유럽의 신본주의에서 프란체스코 페트라르카Francesco Petrarca와 지오반니 보카치오Giovanni Boccaccio 등이 주도한 르네상스 운동은 고대 그리스의 인간 중심주의를 바탕으로 한다. 인간성이 핵심이다. 기술은 그것을 가속화했을 뿐이다. 르네상스 사람들은 여러 분야에 다재다능했고 지식 기반도 넓었다. 그들은 다양한 학문을 추구했다. 레오나르도 다빈치Leonardo da Vinci와 같은 천재가 미술, 공학, 의학을 높은 수준에서 연구했다. 특히 인간을 연구했던 미술, 건축, 조각이 새롭게 발전했다.

미래 인재는 창의와 혁신의 '르네상스형'이다

현대 사회는 인간성이 점차 사라져가고 물질주의가 모든 것의 중심에 있다. 다재다능한 르네상스 인물을 찾기란 쉽지 않다. 천재라 불리던 알버트 아인슈타인Albert Einstein이나 스티븐 호킹Stephen Hawking 같은 학자들도 그렇고 세계적인 부를 창출한 사업가인 스티브 잡스나 빌 게이츠도 그렇다. 우리는 인간에 대한 이해가 그만큼 부족한 상태에서 인공지능을 만나고 있다.

하지만 인공지능은 인간을 해방시켜 줄 것이다. 조직에 얽매여 있던 농노들을 자유로운 농민으로 해방했듯이 일로부터 우리를 해방시킬 것이다. 이런 변화에 적응하는 개인과 조직은 성장하고 그렇지 못하면 사라진다. 우버나 에어비앤비와 같은 공유경제 모형에 적응할 수 있는지가 자동차 산업의 지도를 바꿀 것이다. 전통적인 택시 운전사나 호텔 운영자는 생존 전략을 바꿔야 한다. 과거 농민만 있던 시대에서 기술에 의해 농민이 급격하게 줄어든 것과 같은 상황이 발생하고 있다. 산업혁명 시대에 이런 변화를 두려워했던 네드 러드Ned Ludd라는 인물이 주도한 러다이트 운동Leddite은 기계를 파괴해서 변화에 저항했다. 21세기에 우리는 신 러다이트 운동Neo-Luddite을 만나고 있다. 새로운 기술의 등장이 인간을 파괴할 것이라는 두려움에서다. 하지만 이는 제2의 르네상스가 열리는 기회가 될 수도 있다.

인간이 노동에서 해방되고 새로운 사고가 더 촉발되면 평범한 개인들은 더 중요한 역할을 하게 된다. 새로운 계급이 기존 산업 자본주의를 무너뜨리는 역할을 할 수도 있다. 폴 메이슨Paul Mason의 저서 『포스트 자본주의 새로운 시작』은 자본주의 이후 세계에서 연결된 개인들이 만들어내는 새로운 경제체제를 이야기한다.[3] 결국 개인이 주목을 받게 되는 것이다. 그 중심에는 인문주의가 있다. 미국 프로농구NBA 댈러스 매버릭스 구단주이자 실리콘밸리 투자자인 마크 큐반Mark Cuban은 앞으로 10년간 공학보다 인문학에 더 큰 수요가 있을 것이라고 주장했다. 인문학적 인재가 더 자유로운 사고를 하기 때문에 오히려 인공지능 시대에는 철학에 집중해야 한다고 이야기했다. 실제로 실리콘밸리의 성공한 투자가 3분의 1 이상이 인문학 전공자다. 첨단기술의 보고인 구글은 다양한 인재를 채용하기 위해 채용부서에만 800명이 넘는 인원들이 근무하고 있다. 그 안에는 공학뿐만 아니라 인문학과 철학을 전공한 다양한 전문가들이 인공지능 부문부터 인간이 살아가는 다양한 문제를 해결하는 부문까지 공학자들과 협업을 하고 있다.

인공지능 시대에는 더 많은 사람들이 르네상스적 인물이 될 수 있다. 창의성과 혁신성을 발휘하는 인재들이 세상을 바꿀 것이다. 팀원 중 일부가 인공지능이 될 수도 있는 세상에서 인공지능을 넘어서기 위해서는 더욱 르네상스적인 인간으로 변화돼야 한다. 창의적이고 새로운 것을 시도하는 팀원들이 넘쳐나고 인간 고유의 특성에 집중하는 환경을 만들어주는 조직만 살아남을 것이다. 누가 더 빠르게 계산하고 더 말을 잘 듣느냐 하는 것이 아니라 문제를 해결하고 올바른 답을 찾기 위해 더 많은 질문을 던질 수 있어야 한다.

미래 경쟁력의 원천은 '인간성'이다

'특이점'이라는 단어는 1950년대 처음 등장했다. 헝가리 태생 천재 수학자 존 폰 노이만John von Neumann은 기술 발전 속도가 점점 빨라져 언젠가 기술이 인류의 삶을 완전히 변화시킬 시점이 올 것이라고 했고 그것을 특이점이라 생각했다. 특이점으로 스토리텔링을 잘한 인물은 SF 작가 버너 빈지Vernor Vinge이다. 1992년 출간된 『심연 위의 불길A Fire Upon the Deep』에서 특이점과 포스트 휴먼 문명 등 다양한 미래 문명에 대한 청사진을 제시했다. 그는 1993년 「기술적 특이점」이라는 논문을 발표했다.[4] 그는 이 논문에서 도발적인 주장을 했다. 인간을 능가하는 지능이 발전을 주도하면 기술 발전의 속도는 매우 빨라질 것이고 특이점에 도달하면 지금의 인간은 완전히 다른 상황에 접어든다는 것이다.

인공지능 연구자인 레이 커즈와일은 버너 빈지의 생각을 더욱 확장했다. 2006년 펴낸 책 『특이점이 온다』에서 기계가 인간의 능력을 앞서는 때를 2045년으로 제시하기도 했다. 특이점은 최근 과학·산업계의 가장 큰 화두다. 일본 소프트뱅크 손정의 회장도 2045년경 특이점이 올 것을 예측했다. 최근 일론 머스크나 빌 게이츠 등의 유명인들은 무작정 앞만 보고 달려가는 기술 발전이 인간성을 위협할 초지능 기계를 만들 수 있다고 경고하기도 했다.

그런데 특이점 논쟁에서 한 가지를 놓치고 있다. 인공지능이 인간의 지능을 뛰어넘는 것을 특이점이라고 한다면 그것은 지능에 수반된 것들에 한정된다는 점이다. 만약 그런 일이 존재한다고 해도 인간성, 즉 인간을 특징지어주는 인간다움은 꼭 지켜야 할 요소다. 그래서 인간성을 고민하는 학문인 인문학이 새로운 경쟁력이 된다. 기계와 차별화할 수 있는 고유한 가치들이 인문학을 통해 키워지기 때문이다.

인공지능과 인간의 관계를 고민하는 영역은 결국 인문학이다. 인간이 해야 할 것과 하지 말아야 할 것을 논쟁하는 것 자체가 인간의 일이기 때문이다. 현재 기술 수준으로 인공지능이 특이점을 넘어설지는 의구심을 품는 과학자들이 더 많다. 그렇다고 해도 그런 상황이 왔다면 인간과 인공지능은 매우 구분하기 어려울 것이다. 이 경우 인공지능과 인간의 차이를 무엇으로 봐야 할 것인가? 인공지능이 인간이라고 주장하는 상황이 발생한다면 그때도 논쟁은 인간의 몫이다.

어떠한 결과가 오더라도 논쟁은 인간이 한다. 그렇다면 인공지능이 개발돼도 문제없다. 인간이 선택한 것이기 때문이다.

인공지능과 인간을 구분 짓는 건 당분간은 감정을 가졌는지가 될 것이다. 감정은 인간만 가진 것이기 때문이다. 인간이 기계보다 잘 할 수 있는 것은 다른 사람들과 교감하는 것이다. 팀을 만들고 함께 일하는 것도 잘한다. 다른 팀 구성원들과 협업하고 팀에 영향을 주는 이해관계자들을 관리하는 것도 잘한다. 이제 인간은 기계를 활용함으로써 더 많은 시간을 확보하고 사람들 간의 네트워크에 더 많은 자원을 투여할 수 있게 됐다. 그렇다면 앞으로 인간이 노력해야 할 것은 더욱 인간다워지는 일이다. 인간만의 장점에 집중할 때다.

나만의 전문성을 찾아야 한다

조직에서 성공했다는 사람들의 공통점은 무엇일까? HR 전문가들은 이구동성으로 전문성을 꼽는다. 그렇다면 전문성이란 무엇일까? 비즈니스하는 사람들에게는 서비스 제공자가 보유한 특별한 지식을 전문성이라고 한다. 여기서 지식은 능력이다. 고객이 가진 문제 혹은 욕구를 충족해줄 수 있는 솔루션을 제공해주는 것이 능력이기 때문이다. 이런 지식을 가진 개인을 전문가라고 칭한다.

정부기관이든 일반기업이든, 대기업이든 스타트업이든, 어떤 조직에서든 일한다고 하면 대부분 어떤 프로젝트에 참여하고 있다. 결국 어떤 직업을 가졌느냐보다는 어떤 프로젝트에서 누구와 일했는가가 중요하다. SF 마니아에게 꿈의 영화인 「스타워즈」 프로젝트에 참여하고 싶다고 해서 아무나 그런 기회를 가질 수는 없다. 이승윤 기술

감독은 그 기회를 잡았다. 어릴 적부터 그 방면의 꿈을 꾸던 그는 32세에 홀연히 미국으로 떠나「스타워즈」감독 조지 루카스George Lucas가 세운 할리우드 특수효과 업체에 입사했다. 그리고「캐리비안의 해적」「스타워즈 에피소드」「아바타」「트랜스포머」등 대작들의 특수효과를 담당하며 책임자 자리에 올랐다.[5]

그의 도전은 망설임 없는 실행에서 시작됐다. 어릴 적 그림과 만화에 빠져 자신이 좋아하는 분야를 확실히 알고 있었으며 전문성을 키우기 위해 대학에서 광고디자인학과를 졸업했다. 그리고 국내 한 광고 영상업체에 들어갔다. 이후 곧바로 터진 외환위기는 오히려 일본 드림픽처스DPS에서 근무할 기회를 만들어주었다. 그 당시 미국으로 넘어가기 위해서 자신의 작품 데모영상을 할리우드 영상기술 업체 면접관에게 어필한 끝에「스타워즈」를 만드는 중심에 서게 됐다.

같은 회사에서 '컬처 테크니컬 디렉터Creature Technical Director'로 일했던 홍재철은「트랜스포머」에 참여했다. 그는 자신의 특수효과 전문성을 기반으로「트랜스포머」로봇의 동작을 구현해내는 작업을 진행했으며 관절과 관절 사이의 자연스러운 움직임을 통해 마치 살아 있는 듯한 로봇을 창조하는 데 일조했다. 영상 분야에서 그 정도로 정밀하게 로봇 관절을 표현할 수 있는 사람이 매우 드물다. 그래서 항상 홍재철을 찾는다고 한다.[6] 전문성을 가지고 있는 전문가는 어떤 프로젝트에서도 찾는다. 프로젝트에서 찾는다는 건 그의 직업과는 관련 없는 일이다.

최근 필자는 글로벌 화학 회사의 미래전략 보고회에 참여했다. 미래전략에 대한 다양한 방안을 찾는데 그곳에 참여했던 외부 인사들의 직업을 보고 놀랐던 기억이 난다. 흔히 기업전략이라고 하면 그

분야 경험을 가진 사람들이 참여한다. 보통 산업전문가인 증권, 산업계 분석가, 컨설팅회사 임원, 화학 분야 연구소 임원이다. 그런데 직업만 봐서는 잘 매칭이 되지 않는 소비자 트렌드 전문가, 내과의사, 출판 사업가, 전업 주식 투자자들이 포함돼 있었다. 그들의 역할이 소비자로서 화학 회사의 미래전략을 도출하는 역할을 했다고 한다. 그들이 가지고 있는 소비자 분석 전문성, 의사로서 환자를 치료하는 전문성, 콘텐츠를 소비하고 만들어내는 전문성, 개미 투자의 관점에서 기업을 분석하는 전문성을 기업 미래전략에 활용하겠다는 CEO의 생각이 오히려 흥미로웠다.

"20대 80 사회가 온다."

일론 머스크가 한 말이다. 가까운 미래에 의미 있는 일을 하는 사람이 20%에 불과하고 나머지 사람인 80%는 일을 하지 못하는 사회가 올 것이라는 의미다. 만약 당장 내일부터 우리에게 일하지 않아도 된다고 하면 어떨까? 아마도 당장은 행복할 것이다. 하지만 한 달, 1년을 그렇게 하라고 한다면 나머지 시간 동안 무엇을 해야 할까? 아마도 난감할 것이다. 미래 사회에서 의미 있는 인생을 살아간다는 건 결국 '직업'이 아닌 '일'을 찾아서 즐겁게 일해야 한다는 것과 같은 뜻이 된다. 프로젝트 중심으로 조직이 운영되는 현실에서는 그 프로젝트가 잘하는 일에 기반하는지가 중요하다. 일한다는 건 꼭 효율성만을 따지는 것이 아니기 때문이다.

아메바 조직이 진화한다

아메바는 10억 년 전부터 있었던 원시 생물로 생존방식이 매우 효율적이다. 일정한 크기로 커지면 둘로 나뉘는 이분법으로 증식한다. 먼저 핵이 나뉘고 다음으로 나머지 부분이 갈라진다. 분열을 통해서 새로운 개체로 만들어지는 것이다. 중요한 부문은 적정한 크기를 유지하고 독립된 개체로 모든 것을 해낸다.

아메바의 특성을 팀 형태로 조직한 기업이 있다. 일본 교세라다. 사업이 커질수록 혹은 복잡해질수록 조직을 어떻게 효과적으로 운영할 것인지 고민하게 된다. 특히 스타트업의 열정을 가진 기업일수록 그리고 프로젝트팀 형태로 일했던 조직일수록 방법을 찾고자 노력을 많이 하게 된다. 교세라는 1959년에 교토 세라믹이라는 이름으로 설립됐다. 이름처럼 교세라는 산업용 세라믹, 반도체 부품, 전자기기, IT 장비 등 전자부품을 생산해왔다. 2018년 기준 15조 원 규모의 매출을 올렸고 1조 5,000억 원 정도의 영업이익을 얻고 있다. 영업이익을 10~15% 정도 꾸준히 창출하는 글로벌 최고 기업 중 하나다. 이 기업의 놀라운 성과 이면에는 아메바 경영amoeba management이 존재한다.

교세라가 놀라운 이유는 일반적인 전자부품 회사들과 경영방식이 완전히 다르다는 것이다. 교세라에는 규모가 작은 고객 중심의 사업 단위(팀)가 대략 3,000개 있다. 이것이 아메바 조직이다. 교세라 창업자인 이나모리 가즈오Inamori Kazuo는 조직운영 원리를 매우 단순화시켰다. '한 인간으로서 할 수 있을 만한 올바른 일'을 판단기준으로 했고 그것이 조직에서 운영되도록 했다. 아메바 조직으로 나누는 세 가지 조건이 있다. 첫 번째, 아메바는 독립채산 조직이기 때문에 '수익을 명확하게 알 수 있고 그 수익을 얻기 위해 사용된 비용을 산출할 수 있어야 한다.'라는 것이다. 따라서 내가 수익 창출 방안을 끊임없이 고민해야 한다. 두 번째, 최소단위 조직인 아메바는 비즈니스로 완성되는 단위여야 한다. 고객이 명확하고 시장에서의 생존방식을 만들어내는 최소단위가 아메바다. 세 번째, 높은 수준의 사회적 자본을 가지고 있는 아메바 조직들은 여러 고객을 상대하지만 공통 목표와 목적을 공유한다. 대략 5~50여 명으로 구성된 팀은 독립적으로 운영한다. 그리고 다른 아메바 조직과 협력하기 위한 다양한 방법을 만들고 실행한다.

아메바 경영은 동양적 가치, 즉 개인보다 조직을 중시한다. 따라서 구성원들이 팀에 기여하는 정도가 성공에서 가장 중요한 요소라는 인식이 있다. 이것을 '공동의 노력' '모두에 의한 경영'이라고 표현한다.[7] 따라서 구성원들에게 과감하게 권한을 부여하고 있다. 팀은 공동체로 함께 결정하고 책임을 진다. 구성원 서로가 팀에 강한 몰입이 되도록 참여하고 있다. 유사한 도전을 한국 네이버가 진행하고 있다. 네이버는 사업 규모가 커지면서 창업 당시의 혁신성을 다시 살릴 목적으로 셀 형태로 '아메바 경영'을 도입했다.[8] 대표적인 서비스인 '네이버페이'는 '네이버페이 셀'이 운영하는 식이다. 기획, 예산, 구매 등 주요 경영 사안을 '셀 리더'가 독립적으로 결정한다. 과거의 본부→센터→실→팀 등으로 이어지는 수직적 구조에서 셀 중심으로 바뀐 이후에 서비스 출시가 6개월에서 3개월로 줄어들었다.

팀은 살아 움직이는 생물 형태로 진화한다

아메바 팀 구조는 네트워크 사회에서 더 큰 힘을 발휘하게 된다. 가상화된 아메바 조직은 많은 조직이 만나게 될 미래다. 일반적인 네트워크 조직을 살펴보자. 누구나 사전을 업데이트하고 운영하는 위키피디아의 개인들이 자신이 관심 있어 하는 일(사전 업데이트)을 하는 것, 일종의 자발적 참여로 조직 형태를 운영하는 것이 네트워크 조직이다. 따라서 보통은 가상 조직이다. 그들에겐 권한이 분산돼 있고 그 권한조차 뚜렷한 경계가 있지 않다. 따라서 누가 통제하는지 잘 모르는 형태로 구성돼 있다. 매우 빠른 물리적 네트워크를 만날수록 네트워크 조직의 연결성은 기하급수적으로 확대된다. 꼭 우리 몸의 장기(사람)들이 무수히 많은 핏줄(네트워크)로 연결돼 피(정보)가 흘러 다니며 작동하듯 네트워크 조직은 살아 움직인다. 이런 조직은 누구와도 연결된다. 어디에도 연결되고 그 형태와 모양이 자유자재로 변화한다. 꼭 아메바가 끊임없이 형태를 바꾸고 단순한 이분형 번식을 해나가는 것과 같다.

네트워크 조직에는 두 가지 특징적인 현상이 있다. 경계의 희미함 Blurriness과 불확실성Uncertainty이다.[9] 전 세계 가장 큰 연구자 네트워크 중 하나인 리서치게이트는 연구자들이 알아서 네트워크를 형성해야 한다. 연구자들은 기본적으로 자신의 연구를 스스로 관리한다. 그들은 연구했던 결과물, 주로 논문들에 기재된 프로파일인 메일과 이름을 기준으로 연구를 확인하고 구분한다. 특히 흥미로운 건 연구자들끼리 팀을 형성해서 다양한 연구 주제에 맞게 연구조직을 만들도록 한 것이다. 철저하게 연구자들이 직접 참여하고 운영하도록 구성돼 있다.

연구 주제에 참석하거나 연구 리더가 되는 것도 연구자의 몫이다. 대다수 연구기관에서 운영되는 연구자 관리는 관리 조직이 운영에 간섭하고 중앙에서 통제하면서 관리한다. 특정 지원조직이 진도 관리를 지원해주는 것과 비교해보면 리서치게이트는 전형적인 네트워크 조직 형태다. 직접 참여하는 형태의 모델은 우리 주변에서 많이 보인다. 대표적인 것이 택배사의 화물 추적과 검색 서비스다. 간단한 앱을 통해 내가 보낸 화물이 어디쯤 가 있는지 확인이 가능하다. 과거에는 택배사 직원들이 정보를 확인해서 상대방에게 전달했던 일을 고객이 직접 한다. 고객으로서 서비스를 받기만 하는 것이 아니라 네트워크 조직에 연결된 희미한 경계에 있는 구성원으로서 서비스를 만드는 일원이 되는 것이다.

전통 조직은 더 빠르게 아메바 조직으로 진화하게 된다. 현재 영화와 드라마를 만드는 프로젝트는 완전한 아메바 조직이다. 개별적으로 수익계산을 해야 하고 철저하게 그 수익구조에 따라 생존이 결정된다. 따라서 한시적인 팀으로 운영된다. 한 시즌 드라마나 영화 한 편을 찍기 위해 수많은 전문가가 모인다. 극본가는 온라인에서만 모일 수도 있다. 배우들은 짧은 시간 본인이 등장하는 부문만 촬영한다. 그렇게 만들어진 영상물은 네트워크로 연결된 공간에 저장되고 그곳에서 컴퓨터 전문가들에 의해 편집과 교정 과정을 거친다. 그들은 모여서 작업하지 않는다. 원격에서 서로가 가진 전문성을 기반으로 일한다. 총감독은 전체를 조정하는 관리자이면서 적절한 의사결정을 지원해줄 뿐이다.

더 흥미로운 건 여기에 참석한 사람들은 또 다른 프로젝트에도 참여한다는 점이다. 조직을 구성하는 개인들은 다양한 아메바 조직의 일원이 된다. 드라마에 참석하는 배우는 다른 영화도 동시에 촬영하고 있다. 의상 팀은 다양한 의상 프로젝트를 진행하고 있다. 개인과 조직은 상호 유기적으로 그물망처럼 연결된다. 더 이상 일대일 관계는 없다. 이제 팀은 살아 움직이는 생물과 같은 형태로 진화하고 있다.

새로운 시대에 맞는 미래의 팀을 준비하라

현재 우리가 참여하거나 만들고 있는 팀들은 막스 베버Max Weber에 의해 만들어진 형태다. 지시와 통제로 돌아가는 관료형 조직구조다. 리더에 의존하거나 윗사람의 지시에 더 익숙하다. 그리고 필요한 인원을 최대한 확보해야 팀을 운영할 수 있다. 하지만 항상 인원은 부족하다. 명확한 목표를 완성하거나 빠르게 달성해야 할 때 주도면밀한 팀은 장점이 있다. 하지만 치명적인 한계점도 있다. 예상되지 않는 상황이거나 완전히 새로운 형태로 문제를 해결해야 할 때 필요한 역량은 창조적이고 자율적인 판단 능력이다. 그런데 지시에 익숙하면 이를 기대하기란 쉽지 않다. 그뿐만 아니라 고객과 시장의 변화가 빠르면 팀원들을 변화시키기에는 시간이 너무 많이 든다. 기존에잘하던 것을 갑자기 바꿔서 새롭게 교육시키는 데는 너무 많은 투자가 소모된다. 팀의 생존은 어려울 수밖에 없다. 팀을 제대로 운영하기 위해서는 이제 새롭게 미래를 준비해야 한다. 미래 팀의 변화에서우리가 갖춰야 할 중요한 포인트를 살펴보자.

첫 번째, 지식 자본을 연결하자. 팀은 혁신과 창의를 요구한다. 새로운 가치를 창출하는 혁신과 창의가 성공하려면 팀원 개인의 지식이 필요하다. 그러나 미래에는 지식의 많은 부문을 인공지능과 로봇이 대신해준다. 그들을 활용해서 기발한 아이디어를 만들어내야 한다. 지식을 잘 활용하는 법에 더 집중해야 한다. 결국 남들과 다른 것과 남들이 아직 하지 않은 것과 남들이 아직 보지 못한 것에서 아이디어를 만들어내고 팀을 운영해야 한다. 그렇게 하기 위해서는 지식을 만들어내는 것만큼 흡수하고 축적하는 역량이 필요하다. 잘 활용한다는 것은 잘 알고 있다는 뜻이다. 내가 이해하지 못하는 지식은 불필요한 지식에 불과하다. 따라서 팀이 지식을 이해하고 흡수하고 축적해서 새로운 지식과 지능으로 발전하도록 지식체계를 만들어야 한다.

팀은 지식을 확보하고 이해하기 위해 다양한 지식 자원들이 필요하다. 현재도 선도적인 기업들은 융합을 위해서 다양한 기술을 보유한 사람들과 협업한다. 기술을 중심으로 다양한 기술을 보유한 사람들과 매트릭스 팀을 운영하고 새로운 상품과 서비스를 만들고 있다. 조직은 매트릭스 연결을 통해서 기술 운영 역량을 더 강화하고 있다. 매트릭스로 연결하고 지식자본을 확보하고 연결하자.

두 번째, 변화가 곧 미래다. 미래에 대응하려면 가장 중요한 키워드는 '변화Change 대응'이다. 우리는 미래를 모른다. 그저 예측하고 준비할 뿐이다. 막상 미래가 현실이 되면 많은 건 변해 있다. 매 순간이 변화되지만 그걸 수동적으로 했는가, 능동적으로 했는가에 따라 미래는 달라진다. 기술의 발전은 변화를 더 촉진시킨다. 팀에서 로봇과 인공지능을 구성원으로 받아들이고 같이 일하게 되는 건 먼 미래의 일이 아니다. 변화에 대응하는 역량은 곧 변화 감지 역량sensing capability이다. 변화에 민감해져야 한다. 팀의 고객이 누구이며 시장이 어떻게 변하는지 항상 주시해야 한다. 새로운 가능성을 받아들일 수 있도록 네트워크를 넓혀야 한다. 경험을 내재화하는 노력이 그래서 필요하다. 변화는 경험에서 비롯되기 때문이다. 팀워크를 확대하기 위해서 변화를 장려해야 한다. 그래서 자율적인 조직에서 팀원들이 자연스럽게 의사결정하고 책임지는 구조로 변화시켜야 한다. 리더는 팀원들을 조정해주는 조정자로서 역할에 더 충실해져야 한다.

구글은 중요한 프로젝트를 시작할 때 소규모 자율 팀으로 출발한다. 내부의 다양한 전문가들이 세 명 정도의 파일럿 형태의 팀을 만들고 스스로 작업을 진행하고 의사결정을 한다. 이러한 팀들이 누구의 개입이 없음에도 자율적으로 이루어진다. 교세라 아메바 팀은 가장 활발한 자율경영 팀이다. 팀 구성원들이 자기 동기부여Self-motivation가 되도록 팀을 준비시켜야 한다.

세 번째, 기술을 경험하자. 팀 가상화는 더욱 빠르게 진행될 것이다. 팀은 이제 글로벌 전역에서 다양한 사람들과 일하게 된다. 다양한 사람을 만날 수밖에 없고 다양한 조직을 경험하게 된다. 그렇다면 필연적으로 통합과 조화를 경험해야 한다. 네트워크화는 탈중심화와 유사한 단어다. 결국 통합의 반대말이 될 수 있다. 통제가 어려워지는 현상이 발생한다. 팀이 얼마나 유기적인가는 결국 통제하지 않지만 관리될 수 있어야 한다는 것이다. 그것이 통합이고 조화로움이다. 그러기 위해서 정보기술에 대한 경험을 더욱 키워야 한다. 다양한 사람들이 기술을 지속적으로 경험할 수 있도록 지원해야 한다. 증강현실과 가상현실을 경험해보고 일하는 방법을 더욱 고도화해야 한다. 적극적으로 기술을 경험하도록 팀원들을 지원해야 한다.

인간적 가치를 비즈니스 중심에 놓자

결국 사람에게 투자해야 한다. 미래 팀을 준비하는 데 가장 핵심은

최고 전문가만 모인 오케스트라에서 지휘자는 연구자들을 신뢰하고 전체를 조화롭게 운영하려 노력한다.

'인간 가치Human Value'다. MIT 경영학 교수인 토머스 말론Thomas W. Malone은 저서 『노동의 미래』에서 "미래에는 인간적 가치를 비즈니스 중심에 놓는 조직이 돼야 성공한다."라고 말했다. 미래 조직은 부를 축적하는 것만을 목표로 한정지어서는 안 된다는 의미이다. 인공지능과 로봇은 인간에 대한 새로운 자각을 가져올 것이고 그 논쟁은 더욱 진지해질 것이다. 이러한 제2의 르네상스 운동의 중심은 결국 인간이다. 그리고 인간의 가치를 더 중시하는 조직이 고객에게 선택받고 능력 있는 사람들이 참여하는 조직으로 발전할 것이다.

인간 가치에 집중하는 서비스와 제품을 만들고 제공해야 한다. 팀의 존재 이유가 인간 가치에 집중되도록 조정하고 다듬어야 한다. 함께 일하는 사람들이 서로에게 프라이드를 느낄 수 있어야 한다. 사람에 대한 신뢰는 중요하다. 팀원이 사명감을 갖고 의사결정을 하는 활기차고 창조적인 일터를 만드는 원동력이 되기 때문이다.

피터 드러커는 "훌륭한 오케스트라처럼 미래에는 고도로 숙련된 전문가와 최고경영진이라는 두 개의 계층이 존재하는 조직만이 남을 것이다."라는 말로 조직(팀)의 미래가 오케스트라와 같다고 이야기했다. 최고 전문가만 모인 오케스트라에서 지휘자는 연주자들을 신뢰하고 전체를 조화롭게 운영하려 노력한다. 때에 따라서는 지휘자조차 필요 없이 움직일 수 있다.

팀워크의 네 가지 요소인 커뮤니케이션, 협업, 조율, 응집의 항목들은 미래 팀에서도 작동할 원리다. 팀워크를 강화하는 데 필요한 것은 더 보강하고 잘하는 것은 더 튼튼하게 만들면 된다. 기술이 고도화되는 미래의 팀을 준비하기 위해서 지식자본 축적, 변화, 기술경험, 사람에 대한 투자는 지금 이 순간부터 시작해야 할 행동들이다.

가슴 뛰는 사람들과 일하는 삶을 꿈꾼다

"일하면서 행복한 적이 있었나요?"

이런 질문을 들으면 당황스럽다. 갑자기 떠오르는 것이 마땅치 않다. 그런데 "일하면서 짜릿했던 경험은 있었나요?"라는 질문에는 쉽게 고개가 끄덕여진다. 그런 적은 많았기 때문이다. 오랜 시간 팀원들과 준비했던 프레젠테이션이 성공적으로 마무리돼 고객에게 좋은 평가를 받았을 때나 몇 개월 동안 고생했던 프로젝트가 마무리돼 서로 수고했다는 말을 하는 순간이 그렇다. 하긴 그 순간 짜릿함은 짧지만 분명 행복한 경험이다. 특히 팀원들과 고민하고 의논했던 시간이 길었을수록 더 큰 행복감으로 다가오곤 한다. 팀원들이 있었기 때문에 가능했다.

얼마 전 예전에 일했던 선배들을 만날 기회가 있었는데 그중 일 잘하는 선배 한 분이 문득 이런 이야기를 했다. "당신들처럼 열정이 넘치는 사람들과 함께 일할 기회가 없어서 너무 답답하다. 만약 다시 일할 수 있다면 당신들처럼 가슴 뛰는 사람들과 일하고 싶다." 느닷없는 커밍아웃에 당황했다. 그 선배에게 가슴 뛰는 사람들이 대체 누군지를 물었다. 그분은 그냥 같이 있으면 일을 하고 싶어지는 사람들이라는 것이다. 아니 '일'을 그냥 하고 싶다고 한다.

그 말을 이해할 듯싶다. 우리가 함께 일할 때 팀워크는 가히 넘사벽이었다. 어떤 문제도 해결해냈고 대부분의 결과를 성공적으로 만들어냈고 손발도 척척 잘 맞았다. 더 중요한 건 서로가 인간적으로 상대방을 존중했다. 나이도 직급도 상관없었다. 그 시간에는 일 자체가 재미있었다.

그들을 생각하면 나에게도 가슴 뛰는 경험이 더 많이 생각난다. 나에게 결국 팀워크란 감성적인 것에 기댈 수밖에 없는지도 모른다. 오프라인에서 팀원들을 만나고 교감하면서 성장해 있는 나를 볼 때면 내가 속한 팀이 자랑스럽다. 나와 함께 일했던 누군가 중요한 일을 하고 있으면 뿌듯함을 느낀다.

가상환경에서도 이런 경험을 하게 된다. 깃허브에 올려놓은 소스코드에 미국과 영국 엔지니어가 질문을 하고 인도사람이 자신의 의견을 상세히 설명해준다. 한두 번뿐이지만 그 마음이 전달된다. 서로가 더 큰 배움을 얻기 위해 노력하는 과정이기 때문이다. 그들에게 감사하다. 그들이 중요한 기술을 알려주면서 행복함을 느낀다는 것을 알기 때문이다. 소스를 만드는 수고는 해보지 않은 사람은 알 수 없다. 엄청난 시간과 정력이 소모되는 일이다. 그것을 대중을 위해 공개했다는 사실만으로 그들은 인정받을 만하다.

이제 가슴 뛰는 경험을 글과 영상으로 접하게 된다. 유명 저널에 실린 글의 저자가 내가 쓴 논문을 참고문헌으로 기재하고는 메일로 간단하게 감사의 글을 보내준 경험이 있다. 감사의 한마디로 나는 가상의 프로젝트를 도와준 팀원이 되어 있는 것이다.

그런 사람들이 우리 주변 곳곳에 널려 있다. 그들이 가진 선한 인간성이 팀을 더 발전시킨다는 것을 매 순간 경험한다. 미래의 팀을 구성하는 그 어떤 기술도 인간이 가진 소중한 가치를 없앨 수는 없다. 오히려 그것을 증대시키고 더 확장하기 위해서 활용될 것이다. 그런 믿음을 가지고 기술을 활용해야 팀워크는 더욱 건강하고 효율적으로 작동할 것이다.

이제 오프라인 중심의 팀워크를 더 발전시켜야 한다. 피할 수 없는 가상환경과 디지털 세상에서 팀워크의 작동원리는 더 인간에게 초점을 맞추게 된다. 그것을 가능하게 만드는 것이 인공지능과 같은 로봇 기술이다. 이제 팀워크를 새롭게 구성하고 놀라운 경험을 시작하자.

미주

1장

1. Iles, Paul, and Paromjit Kaur Hayers, "Managing diversity in transnational project teams: A tentative model and case study", Journal of managerial Psychology 12.2 (1997): 95-117.

2. Grant, Adam M., and David A. Hofmann, "Outsourcing inspiration: The performance effects of ideological messages from leaders and beneficiaries", Organizational Behavior and Human Decision Processes 116.2 (2011): 173-187.

3. 애덤 그랜트(2016), 『오리지널스』, 한국경제신문, 369~370쪽.

4. 라즈로 복(2015), 『구글의 아침은 자유가 시작된다』, 알에이치코리아.

5. 주 52시간 근로: 한국 근로시간 어제와 오늘(2018.07.02), BBC, https://www.bbc.com/korean/news-44680204

6. 지난 10년간 주의 지속 시간 절반으로 줄어 사고 다발(2008.11.26), 중앙일보, https://news.joins.com/article/3394303

7. 스마트폰 탓? 인간의 '집중 시간' 금붕어보다 짧아졌다(2015.05.18), 한겨레, http://www.hani.co.kr/arti/economy/it/691683.html

8. 오래 일하면 치매 위험 높다(2009.02.27), 한국일보, http://ny.koreatimes.com/article/20090227/507507

9. '오래 앉아 일하기'가 사망 위험 높인다(2017.09.12), 한국과학창의재단, https://www.sciencetimes.co.kr/?news

10. 통계청(2017), 〈2017년 기준 기업생멸행정통계 작성결과〉

11. Airblue Flight 202, https://en.wikipedia.org/wiki/Airblue_Flight_202

12. "피토관 얼어 계기판 먹통 된 뒤 기수 올리다가…"(2015.01.02), 한겨레, http://www.hani.co.kr/arti/science/science_general/671931.html

13. 박준기·이혜정(2018), "Key Success Factors for ICT Service Startup Team : Team Creativity, Knowledge Sharing and Absorptive Capacity", IT 서비스학회지.

14. Lee, Hyejung, Jungi Park, and Jungwoo Lee, "Role of leadership competencies and team social capital in IT services", Journal of Computer Information Systems 53.4 (2013): 1-11.

15. Wuchty, Stefan, Benjamin F. Jones, and Brian Uzzi, "The increasing dominance of

teams in production of knowledge", Science 316.5827(2007): 1036-1039.

2장

1. '월화수목금금금' 30년, 반도체 연구가 유일 취미(2014.07.08), 디지털타임즈, http://www.dt.co.kr/contents.html?article_no=2014070902101376650001

2. 조직의 집단시간을 잘 관리해야 하는 이유(2014.06), 레슬리 펠로, http://www.hbrkorea.com/magazine/article/view/2_1/article_no/275

3. 대기업 매출 100조 늘었는데, 고용 4000명 감소한 까닭은(2018.10.01), 조선비즈, http://biz.chosun.com/site/data/html_dir/2018/10/01/2018100100017.html

4. 구조로 풀어내는 혁신, 홀라크라시(Holacracy) : 자포스의 대담한 실험(2014.04.17), Impact Business Review, http://ibr.kr/3002

5. 크리스 앤더슨(2009), 『프리; 비트 경제와 공짜 가격이 만드는 혁명적 미래』, 랜덤하우스, 162쪽.

6. '아이폰6 보조금 대란' 이통3社 과징금 8억씩(2014.12.05), 동아일보, http://news.donga.com/3/01/20141205/68364878/1

7. Reed, David P(1999), "That sneaky exponential—Beyond Metcalfe's law to the power of community building", Context magazine 2.1.

8. A. Bletsas, A. Khisti, D. P. Reed and A. Lippman,(2006), "A simple cooperative diversity method based on network path selection", IEEE Journal on selected areas in communications 24.3 : 659-672.

9. 카카오톡 "실시간 감청, 영장 가져와도 완전히 불가능" VS "국정원이 이미 감청한 적 있다"(2014.10.07), 경향신문, http://news.khan.co.kr/kh_news/khan_art_view.html?art_id=201410061737201

10. 카톡의 '외양간 고치기' 잃은 건 소가 아니다(2014.10.09.), 데일리안, http://www.dailian.co.kr/news/view/462617

11. Whyte, W.(1956), The Organization Man(New York: Doubleday).

12. Malone, T.(2004), The Future of Work(Boston: Harvard Business School Press).

13. National Research Foundation Singapore Virtual Singapore, https://www.nrf.gov.sg/programmes/virtual-singapore

14. 콘티넨탈, 입체 안경 필요 없는 '3D 라이트필드 디스플레이' 개발(2019.06.12), 전자신문, http://www.etnews.com/20190612000189

15. '불멸의 꿈'… AI 안에서 돌아가신 아버지와 대화한다(2019.08.31), 한국일보,

http://www2.hankookilbo.com/News/Read/201908302039351984

3장

1. Couclelis, Helen(2004), "Pizza over the Internet: e-commerce, the fragmentation of activity and the tyranny of the region", Entrepreneurship & Regional Development 16.1: 41-54.

2. Alexander, Bayarma, and Martin Dijst(2012), "Professional workers@ work: importance of work activities for electronic and face-to-face communications in the Netherlands", Transportation 39.5: 919-940.

3. 린다 그래튼(2014), 일의 미래, 생각연구소, 72-78쪽.

4. Mark, Gloria, Victor M. Gonzalez, and Justin Harris(2005), "No task left behind?: examining the nature of fragmented work", Proceedings of the SIGCHI conference on Human factors in computing systems. ACM.

5. Aguiléra, Anne, Caroline Guillot, and Alain Rallet(2012), "Mobile ICTs and physical mobility: Review and research agenda", Transportation Research Part A: Policy and Practice 46.4: 664-672.

6. Alexander, Bayarma, and Martin Dijst(2012)과 동일한 논문.

7. 이세윤·박준기(2014), "ICT와 업무의 변화-일의 파편화 관점에서", 정보화정책 21(1): 35-56.

8. 협업 도구의 파편화 대처하는 기업들…"경계해야" Vs. "현실적 선택"(2018.03.15), CIOkorea, http://www.ciokorea.com/t/537/애플리케이션/37571

9. 로봇과 인간 구별하는 한 단어 고른다면?(2018.10.05.), 한겨레, http://www.hani.co.kr/arti/science/future/864651.html

10. 김진석(2017), '약한' 인공지능과 '강한' 인공지능의 구별의 문제, 철학연구 117.

11. [IF] 스스로 학습하며 진화 AI 인간의 腦에 도전하다(2015.03.28), 조선일보, http://biz.chosun.com/site/data/html_dir/2015/03/27/2015032702050.html

12. 로봇 사용률 1위 한국…"자동화로 일자리 25% 사라질 10년이 변혁기"(2018.10.20), 경향신문, http://news.khan.co.kr/kh_news/khan_art_view.html?art_id=201810200600075

13. David, H.(2015), "Why are there still so many jobs? The history and future of workplace automation", Journal of Economic Perspectives 29.3: 3-30.

14. ASIAN DEVELOPMENT, OUTLOOK 2018

15. https://www.mckinsey.com/featured-insights/digital-disruption/harnessing-automation-for-a-future-that-works

16. http://media.ntu.edu.sg/NewsReleases/Pages/newsdetail.aspx?news=fde9bfb6-ee3f-45f0-8c7b-f08bc1a9a179

17. http://www.ntu.edu.sg/home/wongcy/edgar/video.html

18. 인간과 협업하는 로봇, "코봇" 이해하기(2017.10.24), IT월드, http://www.itworld.co.kr/news/106890

19. https://ko.wikipedia.org/wiki/인더스트리_4.0

20. https://www.youtube.com/watch?v=gQpMDdJmbNs, 아마존 창고를 책임지는 로봇 짐꾼 '키바'.

21. https://en.wikipedia.org/wiki/DARPA_Robotics_Challenge#Finals

22. 창의적인 사람들의 습관 18가지(2014.03.25.), 허핑턴포스트, https://www.huffingtonpost.kr/2014/03/25/story_n_5025055.html

23. Henry William Chesbrough(2006), Open Innovation: The New Imperative for Creating and Profiting from Technology, Harvard Business School Press.

24. 유대인 창의성의 힘, 후츠파 정신(3)(2015.04.28.), 매일경제, https://www.mk.co.kr/news/society/view/2015/04/405753/

25. Harrison, David A., and Katherine J. Klein(2007), "What's the difference? Diversity constructs as separation, variety, or disparity in organizations", Academy of management review 32.4: 1199-1228.

26. Jackson, Susan E.(1991), "Team composition in organizational settings: Issues in managing an increasingly diverse work force", Symposium on Group Productivity and Process, 1989, Texas A & MU, College Station, TX, US. Sage Publications, Inc.

27. Park, Jun-Gi, and Jungwoo Lee(2014), "Knowledge sharing in information systems development projects: Explicating the role of dependence and trust", International Journal of Project Management 32.1: 153-165.

28. Choudhury, Prithwiraj, and Martine R. Haas(2018), "Scope versus speed: Team diversity, leader experience, and patenting outcomes for firms", Strategic Management Journal 39.4: 977-1002.

4장

1. Pearson, Kristin L.(2012), "Whole Foods Market™ Case Study: Leadership and

Employee Retention".

2. 직원의 눈으로 본 아마존에서 일한다는 것, Byline Network, https://byline.network/2019/04/05-10/

3. Furst, Stacie, Richard Blackburn, and Benson Rosen.(2004), "Managing the life cycle of virtual teams", Academy of Management Perspectives 18.2: 6-20.

4. Tsedal Needly(2015), Global Teams That Work, 74-81, Harvard Business Review.

5. Espinosa, J Alberto, Sandra A Slaughter, Robert E Kraut, and James D Herbsleb. (2007), "Team knowledge and coordination in geographically distributed software development", Journal of management information systems 24.1: 135-169.

6. Lim, Seongtaek, Sang Yun Cha, Chala Park, Inseong Lee, and Jinwoo Kim.(2012), "Getting closer and experiencing together: Antecedents and consequences of psychological distance in social media-enhanced real-time streaming video", Computers in Human Behavior 28.4: 1365-1378.

7. Wilson, Jeanne.(2001), "The development of trust in distributed groups", Unpublished doctoral dissertation, Carnegie Mellon University, Pittsburgh, PA.

8. Lee, Hyejung, Jungi Park, and Jungwoo Lee(2013), "Role of leadership competencies and team social capital in IT services", Journal of Computer Information Systems 53.4: 1-11.

9. 이혜정·박준기·이정우(2011), "IT프로젝트 관리자의 리더십 역량 : 팀 내 사회적 자본 관점에서", 한국IT 서비스학회지 10(4): 133-147.

10. Lee, Hyejung, Jun-Gi Park, and Jungwoo Lee.(2013), "Role of leadership competencies and team social capital in IT services", Journal of Computer Information Systems 53(4): 1-11.

11. Pillemer, Julianna, and Nancy P. Rothbard(2018), "Friends without benefits: Understanding the dark sides of workplace friendship", Academy of Management Review 43.4: 635-660.

12. Phua, Joe, Seunga Venus Jin, and Jihoon Jay Kim.(2017), "Uses and gratifications of social networking sites for bridging and bonding social capital: A comparison of Facebook, Twitter, Instagram, and Snapchat", Computers in Human Behavior 72: 115-122.

13. Salas, Eduardo, Nancy J. Cooke, and Michael A. Rosen(2008), "On teams, teamwork, and team performance: Discoveries and developments", Human factors 50.3: 540-547.

14. Landon, Lauren Blackwell, Kelley J. Slack, and Jamie D. Barrett(2018), "Teamwork and collaboration in long-duration space missions: Going to extremes", American

Psychologist 73.4: 563.

15. Rutherford, J. S., Rhona Flin, and Lucy Mitchell(2012), "Teamwork, communication, and anaesthetic assistance in Scotland", British journal of anaesthesia 109.1: 21-26.

16. 7번과 같은 논문임.

17. Salas, Eduardo, Marissa L Shuffler, Amanda L Thayer, Wendy L Bedwell, and Elizabeth H Lazzara.(2015), "Understanding and improving teamwork in organizations: A scientifically based practical guide", Human Resource Management 54.4: 599-622.

18. Hoegl, Martin, and Hans Georg Gemuenden(2001), "Teamwork quality and the success of innovative projects: A theoretical concept and empirical evidence", Organization science 12.4: 435-449.

19. Hyejung, Lee, Park Jun-Gi, and Lee Seyoon.(2016), "Exploring the Relationship among Conflict, Knowledge Sharing, and Agility in Startup: Focus on the Role of Shared Vision", Asia-Pacific Journal of Business Venturing and Entrepreneurship 11.3: 233-242.

20. 박준기·이세윤(2017), "Understanding the Types of Team Members' Perception of Teamwork in Project Teams : An Application of Q-Methodology", 산업혁신연구 33(1): 1-26.

21. Duhigg, Charles(2016), "What Google learned from its quest to build the perfect team", The New York Times Magazine 26: 2016.

22. Hackman, J.(1987), "The design of work teams", Handbook of organizational behavior 315: 342.

23. (벤처생태계, 재기창업부터 허하라) ②"성실실패 존중해야"…제도·문화 개선 시급, 뉴스토마토(2018.05.28), http://www.newstomato.com/ReadNews.aspx?no=825581

24. MARK ZUCKERBERG'S LETTER TO INVESTORS: THE HACKER WAY, Wired, (2012.01.02.), https://www.wired.com/2012/02/zuck-letter/

5장

1. Thomas J. Peters & Robert H. Waterman Jr.(1982), Organizational Fluidity In search of excellence, Warner Books, p.121. "The excellent companies are a vast network of informal, open communications"

2. Lee, Eun, Sungmin Lee, Young-Ho Eom, Petter Holme, and Hang-Hyun Jo.(2019), "Impact of perception models on friendship paradox and opinion forma-

tion", Physical Review E 99.5: 052302.

3. 앤 윌슨 섀프·다이앤 패설(2015), 『중독 조직』, 이후.

4. Park, Jun-Gi, Seyoon Lee, and Jungwoo Lee(2014), "Communication effective-ness on IT service relationship quality", Industrial Management & Data Systems 114.2: 321-336.

5. Cable, Daniel M., and Virginia S. Kay(2012), "Striving for self-verification during organizational entry", Academy of Management Journal 55.2: 360-380.

6. Kock, Ned, Jacques Verville, Azim Danesh-Pajou, and Dorrie DeLuca.(2009), "Communication flow orientation in business process modeling and its effect on redesign success: Results from a field study", Decision Support Systems 46.2: 562-575.

7. 박준기, 이혜정, 조철현, and 이정우(2016), "The Study of Communication and Knowledge Sharing Processes for Start-up Teams Agility under Task Conflict", Asia-Pacific Journal of Business Venturing and Entrepreneurship 11.6: 27-37.

8. Ben Forney, "세상의 온갖 가짜뉴스", (2017), 아산정책연구원

9. Inside a Fake News Sausage Factory: 'This Is All About Income', (2016.11.25.), The New York Times

10. 올해를 달군 가짜뉴스 키워드…'북한·난민·탈원전', (2018. 12.28), 한국경제, https://www.hankyung.com/society/article/201812282106Y

11. 박준기, 이혜정, 조철현, and 이정우.(2012), "고객관계경향, 신뢰, 몰입 그리고 재사용 의도: IT 서비스의 경우", 디지털융복합연구 10(9).

12. 페이스북 사용자 정보 5억여 건, 아마존 서버에 무방비 노출(2019.04.04), 매일경제, https://www.mk.co.kr/news/it/view/2019/04/204999/

6장

1. https://ko.wikipedia.org/wiki/협업

2. 10살 '구글 스트리트뷰' 누구나 제작… 인스타360 프로 최초 지원(2017.10.03), 더 기어, http://thegear.net/15205

3. Staples, D. S. and J. Webster(2008), "Exploring the effects of trust, task interde-pendence and virtualness on knowledge sharing in teams", Information Systems Journal 18.6: 617-640.

4. Nonaka, I.(1994), "A Dynamic Theory of Organizational Knowledge Creation", Organization Science 4.1: 14-37.

5. 박준기·윤정인·이정우(2010), "IT 서비스에 있어서 서비스품질이 지식공유의도에 미치는 영향에 관한 연구", 정보시스템연구 19.3: 237-261.

6. Ferrazzi, Keith(2014), "Getting virtual teams right", Harvard Business Review 92.12: 120-123.

7. Sambamurthy, V., Anandhi Bharadwaj, and Varun Grover.(2003), "Sharping agility through digital options: reconceptualizing the role of information technology in contemporary firms", MIS Quarterly 27(2): 237-263.

8. Warkentin, Merrill E., Lutfus Sayeed, and Ross Hightower(1997), "Virtual teams versus face-to-face teams: an exploratory study of a Web-based conference system", Decision Sciences 28.4: 975-996.

9. Watkins, Michael(2013), "Making virtual teams work: Ten basic principles", Harvard Business Review.

10. Goodhue, D. L. and R. L. Thompson(1995), "Task-technology fit and individual performance", MIS Quarterly, 213-236.

11. Griffith, Terri, John Sawyer, and Margaret Neale.(2003), "Virtualness and Knowledge in Teams: Managing the Love Triangle of Organizations, Individuals, and Information Technology", MIS Quarterly 27.2: 265-287.

12. 케빈 켈리(2017), 『인에비터블-미래의 정체』, 청림출판.

13. 연아효과, 49640 시간의 날개짓(2014.02.17.), 뉴스젤리, http://contents.newsjel.ly/issue/yuna_kim/ ,

14. Eisenhardt, Kathleen M., and Behnam N. Tabrizi(1995), "Accelerating adaptive processes: Product innovation in the global computer industry", Administrative science quarterly: 84-110.

15. 넷플릭스가 연간 계획 수립을 하지 않는 이유?, 인터비즈, 2019.01.21, https://m.blog.naver.com/businessinsight/221447426129

16. 박준기·이혜정(2017), 『스타트업레시피』, 생각과사람들.

17. 지휘자 없는 오케스트라, 대화와 소통의 창의적 리더십 뉴욕 오르페우스 챔버 오케스트라, 한국문화예술교육진흥원, 2013.10.18, http://www.arte365.kr/?p=15932

18. Wilson, H. James, and Paul R. Daugherty(2018), "Collaborative intelligence: Humans and AI are joining forces", Harvard Business Review.

19. Gartner, 'Gartner Top 10 Strategic Technology Trends for 2019', 2018.10.15.

7장

1. Why a robot could be the best boss you've ever had, the Guardian, 2016.09.09.

2. 피그만 침공 사건…집단사고의 함정, 서울경제, 2017.04.17.

3. Janis, Irving L. (1972), "Victims of groupthinking".

4. 매러디스 벨빈, 『팀이란 무엇인가』, 라이프맵, 2012.

5. http://www.etnews.com/20170707000111, [월요논단] 4차 산업혁명 시대의 리더와 리더십, 전자신문.

6. Fitzsimons, Declan(2016), "How Shared Leadership Changes Our Relationships at Work", Harvard Business Review.

7. D'Innocenzo, Lauren, John E. Mathieu, and Michael R. Kukenberger(2016), "A meta-analysis of different forms of shared leadership – team performance relations", Journal of Management 42.7: 1964-1991.

8. Watkins, Michael(2003), The first 90 days: Critical success strategies for new leaders at all levels, Harvard Business School Press.

9. Meyer, Erin, Carrie Forbes, and Jennifer Bowers(2010), "The research center: Creating an environment for interactive research consultations", Reference Services Review 38.1: 57-70.

10. Ilgen, Daniel R, John R Hollenbeck, Michael Johnson, and Dustin Jundt.(2005), "Teams in organizations: From input-process-output models to IMOI models", Annu. Rev. Psychol. 56: 517-543.

11. Hollenbeck, John R, Daniel R Ilgen, Douglas J Sego, Jennifer Hedlund, Debra A Major, and Jean Phillips.(1995), "Multilevel theory of team decision making: Decision performance in teams incorporating distributed expertise", Journal of Applied Psychology 80.2: 292.

12. Ancona, D. G. and D. F. Caldwell (1992), "Bridging the Boundary: External Activity and Performance in Organizational Teams." Administrative Science Quarterly 37(4): 634-665.

13. Livi, Stefano, Arie W Kruglanski, Antonio Pierro, Lucia Mannetti, and David A Kenny.(2015), "Epistemic motivation and perpetuation of group culture: Effects of need for cognitive closure on trans-generational norm transmission", Organizational Behavior and Human Decision Processes 129: 105-112.

14. Kruglanski, Arie W.(1989), "The psychology of being" right": The problem of accuracy in social perception and cognition", Psychological Bulletin 106.3: 395.

15. Locke, Edwin A., and Gary P. Latham(2006), "New directions in goal-setting theory", Current directions in psychological science 15.5: 265-268.

16. Johnson Vickberg, S. M., and Kim Christfort(2017), "Pioneers, drivers, integrators and guardians", Harvard Business Review 95.2: 50-57.

8장

1. Keyton, Joann, and Jeff Springston(1990), "Redefining cohesiveness in groups", Small Group Research 21.2: 234-254.

2. Carron, Albert Vital(1988), Group Dynamics in Sport: Theoretical & Practical Issues, Spodym Publishers.

3. 성심당, 임영진 TED, https://youtu.be/7TbnEpUamUk?t=33

4. 전설의 리더, 그는 원칙을 지켰다, "시간 엄수하라, 팀워크가 최고다", 조선일보, 2011.07.02.

5. Goodman, P.(1986), Designing effective work groups, Jossey-Bass San Francisco.

6. Shea, Gregory P., and Richard A. Guzzo(1987), "Groups as human resources", Research in personnel and human resources management 5: 323-356.

7. Campion, Michael A., Gina J. Medsker, and A. Catherine Higgs(1993), "Relations between work group characteristics and effectiveness: Implications for designing effective work groups", Personnel psychology 46.4: 823-847.

8. Lee, Jungwoo, Hyejung Lee, and Jun-Gi Park(2014), "Exploring the impact of empowering leadership on knowledge sharing, absorptive capacity and team performance in IT service", Information Technology & People 27.3: 366-386.

9. Takeuchi, Hirotaka(2008), "The contradictions that drive Toyota's success", Strategic Direction 25.1.

10. 김현기(2003), 조직 냉소주의를 타파하라, LG경제연구원.

11. Andersson, Lynne M.(1996), "Employee cynicism: An examination using a contract violation framework", Human relations 49.11: 1395-1418.

12. Bakker, Arnold B., Evangelia Demerouti, and Willem Verbeke(2004), "Using the job demands-resources model to predict burnout and performance", Human Resource Management: Published in Cooperation with the School of Business Administration, The University of Michigan and in alliance with the Society of Human Resources Management 43.1: 83-104.

13. Hodges, Bert H., and Anne L. Geyer(2006), "A nonconformist account of the Asch experiments: Values, pragmatics, and moral dilemmas", Personality and Social

Psychology Review 10.1: 2-19.

14. Diehl, Michael, and Wolfgang Stroebe(1987), "Productivity loss in brainstorming groups: Toward the solution of a riddle", Journal of Personality and Social Psychology 53.3: 497.

15. Jehn, K. A.(1995), "A Multimethod Examination of the Benefits and Detriments of Intragroup Conflict", Administrative Science Quarterly 40(2): 256-282.

16. De Dreu, Carsten KW, and Laurie R. Weingart(2003), "Task versus relationship conflict, team performance, and team member satisfaction: a meta-analysis", Journal of applied Psychology 88.4: 741.

17. Beal, Daniel J., Robin R. Cohen, Michael J. Burke, and Christy L. McLendon. "Cohesion and performance in groups: A meta-analytic clarification of construct relations." Journal of applied psychology 88.6 (2003): 989.

18. Park, J.-G. and H. Lee(2016), "Startup Teamwork and Performance Research: the Impact of Task Conflict and Relationship Conflict", Asia-Pacific Journal of Business Venturing and Entrepreneurship 11(2): 101-111.

19. Triandis, Harry C.(2001), "Individualism–collectivism and personality", Journal of personality 69.6: 907-924.

20. 이은진·석효정(2017), "SNS 이용자의 개인주의-집단주의 성향과 사회적 자본, 참여활동이 패션브랜드 관계지향성에 미치는 영향", 19.2: 94-206.

9장

1. Cantamessa, M., Gatteschi, V., Perboli, G., & Rosano, M.(2018), "Startups' roads to failure", Sustainability 10.7: 2346.

2. 맥스 테그마크(2017), 『맥스 테그마크의 라이프 3.0』, 동아시아.

3. 폴 메이슨(2017), 『포스트자본주의 새로운 시작』, 더 퀘스트.

4. Vinge, Vernor(1993), "The coming technological singularity: How to survive in the post-human era", Science Fiction Criticism: An Anthology of Essential Writings: 352-363.

5. 이승훈 ILM 수석 기술감독, "적성은 꿈을 이루는 추진력이 된다", 서울경제, 2016.04.25, https://www.sedaily.com/News/NewsView/NewsPrint?Nid=1KV6AUCIZ4

6. 「트랜스포머」의 생명력은 한국인 CG 디렉터의 힘, 맥스무비, 2007.07.20, http://news.maxmovie.com/13516#csidxead0ddcf68c9bfd96dfaefe9f0aff6a

7. Adler, Ralph W., and Toshiro Hiromoto(2012), "Amoeba management: lessons from japans Kyocera", MIT Sloan Management Review 54.1: 83.

8. http://news.hankyung.com/article/2015090653841

9. [경영에세이] 생물학적인 조직 마인드, 매일경제, 2003.05.23, https://www.mk.co.kr/news/view/economy/2003/05/172184/

포스트 코로나 시대 지금 당장 팀워크를 재설계하라!

초판 1쇄 인쇄 2020년 11월 19일
초판 1쇄 발행 2020년 11월 25일

지은이 박준기
펴낸이 안현주

기획 류재운 **편집** 이상실 안선영 **마케팅** 안현영
디자인 표지 최승협 본문 장덕종

펴낸 곳 클라우드나인   **출판등록** 2013년 12월 12일(제2013-101호)
주소 우) 03993 서울시 마포구 월드컵북로 4길 82(동교동) 신흥빌딩 3층
전화 02-332-8939   **팩스** 02-6008-8938
이메일 c9book@naver.com

값 17,000원
ISBN 979-11-89430-92-4 03320